# HÄKELN

Claire Montgomerie

# HÄKELN

### 150 MUSTER & MOTIVE – SCHRITT FÜR SCHRITT

# Inhalt

| | |
|---|---|
| EINLEITUNG | 6 |
| HÄKELNADELN | 8 |
| NÜTZLICHE HILFSMITTEL | 10 |
| GARNE | 12 |
| HÄKELANLEITUNGEN VERSTEHEN | 13 |
| GRUNDTECHNIKEN | 16 |
| **MUSTERGALERIE** | **18** |
| **DIE WICHTIGSTEN MASCHEN** | **30** |
| **STRUKTURMUSTER** | **48** |
| KOMBINIERTE MASCHEN | 50 |
| MASCHENGRUPPEN | 58 |
| BÜSCHELMASCHEN UND NOPPEN | 66 |
| FÄCHER UND MUSCHELN | 76 |
| **MEHRFARBIGE MUSTER** | **90** |
| EINFACHE MEHRFARBIGE MUSTER | 92 |
| ZACKEN, WELLEN UND ANSPRUCHSVOLLE MEHRFARBIGE MUSTER | 102 |
| **LOCHMUSTER UND SPITZE** | **116** |
| LOCHMUSTER UND SPITZE | 118 |
| FILETHÄKELEI | 128 |
| **RELIEFMUSTER UND MOTIVE** | **134** |
| RELIEFMUSTER UND MOTIVE | 136 |
| REGISTER | 156 |
| DANK | 159 |

# Einleitung

Das Häkeln ist eine einfache und vielseitige Handarbeitstechnik, mit der man zahllose interessante Muster und Strukturen gestalten kann. Dafür braucht man nur eine Häkelnadel und ein bisschen Garn. Es macht Spaß, es geht flott voran, und man kann die Arbeit mitnehmen. Und entspannend ist es obendrein.

### DIE GESCHICHTE DES HÄKELNS

Wann genau das Häkeln erfunden wurde, ist schwer zu sagen, da die Muster vor dem späten 19. Jahrhundert kaum schriftlich dokumentiert wurden. Bis dahin wurden sie einfach mündlich von einer Generation zur nächsten weitergegeben. Manche besaßen ein Buch oder eine Schachtel mit Häkelmusterläppchen, die sie selbst oder ihre Familie angefertigt hatten und die sie nach Augenmaß nacharbeiteten. Vor Jahren habe ich solch ein Sammelalbum aus dem Jahr 1800 entdeckt, das Rachel Kay-Shuttleworth für ihre umfangreiche Textilsammlung in Gawthorpe Hall in Lancashire aufbewahrt hatte. Es ähnelt den modernen Häkelbüchern, allerdings sind die Beschreibungen der Muster nicht so ausführlich wie heute.

### DER REIZ DES HÄKELNS

Modedesigner lassen sich von Granny Squares und Häkelspitzen inspirieren, und Patchwork-Häkeldecken zählen zu den am häufigsten hergestellten Artikeln in der Handmade-Community. Einfache Grundmuster wie das Granny Square lassen sich gut aktuellen Mode- und Einrichtungstrends anpassen. Aber der Reiz des Häkelns liegt vor allem in seiner Genügsamkeit. Man braucht nur eine Häkelnadel und ein Garnknäuel, und im Allgemeinen hat man immer nur eine Masche auf der Nadel. Es gibt nur eine Handvoll einfacher Grundmaschen, die leicht zu erlernen sind. Aus ihnen lassen sich durch immer neue Kombinationen zahllose attraktive Muster und Strukturen gestalten. Sie können also sehr schnell Fortschritte beim Häkeln machen und dabei jede Menge Spaß haben.

### MUSTERVIELFALT

Je nachdem, welche Maschen Sie kombinieren, welche Nadel und welches Garn Sie wählen, können Sie ein dichtes, kompaktes Maschenwerk oder leichte, luftige Spitze häkeln – und alles Erdenkliche dazwischen. Manche Häkelmuster sehen fast wie gestrickt aus, während andere komplizierte Muster speziell um die Jahrhundertwende als preiswerte Alternative zu teurer Spitze entwickelt wurden.

Unter den Mustern gibt es zarte Texturen, plastische Blüten, markante Reliefmuster oder ausdrucksvolle geometrische Muster, uni oder mit verschiedenen Farben. Oft sind es gerade die Farben, die eine Häkelarbeit so richtig zur Geltung bringen. In diesem Buch gibt es ein Kapitel, das mehrfarbigen Mustern gewidmet ist (siehe S. 90–115), aber ich möchte Sie ermutigen, auch bei den anderen Mustern mit verschiedenen Farben zu spielen. Die charakteristischen Merkmale vieler Muster treten oft erst hervor, wenn Sie verschiedene Farbtöne verwenden.

## DIE MUSTER IN DIESEM BUCH

Meiner Meinung nach ist eine Sammlung von Häkelmustern ein guter Ansatz zum Experimentieren. Manche Muster in diesem Buch sind schon alt, einige sind meine eigenen Abwandlungen klassischer Muster und wieder andere habe ich im Spiel mit den Grundmaschen selbst erfunden. Nutzen Sie die Sammlung als Inspiration für Ihre eigene Kreativität und häkeln Sie wunderschöne Stücke.

Wer noch nie gehäkelt hat, sollte zuerst den vorderen Teil des Buches lesen, in dem alle grundlegenden Maschen und ihre Variationen vorgestellt werden. Anschließend folgen allmählich anspruchsvollere Techniken, sodass Sie beim Ausprobieren jeder neuen Masche an Sicherheit gewinnen. Wenn Sie zwischendurch Hilfe bei den Begriffen oder den Grundfertigkeiten benötigen, können Sie jederzeit auf den Seiten 13–17 nachschlagen.

Beim Schreiben dieses Buches hat es mir viel Freude gemacht, mit den Maschen zu improvisieren und neue Kombinationen auszuprobieren. Immer wieder ergaben sich neue Designs, die ich sofort aufgeschrieben habe. Genau diese Lust am Experimentieren sollte ein Musterbuch auslösen, und ich hoffe, dass es auch Ihnen so gehen wird. Ich empfehle Ihnen, alle Ihre Probestücke aufzubewahren und sich zu notieren, aus welchen Maschenkombinationen sie entstanden sind. So sind letztlich auch die historischen Mustersammlungen entstanden. Aber das Wichtigste bei allem ist, dass Sie das Handarbeiten genießen.

# Häkelnadeln

Häkelnadeln gibt es in verschiedenen Ausführungen. Dünne Metall-Häkelnadeln sind preiswert, aber Nadeln mit einem Griff liegen besser in der Hand. Das ist angenehm, wenn man längere Zeit am Stück häkelt. Ich empfehle, verschiedene Modelle auszuprobieren, um herauszufinden, mit welchem Nadeltyp Sie am besten zurechtkommen.

### HÄKELNADELN

Die Stärke von Häkelnadeln bezeichnet den Durchmesser des Nadelschafts in Millimetern. Der Schaft verjüngt sich kurz vor dem Häkchen, für die Nadelstärke ist aber der dickere, gerade Teil maßgeblich. Normalerweise gilt: Je dicker das Garn, desto größer muss die Nadelstärke sein. Verändert man die Nadelstärke, wirkt sich dies auf die Maschenprobe aus, aber auch auf die Dichte des Maschenwerks und das Aussehen des Musters. Häkeln Sie stets eine Maschenprobe, um die richtige Nadelstärke für das jeweilige Garn und Muster zu ermitteln. Probieren Sie die Maschen in diesem Buch zuerst mit Garn mittlerer Stärke und einer Nadel in Stärke 4 oder 4,5 aus, am besten mit einem Griff. Das sind gängige Garn- und Nadelstärken, mit denen es sich angenehm arbeiten lässt.

### METALLHÄKELNADELN

Einfache, gerade Häkelnadeln aus Stahl sind preiswert, aber recht dünn. Beim Arbeiten mit geringen Nadelstärken kann die Hand schnell ermüden oder verkrampfen. Aus diesem Grund haben moderne Metallhäkelnadeln einen Griff – aus Kunststoff, Silikon oder Holz –, der angenehmer in der Hand liegt. Das ist vor allem für Menschen mit eingeschränkter Beweglichkeit hilfreich. Es gibt auch Häkelnadeln mit ergonomisch geformten Griffen, die Verspannungen der Hand noch weiter reduzieren sollen. Solche Häkelnadeln eignen sich am besten für Menschen, die sie wie ein Messer halten (siehe S. 16), da der Griff an der Handfläche liegt, sodass die Nadel stabil geführt wird.

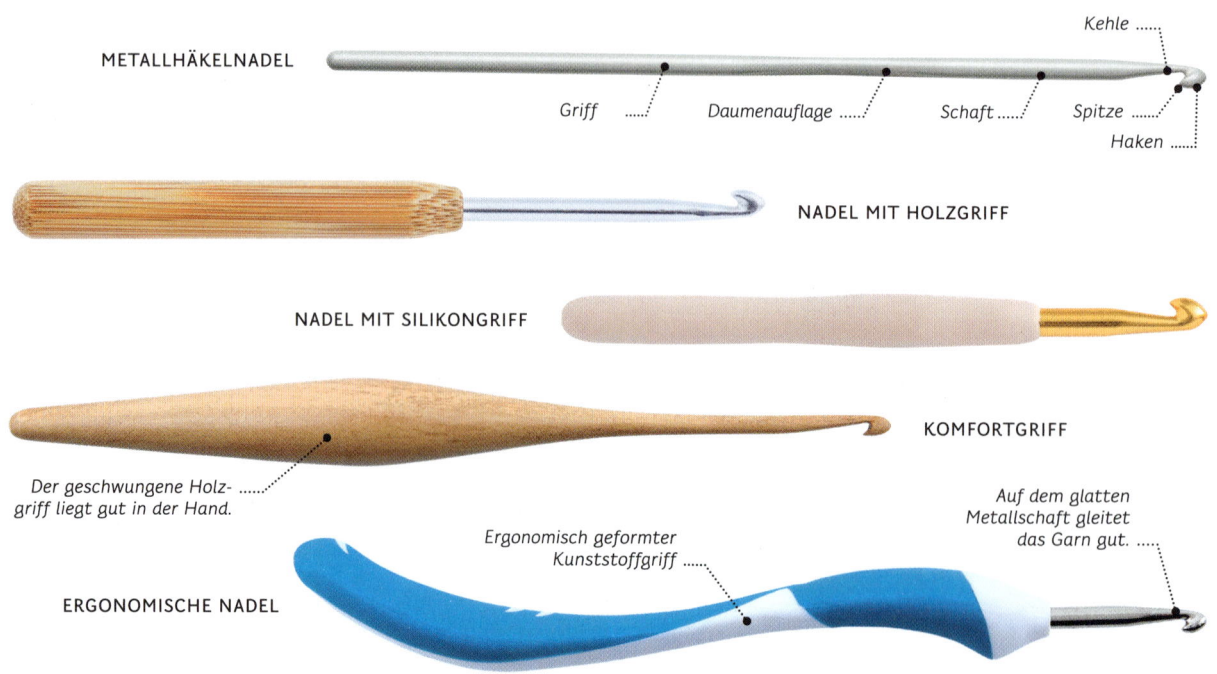

## ANDERE MATERIALIEN

Häkelnadeln komplett aus Bambus oder Holz gibt es in verschiedenen Varianten und Größen. Manche haben einen dekorativ geschnitzten Griff, andere sind ergonomisch geformt und liegen angenehm in der Hand. Wichtig sind ein tiefer Haken, eine scharfe Spitze und vor allem ein glatter Schaft, auf dem das Garn gut gleitet.

Dickere Häkelnadeln bestehen meist aus leichtem Kunststoff. Auf manchen gleitet das Garn nicht so gut. Dadurch kann beim festen Häkeln ein etwas ungleichmäßiges Maschenbild entstehen.

## HÄKELNADELTYPEN

### Häkelnadeln aus Holz

Nadeln aus Hartholz oder Bambus sehen schöner aus und sind leichter als Metallnadeln. Haken und Kehle sind aber nicht immer ganz glatt, sodass sich das Garn dort verhaken kann. Wer sie verwenden will, sollte die Grundmaschen bereits sicher beherrschen.

### Häkelnadeln aus Metall

Manche Aluminiumhäkelnadeln gibt es für jede Nadelstärke in einer anderen Farbe. Das ist praktisch, weil man die Größe auf einen Blick erkennt.

### Jumbonadeln

Die dicksten Häkelnadeln – ab Stärke 10 aufwärts – bestehen normalerweise aus Kunststoff. Sie sind leicht, und mit ihnen kann man sehr schnell ein dickes Maschenwerk häkeln.

### NADELSTÄRKEN

Häkelnadeln werden in verschiedenen Stärken angeboten, die dem Durchmesser des Schafts in Millimetern entsprechen. Die Nadelstärke bestimmt, wie groß die Maschen ausfallen. Meist werden mittlere Stärken zwischen 2,5 und 6 mm verwendet. Dünnere Nadeln eignen sich für Spitzenhäkelei, dickere Nadeln für dickes, voluminöses Maschenwerk.

## UMRECHNUNGSTABELLE

Wer nach Anleitungen aus dem Internet arbeitet, findet gelegentlich britische Nadelstärken, die von den europäischen abweichen.

| EUROPA | ENGLAND |
| --- | --- |
| 0,6 mm | – |
| 0,75 mm | – |
| 1 mm | – |
| 1,25 mm | – |
| 1,5 mm | – |
| 1,75 mm | – |
| 2 mm | 14 |
| 2,25 mm | – |
| 2,5 mm | 12 |
| 2,75 mm | – |
| 3 mm | 10 |
| 3,25 mm | – |
| 3,5 mm | 9 |
| 3,75 mm | – |
| 4 mm | 8 |
| 4,5 mm | 7 |
| 5 mm | 6 |
| 5,5 mm | 5 |
| 6 mm | 4 |
| 6,5 mm | 3 |
| 7 mm | 2 |
| 8 mm | – |
| 9 mm | – |
| 10 mm | – |
| 12 mm | – |
| 15 mm | – |
| 20 mm | – |

# Nützliche Hilfsmittel

Zum Häkeln braucht man nicht viel mehr als Garn und eine Nadel. Die folgenden Hilfsmittel können aber hilfreich sein, um zügiger voranzukommen, sich besser zu orientieren oder kleine Pannen zu beheben.

### STICKNADELN

Eine Sticknadel ohne Spitze wird verwendet, um Nähte zu schließen und Fadenenden zu vernähen. Die stumpfe Spitze sorgt dafür, dass man durch die Maschen sticht, ohne das Garn zu spalten. Es ist sinnvoll, mehrere Nadeln in verschiedenen Größen zu besitzen, um Garn in verschiedenen Stärken zu verarbeiten.

### RUNDSTAB

Ein glatter Rundstab (oder eine sehr dicke Häkelnadel) wird benötigt, um in einem Muster aus normalen Maschen Schlaufen zu arbeiten (siehe S. 132–133).

### MASCHENMARKIERER

Maschenmarkierer sind nützlich, um beim Häkeln in Spiralrunden den Rundenanfang zu kennzeichnen. Man kann mit ihnen auch die rechte Seite der Arbeit markieren oder eine bestimmte Reihe oder Masche kennzeichnen, die später noch eine Rolle spielt.

Maschenmarkierer in Form eines Spaltrings sind praktisch, wenn der Markierer häufig verschoben werden muss. Verschließbare Maschenmarkierer können nicht so leicht herausfallen, wenn man die Häkelarbeit bewegt. Es gibt außerdem ein breites Angebot an dekorativen Maschenmarkierern, aber eine gewöhnliche Sicherheitsnadel erfüllt denselben Zweck.

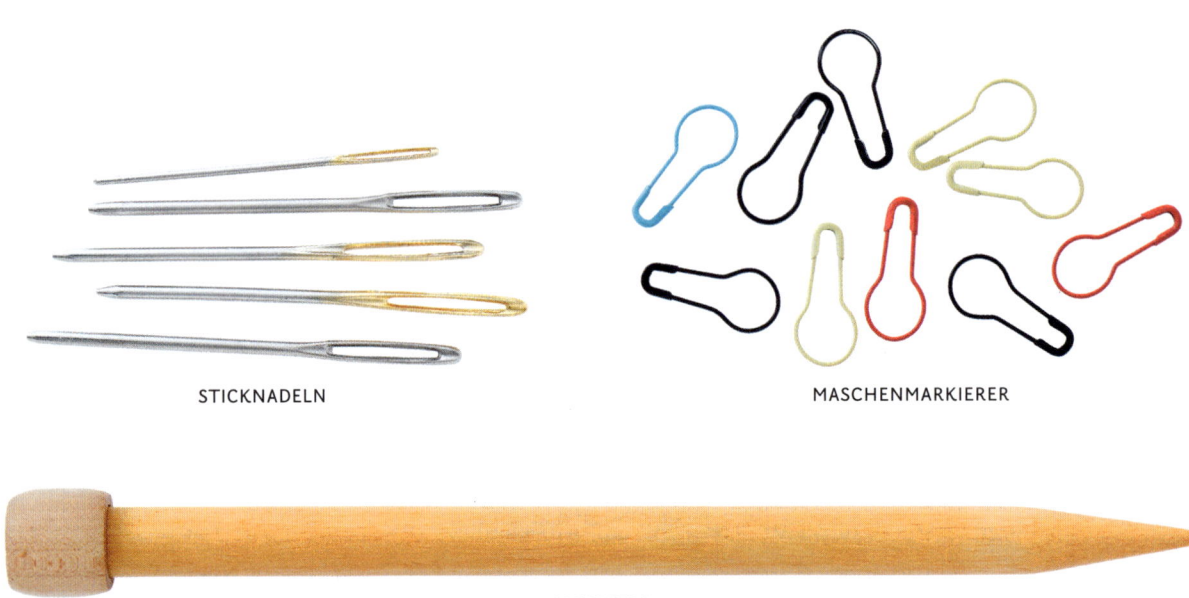

STICKNADELN

MASCHENMARKIERER

RUNDSTAB

## GARNWICKLER
Praktisch zum Aufwickeln kleiner Garnmengen, etwa bei Gobelinmustern (siehe S. 116–117) oder Intarsienmustern (siehe S. 118–119).

## STECKNADELN
Stecknadeln werden benutzt, um gehäkelte Teile vor dem Zusammennähen zu fixieren, aber auch zum Spannen. Wichtig ist, dass die Stecknadeln große Köpfe haben, damit sie nicht zwischen die Maschen rutschen.

## MASSBAND
Ein Maßband sollte immer bereitliegen, um die Maschenprobe zu prüfen oder um die aktuelle Größe eines Werkstücks zu ermitteln.

## SCHERE
Zum Abschneiden von Fäden, etwa beim Farbwechsel oder nach dem Vernähen, eignet sich am besten eine kleine, scharfe, spitze Handarbeitsschere.

## GARNSCHNEIDER
Wer unterwegs häkelt und keine spitze Schere mitnehmen möchte (oder darf, etwa im Flugzeug), kann einen Garnschneider benutzen. Er hat scharfe Klingen, die sauber schneiden, aber nicht offen liegen. Man kann den Garnschneider an einem Band oder einer Kette um den Hals tragen, um ihn immer griffbereit zu haben.

NÜTZLICHE HILFSMITTEL

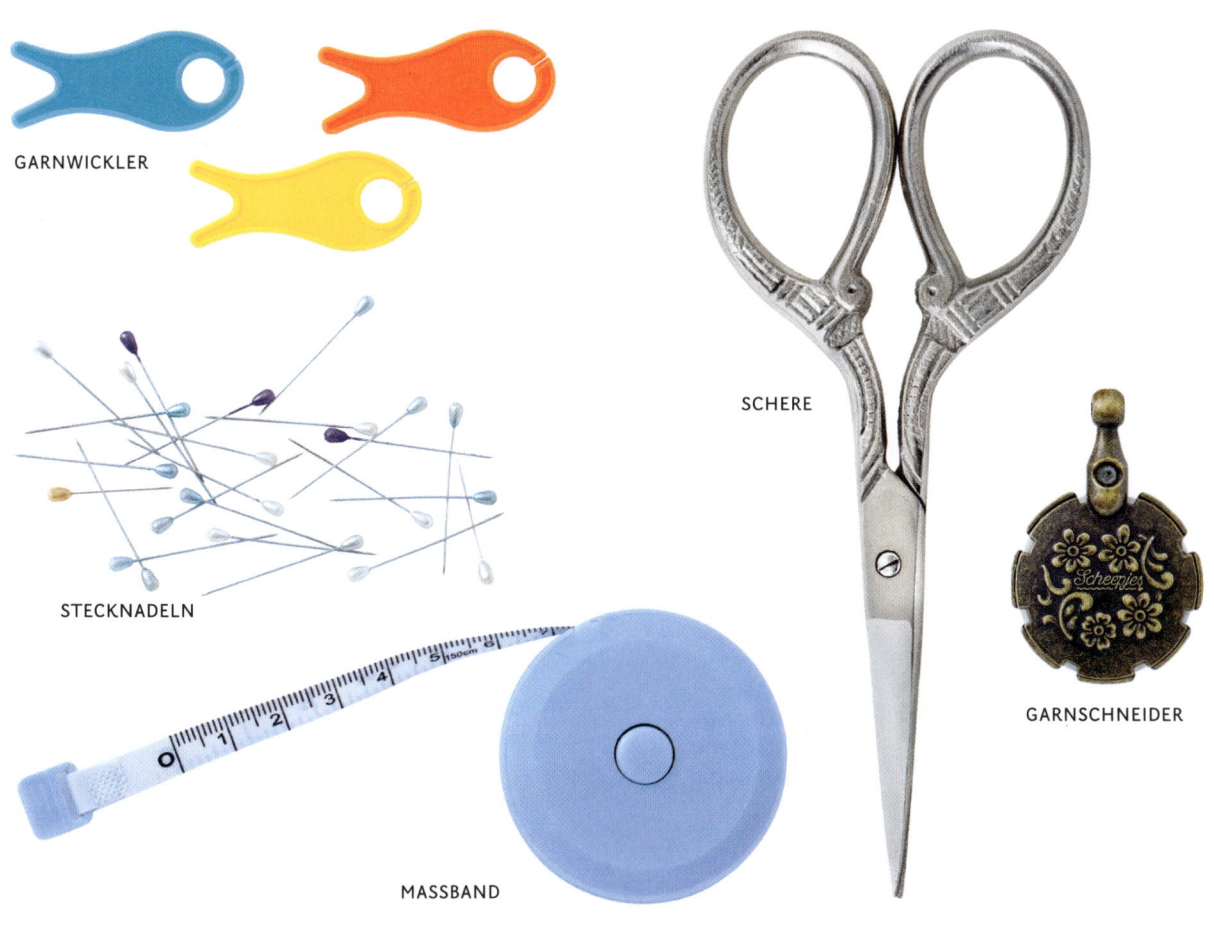

GARNWICKLER

STECKNADELN

SCHERE

MASSBAND

GARNSCHNEIDER

# Garne

Früher wurde hauptsächlich mit sehr feinem, kräftigem Baumwollgarn in neutraler Farbe gehäkelt. Heute stehen viele Garne zur Auswahl, sie müssen nur geschmeidig genug sein. Es gibt eine große Auswahl an Fasern, Farben und Stärken, und auch die Garnkonstruktion kann variieren. Am häufigsten wird gezwirntes Garn verwendet. Es besteht aus mehreren Einzelfäden oder Lagen, die zusammengesponnen werden, um ein dickeres Garn zu erhalten.

Die Art der Verzwirnung wirkt sich auf die fertige Häkelarbeit aus. Fest gezwirnte Garne wie Kammgarn sind glatt, und die einzelnen Maschen sind später sehr gut zu erkennen. Eher locker verzwirnte Garne sind etwas haariger und luftiger. Sie eignen sich gut für mehrfarbige Arbeiten. Daneben gibt es verschiedene Bändchen- und Schlauchgarne, die schön glatt sind und sich geschmeidig verarbeiten lassen. Unregelmäßig gesponnene Garne, Schlaufen- und Bouclégarne verlangen mehr Aufmerksamkeit beim Häkeln.

## GARNSTÄRKE

Garne gibt es in verschiedenen Stärken, von feinen Spitzengarnen bis zu dicken, groben Garnen. In diesem Buch wurden glatte Garne mittlerer Stärke verwendet. Die Muster können jedoch mit jeder Garnstärke gearbeitet werden, sie sehen dann nur anders aus oder haben andere Maße. Je dicker das Garn ist, desto dicker muss die Häkelnadel sein. Wenn auf dem Garn nur die Stricknadelstärke angegeben ist, wählen Sie die Häkelnadel eine halbe Nummer größer, denn gehäkeltes Maschenwerk ist meist fester als gestricktes. Wenn Sie eine feste, strapazierfähigere Oberfläche wünschen, wählen Sie eine etwas dünnere Häkelnadel als auf der Garnbanderole angegeben. Für ein lockeren Maschenwerk mit weichem Fall sollte die Nadelstärke etwas größer sein.

## FASERN

Der Handel bietet heute eine Vielzahl von Fasern und Faserkombinationen an. Neben Baumwolle eignen sich zum Häkeln beispielsweise auch Wollgarne und Wollmischungen, die elastisch und warm sind.

MERINOWOLLE

### Tierische Fasern
Diese Fasern sind umweltfreundlich und angenehm zu verarbeiten. Alpaka, Mohair und andere tierische Fasern sind weich und flauschig, perfekt für kuschelige Decken und Accessoires. Wolle ist temperaturregulierend, antibakteriell und transportiert Feuchtigkeit vom Körper weg, was sie ideal für Mützen und Handschuhe macht.

BAUMWOLLE

### Pflanzliche Fasern
Auch Pflanzenfasern sind nachhaltig. Sie fühlen sich gut auf der Haut an und haben einen fließenden Faltenwurf. Weil sie meist kühl und atmungsaktiv sind, eignen sie sich gut für Sommerkleidung. Baumwolle, Bambus und Leinen sind stabil und haltbar und können, wenn sie fest gehäkelt werden, ein sehr steifes Maschenwerk ergeben. Das ist vorteilhaft für Körbchen, Taschen und Teppiche. Pflanzenfasern lassen sich außerdem gut einfärben.

ACRYL

### Synthetikfasern
Acryl ist die gebräuchlichste Chemiefaser, da sie so hergestellt werden kann, dass sie jeder anderen Faserart optisch ähnelt, ohne deren Schwächen zu übernehmen. Acrylgarn ist im Allgemeinen stabil, preisgünstig, leicht, farbecht und mottenbeständig, jedoch kaum atmungsaktiv. Es besteht aus Kunststoff und verträgt Hitze (etwa beim Dämpfen) nicht gut. Acryl ist ein Erdölprodukt, ist allerdings vegan und elastischer als Baumwolle.

# Häkelanleitungen verstehen

Häkelanleitungen sehen auf den ersten Blick kompliziert aus, aber wenn man Schritt für Schritt vorgeht und die Abkürzungen kennt oder die Abkürzungsliste zur Hand hat, ist es gar nicht schwierig. In der folgenden Liste finden Sie alle Abkürzungen, die in diesem Buch vorkommen. Üben Sie zuerst die einfacheren Maschen. Wenn Sie etwas Sicherheit gewonnen haben, können Sie sich an die anspruchsvolleren Muster wagen.

## ABKÜRZUNGEN

**Die wichtigsten Maschen**

| | |
|---|---|
| **LuftM** | Luftmasche(n) |
| **KettM** | Kettmasche(n) |
| **fM** | feste Masche(n) |
| **hSt** | halbe(s) Stäbchen |
| **Stb** | Stäbchen |
| **DStb** | Doppelstäbchen |
| **3f-Stb** | Dreifachstäbchen |
| **4f-Stb** | Vierfachstäbchen (usw.) |

**Weitere Abkürzungen**

| | |
|---|---|
| **abn/Abn** | abnehmen/Abnahme |
| **HF** | Hauptfarbe |
| **hMg** | hinteres Maschenglied |
| **KF** | Kontrastfarbe |
| **LM-ZR** | Luftmaschenzwischenraum |
| **LS** | linke Seite der Arbeit |
| **LB** | Luftmaschenbogen |
| **M** | Masche(n) |
| **Mg** | Maschenglied |
| **MS** | Mustersatz |
| **R** | Reihe(n) |
| **Rd** | Runde(n) |
| **RS** | rechte Seite der Arbeit |
| **U** | Umschlag |
| **überg** | übergehen (ungehäkelt belassen) oder übergangen(e) |
| **vMg** | vorderes Maschenglied |
| **wdh** | wiederholen |
| **zun/Zun** | zunehmen/Zunahme |
| **zus** | zusammen |
| **ZR** | Zwischenraum |
| **\*** | Anweisungen nach einem Stern so oft wiederholen, wie angegeben |
| **( )** | In runden Klammern stehen Hinweise. |
| **[ ]** | In eckigen Klammern steht eine Gruppe von Maschen, die entweder alle in eine Masche gearbeitet werden oder als Abfolge wiederholt werden. |

# HÄKELANLEITUNGEN LESEN

## DER ANFANG

Die meisten Häkelarbeiten beginnen mit einer Luftmaschenkette (siehe S. 17) oder Anschlagkette. Sie bildet die Basis, auf der alle folgenden Maschen gearbeitet werden. In diesem Buch ist bei jedem Muster die Anzahl der erforderlichen Luftmaschen in der kurzen Übersicht neben der Anleitung angegeben. Wenn es dort heißt »Vielfaches von 3 (+2)«, könnte die Anschlagkette z.B. 23 Luftmaschen umfassen (7 × 3 = 21, + 2) oder auch 35 Luftmaschen (11 × 3 = 33, + 2), je nachdem, wie breit das Werkstück werden soll.

Die Anschlagkette hat keine relevante messbare Höhe und wird darum nicht als Reihe mitgezählt. In die Luftmaschen wird auch etwas anders eingestochen als in die Maschen der folgenden Reihen, darum beginnen viele Muster in diesem Buch mit einer Basisreihe, bevor das eigentliche Muster beginnt. Gleich am Anfang der Basisreihe müssen eine oder mehrere Luftmaschen übergangen werden, um die Höhe der Basisreihe zu erreichen. Die Anzahl der übergangenen Luftmaschen hängt davon ab, aus welcher Art Maschen die Basisreihe besteht. Dann wird für jede Masche der Basisreihe immer ins obere Maschenglied der Luftmaschenkette eingestochen.

## WENDEN

Auch am Anfang jeder weiteren Reihe müssen Luftmaschen gehäkelt werden, um die erforderliche Höhe der folgenden Häkelmasche zu erreichen. Sie heißen Wendeluftmaschen (Wende-LuftM), denn sie werden unmittelbar nach dem Wenden gearbeitet. Wenn es beispielsweise heißt: »Reihe 1: 3 LuftM«, müssen am Anfang der Reihe 3 Wendeluftmaschen gehäkelt werden.

Damit die Seitenkanten des Werkstücks beim Häkeln in Reihen gerade bleiben, werden die Wendeluftmaschen als 1. Masche der Reihe gezählt, sofern die folgenden Maschen höher als feste Maschen sind. Werden die Wendeluftmaschen als Masche gezählt, wird für die folgende Masche nicht in die Masche direkt am Grund der Wendeluftmaschen eingestochen, sondern in die darauffolgende Masche. So nehmen die Wendeluftmaschen korrekt den Platz der ersten Masche in der Reihe ein. Am Ende der Reihe muss in die obere Wendeluftmasche aus der Vorreihe eingestochen werden, denn auch in der Rückreihe zählt sie als reguläre Masche. In diesem Buch wird jeweils ausdrücklich angegeben, wenn die Wendeluftmaschen als Masche gezählt werden, zum Beispiel: »Reihe 1: 3 LuftM (werden als 1 Stb gezählt)«. Folgt auf die Wendeluftmaschen keine Angabe in Klammern, werden sie *nicht* als Masche gezählt.

## REIHEN UND RUNDEN

Die meisten Muster in diesem Buch werden in Hin- und Rückreihen gehäkelt, sodass ein flaches Werkstück entsteht. Lediglich die Motive (siehe S. 145–155) werden in Runden gearbeitet, um ein flaches, aber meist achsensymmetrisches Werkstück zu erhalten. Beim Häkeln in Runden liegt die rechte Seite der Arbeit (RS) immer oben, es wird also nicht gewendet.

Am Anfang jedes Anleitungsschritts ist zu erkennen, ob es sich um eine Reihe oder Runde handelt, und welche Reihe oder Runde gearbeitet wird, z.B.:

Reihe 1: 1 LuftM, 1 fM in jede fM bis Ende, wenden.
Runde 1: 1 LuftM, 1 fM in jede fM, Rd mit 1 KettM schließen.

Achten Sie auf die Anweisung »wenden« am Ende einer Reihe. Auch sie ist ein Hinweis darauf, dass in Hin- und Rückreihen gehäkelt wird.

## WEITERE EIGENSCHAFTEN DER MUSTER

In der Übersicht neben jedem Muster wird auch sein Aussehen beschrieben. Viele hier vorgestellten Muster sind wendbar. Entweder sehen beide Seiten gleich oder ähnlich aus, oder die Seiten sehen zwar verschieden aus, aber attraktiv genug, um als rechte Seite der Arbeit verwendet werden. Manche Muster sind einseitig. Sie haben also eine attraktive Vorderseite und eine weniger ansehnliche Rückseite.

Falls in einem Muster ungewöhnliche Maschen zum Einsatz kommen, sind auch diese in de Übersicht aufgeführt. Machen Sie sich mit diesen Maschen vertraut, bevor Sie Ihr Werkstück in Arbeit nehmen. Am besten üben Sie neue Maschen oder Maschenkombinationen einige Male. Schwierige Maschen oder Kombinationen werden im Anleitungstext ausführlich erklärt, sodass Sie zügig vorankommen können.

## MUSTERSÄTZE

Mustersätze können kompliziert sein. In diesem Buch werden für kurze Mustersätze eckige Klammern verwendet, zum Beispiel »[3 Stb, nächste M überg] 3×«. Das bedeutet, dass die Anweisung in der Klammer dreimal wiederholt werden muss.

Bei längeren Mustersätzen kennzeichnet ein Sternchen (*) den Punkt, von dem an die Anweisungen zu wiederholen sind. Beispiel: »*2 Stb, 2 fM, 2 M überg, 1 fM in die nächste M; ab * bis zum Ende wdh« bedeutet, dass die Abfolge aus 2 Stäbchen, 2 festen Maschen, 2 übergangenen Maschen und 1 festen Masche in die darauffolgende Masche so oft wie angegeben – oder wie hier: bis zum Reihenende – wiederholt wird.

## HÄKELSCHRIFTEN UND ZÄHLMUSTER LESEN

Bei einigen Mustern in diesem Buch ist zur Verdeutlichung eine Häkelschrift abgedruckt. Sie können selbst entscheiden, ob Sie nach der Häkelschrift oder lieber nach der Anleitung in Textform arbeiten möchten. Wer nach der Anleitung arbeitet, kann die Häkelschrift zusätzlich zur Orientierung verwenden.

Um eine Häkelschrift zu lesen und danach zu arbeiten, muss man die Symbole für die verschiedenen Maschen kennen und außerdem verstehen, durch welche Zeichen der Einstich symbolisiert wird. Die wichtigsten Symbole sind in der folgenden Tabelle zusammengefasst. Jedes Symbol steht genau über dem Symbol für die Masche (oder den Zwischenraum), in die eingestochen wird. Manche Zählmuster sind mehrfarbig, damit die einzelnen Reihen oder Runden leichter zu unterscheiden sind. Das sagt in der Regel nichts über die verwendeten Garnfarben aus.

Für mehrfarbige Muster und Filethäkeleien werden Zählmuster verwendet. Sie sind wie ein Raster aufgebaut. Bei mehrfarbigen Mustern entspricht jedes Kästchen einer Masche. Bei Filetarbeiten entspricht ein ausgefülltes Kästchen einer Maschengruppe, ein leeres Kästchen steht für ein offenes Gitterfeld.

Beim Häkeln in Hin- und Rückreihen beginnt man mit dem Lesen des Zählmusters in der unteren rechten Ecke und arbeitet sich aufwärts jeweils in der Häkelrichtung vor: ungerade Reihen von rechts nach links, gerade Reihen von links nach rechts. Wer in Runden arbeitet und einen Schlauch häkelt, beginnt ebenfalls in der unteren rechten Ecke, liest aber alle Runden von rechts nach links.

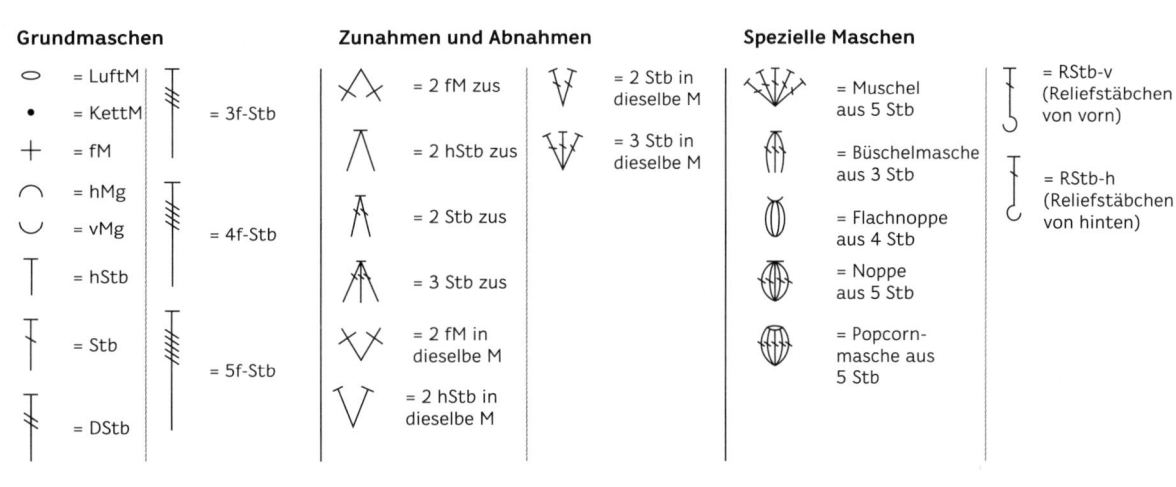

### MASCHENSYMBOLE FÜR HÄKELSCHRIFTEN

Dies sind die Symbole für Maschen, die in diesem Buch oft verwendet werden. Die Übersicht umfasst nicht alle Variationen der einzelnen Maschen. Eine Noppe kann beispielsweise aus 3, 4 oder 5 Stäbchen bestehen. Dies ergibt sich aus der Anzahl der senkrechten Striche innerhalb des Symbols für die Noppe.

**Grundmaschen**
- ○ = LuftM
- • = KettM
- + = fM
- ⌒ = hMg
- ⌣ = vMg
- = hStb
- = Stb
- = DStb
- = 3f-Stb
- = 4f-Stb
- = 5f-Stb

**Zunahmen und Abnahmen**
- ⋀⋀ = 2 fM zus
- ⋀ = 2 hStb zus
- = 2 Stb zus
- = 3 Stb zus
- ⋋⋌ = 2 fM in dieselbe M
- V = 2 hStb in dieselbe M

**Spezielle Maschen**
- V = 2 Stb in dieselbe M
- = 3 Stb in dieselbe M
- = Muschel aus 5 Stb
- = Büschelmasche aus 3 Stb
- = Flachnoppe aus 4 Stb
- = Noppe aus 5 Stb
- = Popcornmasche aus 5 Stb
- = RStb-v (Reliefstäbchen von vorn)
- = RStb-h (Reliefstäbchen von hinten)

# Grundtechniken

Häkeln kann süchtig machen. Es geht schnell, ist entspannend, man kann die Arbeit leicht mitnehmen, und es entstehen Dinge, die man benutzen kann. Am Anfang muss man sich etwas Zeit nehmen, die Grundtechniken zu üben – von der Nadelhaltung über die Garnspannung bis zu den wichtigsten Maschen. Aber dann stehen die Türen zu einer Vielfalt von Maschen und Mustern offen.

### DIE NADELHALTUNG

Bevor die ersten Maschen gehäkelt werden, ist es wichtig, die richtige Garn- und Nadelhaltung zu lernen. Sie halten die Häkelnadel mit Ihrer Arbeitshand und das Garn mit der anderen. Es gibt zwei Arten, die Nadel zu halten, und eine Vielzahl möglicher Garnhaltungen (siehe rechts). Probieren Sie aus, mit welcher Sie am besten zurechtkommen. Wichtig ist dabei vor allem, die Hände nicht zu verkrampfen.

In diesem Buch werden die Techniken für Rechtshänder erklärt. Linkshänder arbeiten einfach spiegelverkehrt.

### DIE GARNHALTUNG

Damit die Maschen schön gleichmäßig ausfallen, muss das Garn auf mittlerer Spannung gehalten werden. Dafür sorgt die »Garnhand«, die nicht die Nadel hält. Es gibt viele Möglichkeiten, den Faden über die Garnhand zu führen, hier sind nur zwei abgebildet. Sie können die Garnhaltung nach Belieben abwandeln, solange die Fadenspannung gleichmäßig bleibt.

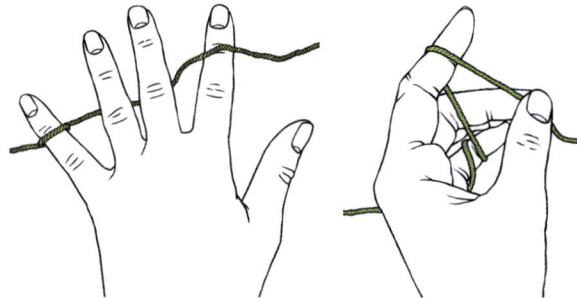

**Messerhaltung**
Halten Sie die Häkelnadel in Ihrer Arbeitshand wie ein Tafelmesser. Daumen und Zeigefinger liegen in etwa 5 cm Abstand von der Häkelnadelspitze oder, falls vorhanden, in der Daumenmulde der Häkelnadel.

**Zeigefingermethode**
Den Faden, der zum Knäuel führt, einmal um den kleinen Finger wickeln, dann unter Ring- und Mittelfinger und über den Zeigefinger legen. Das Werkstück mit Daumen und Mittelfinger halten und den Zeigefinger heben und senken, um die Fadenspannung zu regulieren.

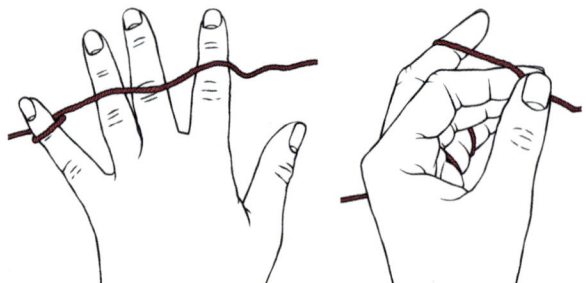

**Stifthaltung**
Halten Sie die Häkelnadel in Ihrer Arbeitshand wie einen Stift. Daumen und Zeigefinger liegen in der Daumenmulde oder in etwa 5 cm Abstand zur Häkelnadelspitze.

**Mittelfingermethode**
Den Faden, der zum Knäuel führt, um den kleinen Finger herum und über die übrigen drei Finger legen. Das Werkstück mit Zeigefinger und Daumen halten und den Mittelfinger heben, um die Fadenspannung zu regulieren.

## DIE ANFANGSSCHLINGE

Jede Häkelarbeit beginnt mit einer Anfangsschlinge.

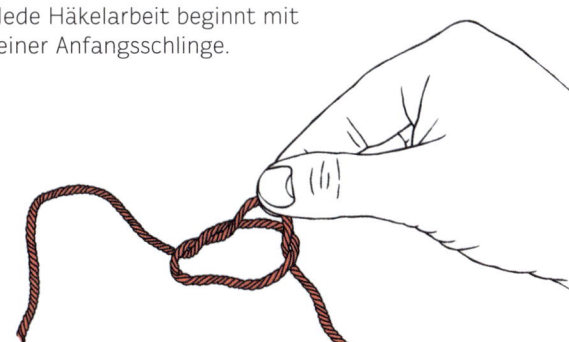

**1** Das kurze Garnende liegt links. Mit den Fingern in 10–20 cm Abstand zu diesem Ende eine Schlinge knüpfen und den Arbeitsfaden durchholen.

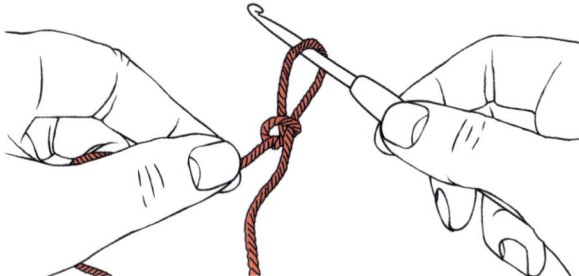

**2** Den Arbeitsfaden zur Schlaufe legen und die Häkelnadel einstechen. Dann die Schlinge (nicht zu stramm) zuziehen.

## DEN FADEN DURCHZIEHEN

Am Ende muss der Faden durch die letzte Masche gezogen werden, um ihn zu sichern. Sonst könnte das Werkstück aufribbeln und die Arbeit wäre umsonst.

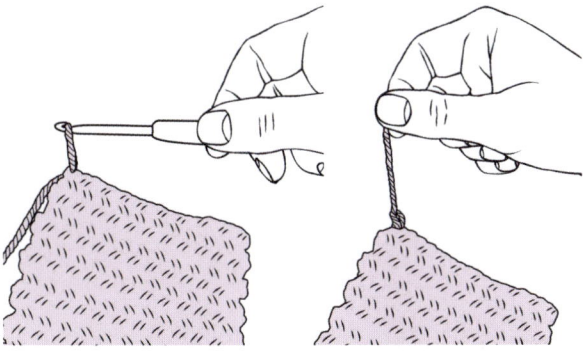

**1** Das Garnende etwa 15 cm lang abschneiden. 1 Luftmasche häkeln (siehe rechts).

**2** Das Garnende durch die Luftmasche ziehen. Den so entstandenen Knoten gut festziehen.

## LUFTMASCHE (LuftM)

Den Anfang der meisten Häkelarbeiten bildet eine Luftmaschenkette, in die die folgenden Maschen gehäkelt werden (siehe S. 14).

Absolute Anfänger sollten zunächst einfach viele lange Luftmaschenketten häkeln, um ein Gefühl für Nadelhaltung und Fadenspannung zu bekommen. Alle Luftmaschen sollten eine gleichmäßige Größe haben.

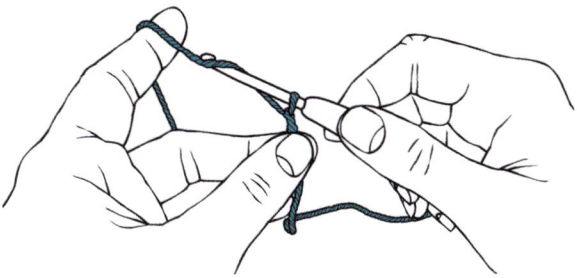

**1** Eine Anfangsschlinge arbeiten. Den Knoten mit der Garnhand festhalten. Den Arbeitsfaden mit dem Häkchen der Häkelnadel erfassen, dabei die Häkelnadel leicht drehen, damit er nicht wieder abrutscht.

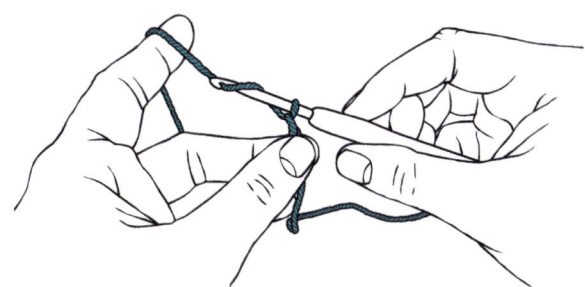

**2** Die Häkelnadel mitsamt dem erfassten Faden durch die Schlinge auf der Häkelnadel ziehen. Die 1. Luftmasche ist fertig. So oft wiederholen, bis die gewünschte Maschenzahl erreicht ist. Die Luftmaschen sollen gleichmäßig groß sein, nicht zu fest und nicht zu lose.

### Luftmaschen zählen

Die rechte Seite der Luftmaschenkette sieht aus wie ein dünner Zopf aus kleinen V-Formen. Jedes V ist eine Masche. Die Anfangsschlinge wird nicht mitgezählt. Wenn die Luftmaschenkette fertig ist, zählen Sie die kleinen V-Formen. Die Masche, die noch auf der Häkelnadel liegt, wird nicht mitgezählt.

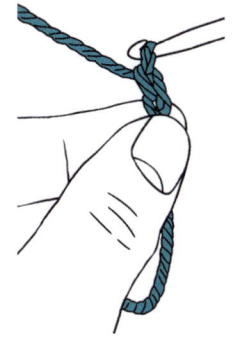

# Mustergalerie

MUSTERGALERIE

| Feste Maschen (S. 32) | Versetzte halbe Stäbchen (S. 36) | Halbe Stäbchen ins vordere Maschenglied (S. 40) |
| Halbe Stäbchen (S. 33) | Kettmaschen ins hintere Maschenglied (S. 37) | Stäbchen ins vordere Maschenglied (S. 40) |
| Stäbchen (S. 34) | Feste Maschen ins hintere Maschenglied (S. 38) | Feste Maschen hinten/vorn (S. 40) |
| Doppelstäbchen (S. 35) | Kettmaschen mit Umschlag (S. 39) | Feste Maschen hinten/vorn in Reihen (S. 41) |
| Dreifachstäbchen (S. 35) | Feste Maschen ins vordere Maschenglied (S. 39) | Halbe Stäbchen hinten/vorn in Reihen (S. 41) |

MUSTERGALERIE

Stäbchen hinten/vorn in Reihen (S. 41)

Verzahnte feste Maschen (S. 44)

Leinenmuster (S. 51)

Kordelrippen (S. 42)

Verzahnte halbe Stäbchen (S. 45)

Steppdeckenmuster (S. 52)

Tief gestochene feste Maschen (S. 42)

Erhöhte feste Maschen (S. 46)

Siebmuster (S. 52)

Rippen aus festen Maschen (S. 43)

Erhöhte halbe Stäbchen (S. 47)

Gekreuzte feste Maschen (S. 53)

Rippen aus halben Stäbchen (S. 43)

Erhöhte Stäbchen (S. 47)

Fischgrätmuster mit halben Stäbchen (S. 54)

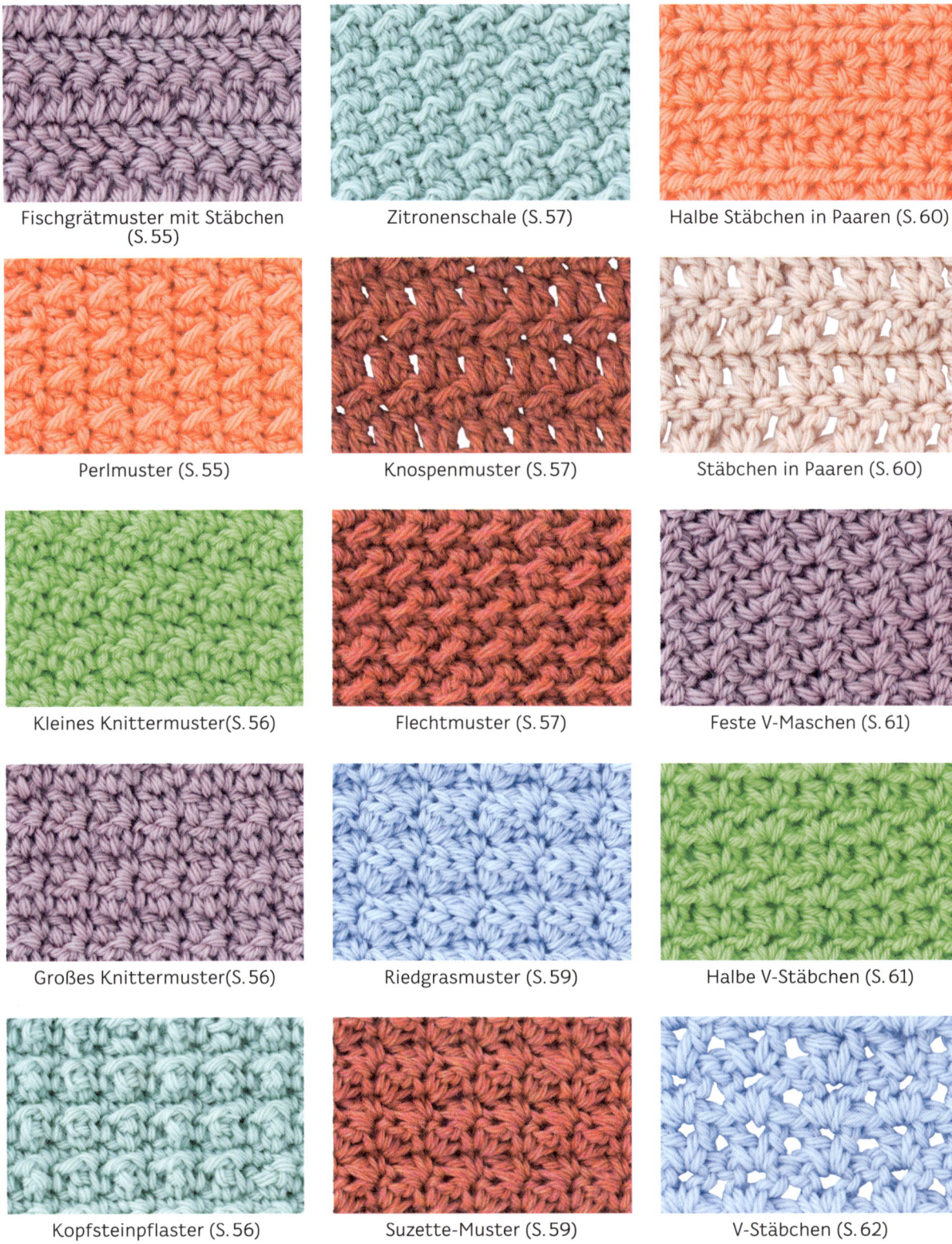

MUSTERGALERIE

| Körnermuster (S. 62) | Büschelmasche aus halben Stäbchen (S. 67) | Popcornmaschen (S. 71) |
| Akazienmuster (S. 63) | Gerade Büschelmasche aus Stäbchen (S. 68) | Flachnoppen (S. 72) |
| Granny-Muster (S. 63) | Lockere Büschelmaschen aus Stäbchen (S. 68) | Beerenmuster (S. 73) |
| Backsteinmuster (S. 64) | Zwillingsbüschel (S. 69) | Wickelmaschen (S. 74) |
| Schraffurmuster (S. 65) | Noppen (S. 70) | Flechtmuster (S. 74) |

MUSTERGALERIE

| Knötchenmuster (S. 75) | Erdbeermuster (S. 79) | Versetzte Fächer (S. 84) |
| Aufrechte Fächer (S. 77) | Dreieinigkeitsmuster (S. 80) | Strahlenmuster (S. 85) |
| Fächer und V-Stäbchen (S. 77) | Margeritenmuster (S. 81) | Jasminmuster (S. 86) |
| Geschlossenes Muschelmuster (S. 78) | Sternenmuster (S. 82) | Schuppenmuster (S. 87) |
| Offenes Muschelmuster (S. 78) | Blümchenmuster (S. 83) | Versetzte Muscheln (S. 88) |

MUSTERGALERIE

| Irismuster (S. 88) | Bargellomuster (S. 95) | Granny-Zickzack (S. 100) |
| Primelmuster (S. 89) | Stufenmuster (S. 96) | Bäumchenmuster (S. 101) |
| Wellen und Muscheln (S. 89) | Tulpenmuster (S. 97) | Zacken aus festen Maschen (S. 103) |
| Versetzte Streifen (S. 93) | Stachelmuster (S. 98) | Gerippte Zacken (S. 103) |
| Senkrechte Streifen (S. 94) | Spike Clusters (S. 99) | Zacken aus Stäbchen (S. 104) |

MUSTERGALERIE

Lange Wellen (S. 105)  Gerippte Wellen (S. 109)  Gobelin-Kreuze (S. 113)

Granny-Zacken (S. 106)  Gerippte lange Wellen (S. 109)  Intarsien-Schachbrett (S. 114)

Zacken mit V-Maschen (S. 107)  Durchbrochene Zacken (S. 110)  Intarsien-Kreis (S. 115)

Kräuselwellen (S. 108)  Gefiederte Wellen (S. 111)  Luftmaschenbögen (S. 119)

Federn und Fächer (S. 108)  Gobelin-Dreiecke (S. 112)  Einfaches Gittermuster (S. 119)

26

MUSTERGALERIE

Lochmuster mit Picots (S. 120)  Doppeltes Gitter (S. 123)  Spinnenmuster (S. 125)

Gittermuster mit Picots (S. 120)  Leitermuster (S. 123)  Blattmuster (S. 126)

Muschel-Lochmuster (S. 121)  Tulpen-Lochmuster (S. 123)  Knötchen-Lochmuster (S. 127)

Fächer-Lochmuster (S. 121)  Fächer und Sterne (S. 123)  Filet-Gitter (S. 129)

Picot-Leitern (S. 122)  Spitze mit Fächern (S. 124)  Filet-Blümchen (S. 130)

# MUSTERGALERIE

| | | |
|---|---|---|
| Filet-Dreiecke (S. 131) | Himbeermuster (S. 138) | S-Zopfmuster (S. 141) |
| Viaduktmuster (S. 131) | Korbgeflecht (S. 138) | Tropfenmuster (S. 142) |
| Broomstick-Häkelei (S. 132) | Kleines Korbgeflecht (S. 139) | Hufeisenzopf (S. 143) |
| Broomstick-Streifen (S. 133) | Waffelmuster (S. 139) | Ziegelmuster (S. 143) |
| Schmale Rippen (S. 137) | Z-Zopfmuster (S. 140) | Keltisches Geflecht (S. 144) |

# Die wichtigsten Maschen

# Feste Masche

**SCHWIERIGKEITSGRAD**
Einfach

**LÄNGE DER LUFTMASCHENKETTE**
Anzahl der erforderlichen Maschen
(+ 1 Wende-LuftM)

**AUSSEHEN**
Wendbar

**ABKÜRZUNG**
fM

① *Unter beiden Maschengliedern der nächsten Masche einstechen.*

② *Den Faden erfassen.*

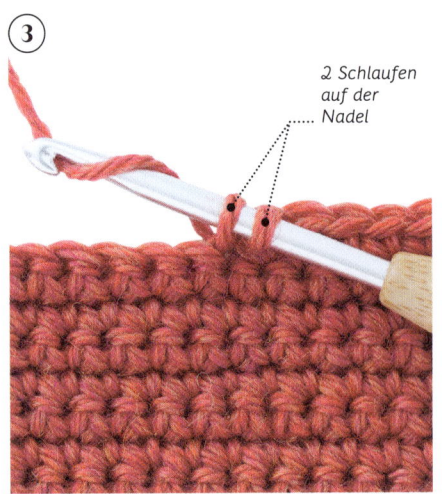

③ *2 Schlaufen auf der Nadel*

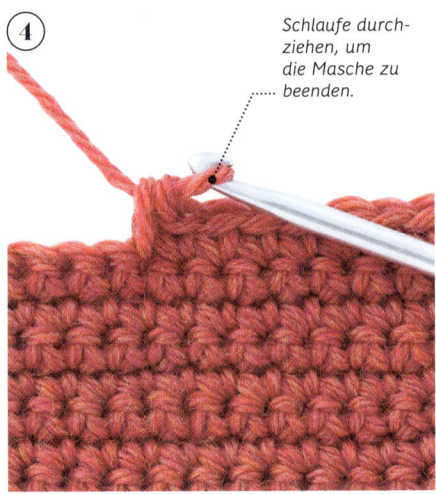

④ *Schlaufe durchziehen, um die Masche zu beenden.*

**1** Mit der Häkelnadel in die nächste Masche einstechen, von vorn nach hinten unter beiden Maschengliedern (Fäden des »V«) auf der Oberseite der Masche.

**2** Den Arbeitsfaden mit der Häkelnadel erfassen.

**3** Den Faden zur Vorderseite der Arbeit unter der Masche durchholen. 2 Schlaufen liegen auf der Häkelnadel. Den Arbeitsfaden mit der Häkelnadel erfassen.

**4** Den Faden in einem Zug durch die beiden Maschen auf der Häkelnadel ziehen. Damit ist eine feste Masche fertig. Ebenso in jede folgende Masche der Reihe eine feste Masche häkeln. Wenden und 1 Wendeluftmasche häkeln. Sie wird nicht als Masche gezählt.

# Halbes Stäbchen

**SCHWIERIGKEITSGRAD**
Einfach

**LÄNGE DER LUFT-MASCHENKETTE**
Anzahl der erforderlichen Maschen
(+ 2 Wende-LuftM)

**AUSSEHEN**
Wendbar

**ABKÜRZUNG**
hStb

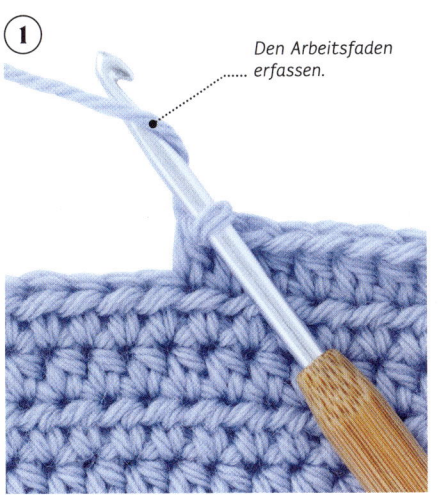

*Den Arbeitsfaden erfassen.*

*Unter beiden Maschengliedern einstechen.*

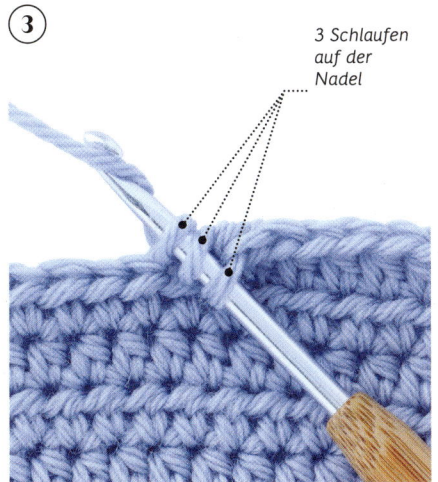

*3 Schlaufen auf der Nadel*

*Schlaufe durchziehen, um die Masche zu beenden.*

DIE WICHTIGSTEN MASCHEN

1. Den Arbeitsfaden um die Häkelnadel legen, wie um den Faden zu erfassen.

2. Mit der Häkelnadel in die nächste Masche einstechen, von vorn nach hinten unter beiden Maschengliedern (Fäden des »V«) auf der Oberseite der Masche.

3. Den Arbeitsfaden mit der Häkelnadel erfassen und nur durch die Masche der Vorreihe holen. 3 Schlaufen liegen auf der Häkelnadel. Den Arbeitsfaden mit der Häkelnadel erfassen.

4. Den Arbeitsfaden in einem Zug durch alle 3 Schlaufen auf der Nadel ziehen. Damit ist ein halbes Stäbchen fertig. Ebenso in jede folgende Masche der Reihe ein halbes Stäbchen arbeiten. Wenden und 2 Wende-luftmaschen häkeln. Sie werden nicht als Maschen gezählt.

# Stäbchen

**SCHWIERIGKEITSGRAD**
Einfach

**LÄNGE DER LUFT-MASCHENKETTE**
Anzahl der erforderlichen Maschen
(+ 3 Wende-LuftM)

**AUSSEHEN**
Wendbar

**ABKÜRZUNG**
Stb

① Vor dem Einstechen einen Umschlag um die Nadel legen.

② Unter beiden Maschengliedern der nächsten Masche einstechen.

③ 3 Schlaufen auf der Nadel

④ 2 Schlaufen auf der Nadel

⑤ Faden durch die restlichen 2 Schlaufen ziehen, um die Masche zu beenden.

1 Den Arbeitsfaden um die Häkelnadel legen wie um ihn zu erfassen.

2 Von vorn nach hinten unter beiden Maschengliedern der nächsten Masche einstechen. Den Arbeitsfaden erfassen.

3 Den Faden nur durch die Masche nach vorn holen. 3 Schlaufen liegen auf der Häkelnadel. Den Arbeitsfaden erfassen.

4 Den Faden durch 2 Schlaufen ziehen. Den Faden erfassen.

5 Den Faden durch die restlichen 2 Schlaufen ziehen, um das Stäbchen zu beenden.

# Doppelstäbchen

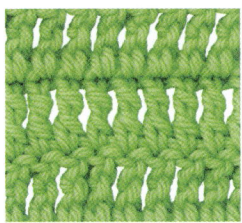

**SCHWIERIGKEITSGRAD**
Einfach

**LÄNGE DER LUFT-MASCHENKETTE**
Anzahl der erforderlichen Maschen
(+ 4 Wende-LuftM)

**AUSSEHEN**
Wendbar

**ABKÜRZUNG**
DStb

① *Durch 2 Umschläge wird das Doppelstäbchen höher als ein Stäbchen.*

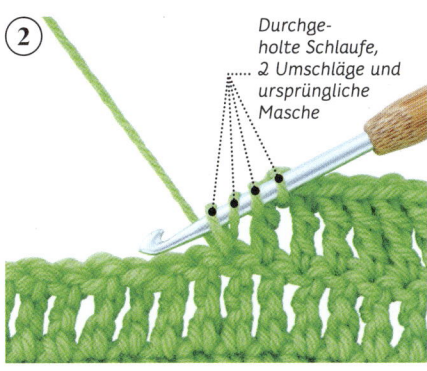

② *Durchgeholte Schlaufe, 2 Umschläge und ursprüngliche Masche*

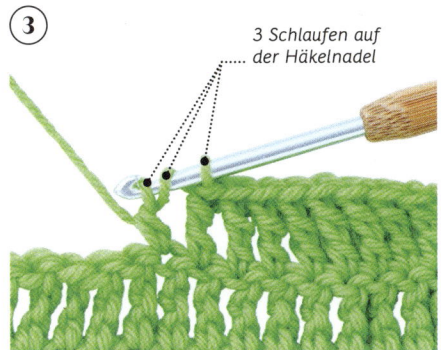

③ *3 Schlaufen auf der Häkelnadel*

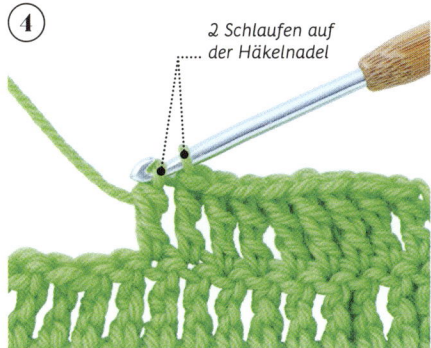

④ *2 Schlaufen auf der Häkelnadel*

1  2 Umschläge um die Häkelnadel legen.

2  Mit der Häkelnadel in die nächste Masche einstechen, den Arbeitsfaden erfassen und nach vorn durchholen. 4 Schlaufen liegen auf der Häkelnadel.

3  Den Arbeitsfaden erfassen und durch 2 Schlaufen ziehen. Danach liegen 3 Schlaufen auf der Häkelnadel.

4  Den Arbeitsfaden erfassen und durch 2 Schlaufen ziehen. Danach liegen 2 Schlaufen auf der Häkelnadel. Den Faden erfassen und durch die restlichen 2 Schlaufen ziehen, um das Doppelstäbchen zu beenden.

### Höhere Maschen

Um noch höhere Maschen zu erhalten, wird einfach die Zahl der Umschläge vor dem Einstechen erhöht. Für ein Dreifachstäbchen 3 Umschläge um die Nadel legen, dann einstechen und die Schlaufen auf der Nadel jeweils paarweise abmaschen. Für ein Vierfachstäbchen (siehe rechts) 4 Umschläge um die Nadel legen, dann einstechen und die Schlaufen ebenfalls paarweise abmaschen.

# Versetzte halbe Stäbchen

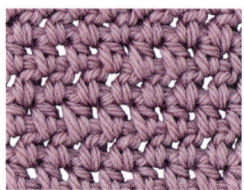

**SCHWIERIGKEITSGRAD**
Einfach

**LÄNGE DER LUFT-MASCHENKETTE**
Anzahl der erforderlichen Maschen
(+ 2 Wende-LuftM)

**AUSSEHEN**
Wendbar

① Zwischen den Schäften der Maschen der Vorreihe einstechen.

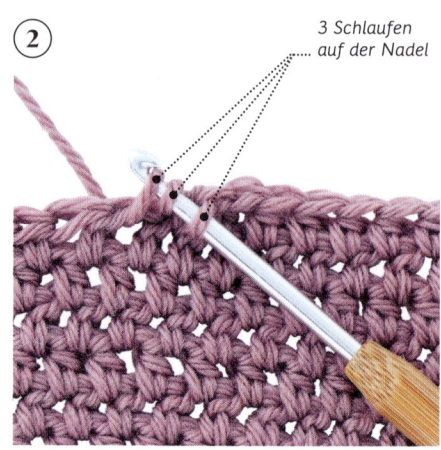

② 3 Schlaufen auf der Nadel

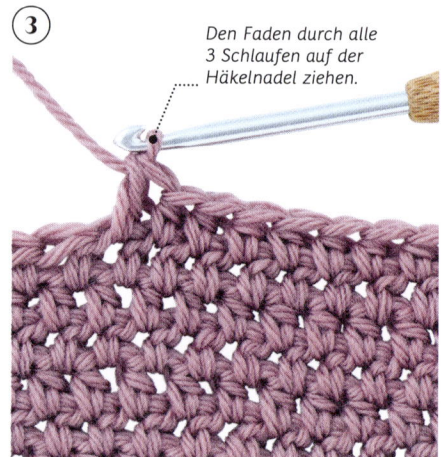

③ Den Faden durch alle 3 Schlaufen auf der Häkelnadel ziehen.

**Basisreihe:** 1 halbes Stäbchen in die 3. Luftmasche ab Nadel und in jede folgende Luftmasche, wenden.

1 **R 1:** 2 Wende-Luftmaschen häkeln. Den Arbeitsfaden mit der Häkelnadel erfassen (1 Umschlag). Von vorn nach hinten zwischen den Schäften der beiden Maschen der vorherigen Reihe einstechen.

2 Den Arbeitsfaden mit der Häkelnadel erfassen und eine Schlaufe durchholen. 3 Schlaufen liegen auf der Häkelnadel.

3 Den Faden erfassen und in einem Zug durch alle 3 Schlaufen auf der Nadel ziehen. Ebenso in jeden folgenden Zwischenraum ein halbes Stäbchen häkeln.

## Wo einstechen?

Die Struktur einer Häkelarbeit hängt auch davon ab, wo mit der Häkelnadel eingestochen wird. Man kann in verschiedene Teile der Masche einstechen (vorderes oder hinteres Maschenglied oder unter beide Maschenglieder), aber auch zwischen den Maschen der Vorreihe. Das geht auch bei höheren Maschen, zum Beispiel bei Stäbchen (siehe rechts).

# Kettmaschen ins hintere Maschenglied

**SCHWIERIGKEITSGRAD**
Einfach

**LÄNGE DER LUFTMASCHENKETTE**
Anzahl der erforderlichen Maschen
(+ 1 Wende-LuftM)

**AUSSEHEN**
Wendbar

**ABKÜRZUNG**
KettM hMg

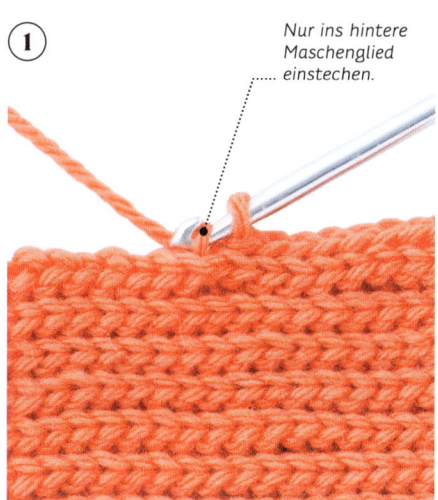

Nur ins hintere Maschenglied einstechen.

Den Faden in einem Zug durch den Einstich und die Masche auf der Nadel ziehen.

**Basisreihe:** 1 Kettmasche (siehe unten) in die 2. Luftmasche ab Nadel und in jede folgende Luftmasche häkeln.

**1** **R 1:** 1 Luftmasche zum Wenden, dann nur in das hintere Maschenglied der nächsten Masche einstechen.

**2** Den Arbeitsfaden mit der Häkelnadel erfassen und in einem Zug durch den Einstich und die Schlaufe auf der Nadel ziehen. Damit ist die Kettmasche fertig. In jeder weiteren Masche der Vorreihe wiederholen. Wenden. Reihe 1 stets wiederholen.

## Maschenglieder

Normalerweise wird unter beiden Fäden, die das »V« auf der Oberseite der Masche bilden, eingestochen. Das muss aber nicht so sein. Sticht man etwa für Stäbchen nur ins hintere Maschenglied (Stb hMg, siehe rechts), entsteht ein Muster, das anders aussieht als normale Stäbchen (siehe S. 34).

Die Beispiele auf Seite 37–41 zeigen, was geschieht, wenn man nur ins vordere oder nur ins hintere Maschenglied einsticht. Meist entstehen dabei Strukturen mit Querrippen. Solche Muster sind besonders dehnbar. Hier wurden Stäbchen ins hintere Maschenglied gearbeitet (Stb hMg). Wenn in einer Anleitung nicht ausdrücklich etwas anderes angegeben ist, wird allerdings immer unter beiden Maschengliedern eingestochen.

# Feste Masche ins hintere Maschenglied

**SCHWIERIGKEITSGRAD**
Einfach

**LÄNGE DER LUFT-MASCHENKETTE**
Anzahl der erforderlichen Maschen
(+ 1 Wende-LuftM)

**AUSSEHEN**
Wendbar

**ABKÜRZUNG**
fM hMg

Nur ins hintere Maschenglied einstechen.

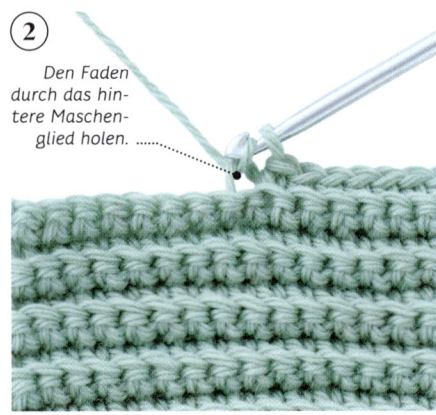

Den Faden durch das hintere Maschenglied holen.

**Basisreihe:** 1 feste Masche in die 2. Luftmasche ab Nadel und in jede folgende Luftmasche, wenden.

**1** **R 1:** 1 Luftmasche zum Wenden. Mit der Häkelnadel von der Mitte der beiden Maschenglieder aus ins hintere Maschenglied der nächsten Masche einstechen.

**2** Den Arbeitsfaden mit der Häkelnadel erfassen. Den Faden durchholen. 2 Schlaufen liegen auf der Häkelnadel.

**3** Den Faden erfassen und durch beide Schlaufen auf der Nadel ziehen. Damit ist die feste Masche fertig. Bis zum Reihenende wiederholen.

Den Faden durch beide Schlaufen auf der Nadel ziehen.

## Einstich ins hintere Maschenglied

Auch andere Maschen können jeweils in nur ein Maschenglied eingestochen werden. Halbe Stäbchen beispielsweise werden gehäkelt wie gewohnt, sehen aber anders aus, wenn man nur ins hintere Maschenglied einsticht (hStb hMg, siehe rechts). Dasselbe gilt für Stäbchen ins hintere Maschenglied (Stb hMg, siehe S. 37).

# Kettmasche mit Umschlag

**SCHWIERIGKEITSGRAD**
Einfach

**LÄNGE DER LUFT-MASCHENKETTE**
Anzahl der erforderlichen Maschen
(+ 1 Wende-LuftM)

**AUSSEHEN**
Wendbar

**ABKÜRZUNG**
KettM-U

*Den Faden um die Nadel legen, dann erst einstechen.*

*In einem Zug durch alle Schlaufen auf der Nadel ziehen.*

**Basisreihe:** 1 Kettmasche mit Umschlag (siehe R 1) in die 2. Luftmasche ab Nadel und in jede folgende Luftmasche, wenden.

1. **R 1:** 1 Wende-LuftM. 1 Kettmasche mit Umschlag in die nächste Masche häkeln: *Den Faden einmal um die Nadel legen. In die nächste Masche einstechen. Den Arbeitsfaden mit der Häkelnadel erfassen.*

2. *Den Faden durch die Masche und die beiden Schlaufen auf der Nadel ziehen. Die Kettmasche mit Umschlag ist fertig. Bis zum Reihenende wiederholen.*

### KettM-U hMg

Auch eine Kettmasche mit Umschlag kann ins hintere Maschenglied gehäkelt werden (KettM-U hMg). Dafür wie links beschrieben vorgehen, aber immer nur ins hintere Maschenglied einstechen. Hierbei entsteht eine Struktur, die wie gestrickte Rippen aussieht und wegen ihrer Dehnbarkeit – um 90 Grad gedreht! – für Rippenbündchen verwendet wird.

# Feste Masche ins vordere Maschenglied

**SCHWIERIGKEITSGRAD**
Einfach

**LÄNGE DER LUFT-MASCHENKETTE**
Anzahl der erforderlichen Maschen
(+ 1 Wende-LuftM)

**AUSSEHEN**
Wendbar

**ABKÜRZUNG**
fM vMg

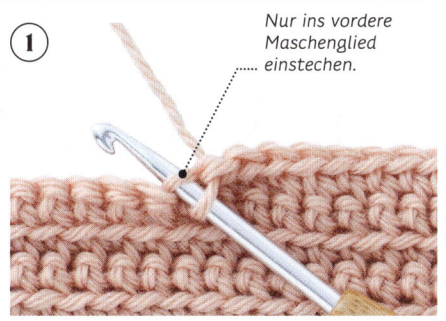

*Nur ins vordere Maschenglied einstechen.*

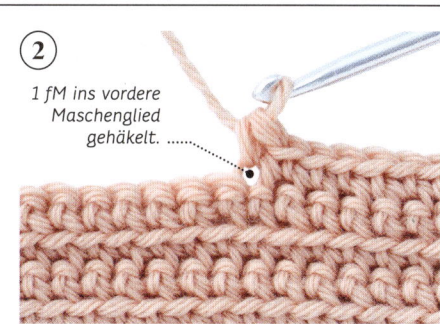

*1 fM ins vordere Maschenglied gehäkelt.*

**Basisreihe:** 1 feste Masche in die 2. Luftmasche ab Nadel und in jede folgende Luftmasche, wenden.

1. **R 1:** 1 Luftmasche. Mit der Häkelnadel von vorn nur ins vordere Maschenglied der nächsten Masche einstechen, zwischen den Maschengliedern herauskommen.

2. Den Arbeitsfaden mit der Häkelnadel erfassen und durch das vordere Maschenglied holen. 2 Schlaufen liegen auf der Häkelnadel. Den Faden erfassen und durch beide Schlaufen ziehen, um die feste Masche zu beenden. Bis zum Reihenende wiederholen.

DIE WICHTIGSTEN MASCHEN

## Halbes Stäbchen ins vordere Maschenglied

**R 1:** 1 hStb in die 3. LuftM ab Nadel und in jede folgende LuftM, wenden.
**R 2:** 2 LuftM, 1 hStb vMg in jede folgende M, wenden.
R 2 stets wiederholen.

**SCHWIERIGKEITSGRAD**
Einfach
**LÄNGE DER LUFT-MASCHENKETTE**
Anzahl der erforderlichen Maschen
(+ 2 Wende-LuftM)
**AUSSEHEN**
Wendbar
**ABKÜRZUNG**
hStb vMg

## Stäbchen ins vordere Maschenglied

**R 1:** 1 Stb in die 4. LuftM ab Nadel und in jede folgende LuftM, wenden.
**R 2:** 3 LuftM, 1 Stb vMg in jede folgende M, wenden.
R 2 stets wiederholen.

**SCHWIERIGKEITSGRAD**
Einfach
**LÄNGE DER LUFT-MASCHENKETTE**
Anzahl der erforderlichen Maschen
(+ 3 Wende-LuftM)
**AUSSEHEN**
Wendbar
**ABKÜRZUNG**
Stb vMg

## Feste Maschen hinten/vorn

**SCHWIERIGKEITSGRAD**
Einfach
**LÄNGE DER LUFT-MASCHENKETTE**
Gerade Maschenzahl
(+ 1 Wende-LuftM)
**AUSSEHEN**
Wendbar

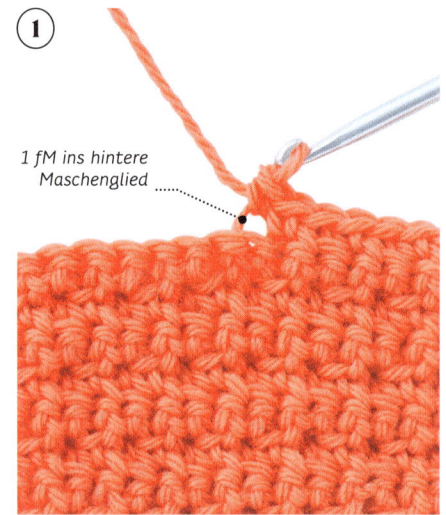

**Basisreihe:** 1 feste Masche (fM) in die 2. LuftM ab Nadel und in jede folgende LuftM, wenden.

**1** **R 1:** 1 Luftmasche zum Wenden, *1 feste Masche ins hintere Maschenglied der nächsten Masche (fM hMg).

**2** 1 feste Masche ins vordere Maschenglied der nächsten Masche (fM vMg). Ab * bis zum Ende der Reihe wiederholen, also abwechselnd ins vordere und hintere Maschenglied einstechen. Wenden.
R 1 stets wiederholen.

## Feste Maschen hinten/vorn in Reihen

**R 1:** 1 fM in die 2. LuftM ab Nadel und in jede folgende LuftM, wenden.
**R 2 (RS):** 1 LuftM, 1 fM hMg in jede folgende M, wenden.
**R 3 (LS):** 1 LuftM, 1 fM vMg in jede folgende M, wenden.
R 2 und 3 stets wiederholen.

**SCHWIERIGKEITSGRAD**
Einfach

**LÄNGE DER LUFTMASCHENKETTE**
Anzahl der erforderlichen Maschen
(+ 1 Wende-LuftM)

**AUSSEHEN**
Einseitig

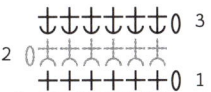

## Halbes Stäbchen hinten/ vorn in Reihen

**R 1:** 1 hStb in die 3. LuftM ab Nadel und in jede folgende LuftM, wenden.
**R 2 (RS):** 2 LuftM, 1 hStb hMg in jede folgende M, wenden.
**R 3 (LS):** 2 LuftM, 1 hStb vMg in jede folgende M, wenden.
R 2 und 3 stets wiederholen.

**SCHWIERIGKEITSGRAD**
Einfach

**LÄNGE DER LUFTMASCHENKETTE**
Anzahl der erforderlichen Maschen
(+ 2 Wende-LuftM)

**AUSSEHEN**
Einseitig

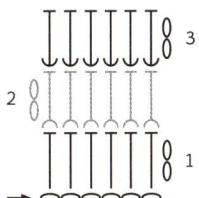

DIE WICHTIGSTEN MASCHEN

## Stäbchen hinten/vorn in Reihen

**R 1:** 1 Stb in die 4. LuftM ab Nadel und in jede folgende LuftM, wenden.
**R 2 (RS):** 3 LuftM, 1 Stb hMg in jede M bis Ende, wenden.
**R 3 (LS):** 3 LuftM, 1 Stb vMg in jede M bis Ende, wenden.
R 2 und 3 stets wiederholen.

**SCHWIERIGKEITSGRAD**
Einfach

**LÄNGE DER LUFTMASCHENKETTE**
Anzahl der erforderlichen Maschen
(+ 3 Wende-LuftM)

**AUSSEHEN**
Wendbar

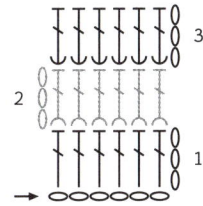

### Maschenwechsel in Reihen

Wenn in Hin- und Rückreihen immer die gleichen Maschen gehäkelt werden, ergibt sich ein wendbares Werkstück, das auf beiden Seiten die gleiche Struktur oder die gleichen Rippen hat. Sieht man die Rückseite der Arbeit später nicht, kann man reihenweise abwechselnd ins hintere und vordere Maschenglied einstechen. Dann erscheint die Rippenstruktur nur auf der Vorderseite der Arbeit.

# Kordelrippen

**SCHWIERIGKEITSGRAD**
Mittel

**LÄNGE DER LUFT-MASCHENKETTE**
Anzahl der erforderlichen Maschen
(+ 1 Wende-LuftM)

**AUSSEHEN**
Einseitig

① *In die nächste Masche rechts von der letzten einstechen.*

② *2 gedrehte Schlaufen auf der Nadel*

③ *Den Faden durch die beiden gedrehten Schlaufen holen.*

**Basisreihe:** 1 feste Masche in die 2. LuftM ab Nadel und in jede folgende LuftM. **Nicht** wenden.

**1** R 1: 1 Wende-LuftM. Ins vordere Maschenglied der nächsten Masche RECHTS einstechen. Den Arbeitsfaden mit der Häkelnadel erfassen.

**2** Den Faden durchholen und die Nadel drehen, um den Faden erneut erfassen zu können.

**3** Den Arbeitsfaden erfassen und durch beide gedrehten Schlaufen ziehen. Damit ist die Masche fertig. [1 fM vMg in die nächste M RECHTS] stets wdh, **nicht** wenden. R 2: 1 LuftM, dann 1 fM hMg in jede M bis Ende. **Nicht** wenden. R 1 und 2 stets wiederholen.

# Tief gestochene feste Maschen

**SCHWIERIGKEITSGRAD**
Mittel

**LÄNGE DER LUFT-MASCHENKETTE**
Anzahl der erforderlichen Maschen
(+ 1 Wende-LuftM)

**AUSSEHEN**
Wendbar

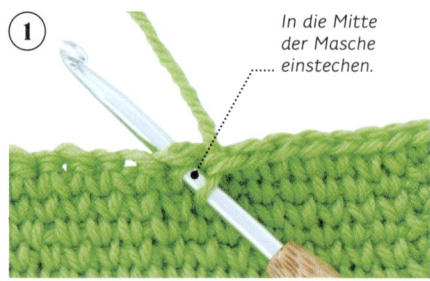

① *In die Mitte der Masche einstechen.*

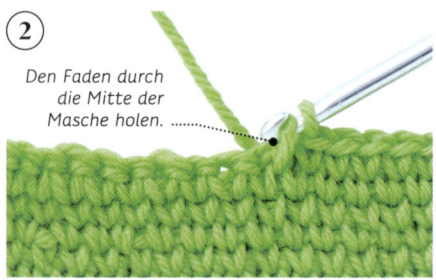

② *Den Faden durch die Mitte der Masche holen.*

**Basisreihe:** 1 feste Masche in die 2. LuftM ab Nadel und in jede folgende LuftM, wenden.

**1** R 1: 1 Wende-LuftM, 1 feste Masche in die 1. M. *In den Schaft der nächsten fM einstechen (unter dem waagerechten Buckel und zwischen den »Beinen«).

**2** Den Faden erfassen und durchholen. 2 Schlaufen liegen auf der Häkelnadel. Den Faden erfassen und durch die restlichen beiden Schlaufen ziehen. Ab * bis zum Ende der Reihe wdh. R 1 stets wiederholen.

# Rippen aus festen Maschen

**SCHWIERIGKEITSGRAD**
Mittel

**LÄNGE DER LUFT-MASCHENKETTE**
Anzahl der erforderlichen Maschen
(+ 1 Wende-LuftM)

**AUSSEHEN**
Wendbar

① In den Buckel unter den Maschengliedern einstechen.

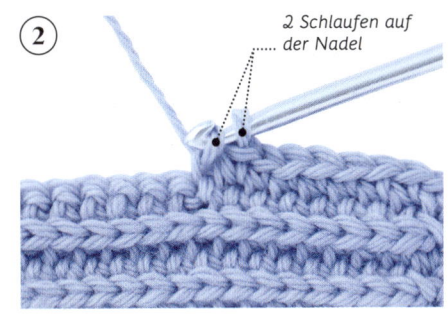

② 2 Schlaufen auf der Nadel

③ Den Faden durch die restlichen beiden Schlaufen ziehen, um die Masche zu beenden.

**Basisreihe:** 1 feste Masche in die 2. LuftM ab Nadel und in jede folgende LuftM, wenden.

**1** **R 1:** 1 Wende-LuftM. *In den waagerechten Buckel der nächsten Masche einstechen (unter dem »V« auf der Oberseite der Masche).

**2** Den Faden erfassen und durchholen.

**3** Wie eine normale feste Masche beenden. Ab * stets wiederholen bis zum Ende der Reihe. R 1 stets wiederholen.

# Rippen aus halben Stäbchen

**SCHWIERIGKEITSGRAD**
Mittel

**LÄNGE DER LUFT-MASCHENKETTE**
Anzahl der erforderlichen Maschen
(+ 2 Wende-LuftM)

**AUSSEHEN**
Wendbar

① In den hinteren Buckel der Masche einstechen.

② Den Faden durch den Buckel holen. 3 Schlaufen liegen auf der Nadel.

**Basisreihe:** 1 hStb in die 3. LuftM ab Nadel und in jede folgende LuftM, wenden.

**1** **R 1:** 2 Wende-LuftM. *1 U, in das 3. Maschenglied auf der Rückseite des nächsten halben Stäbchens einstechen (den waagerechten Buckel auf der Rückseite direkt unter den Maschengliedern).

**2** Den Faden durchholen. 3 Schlaufen liegen auf der Häkelnadel. Das halbe Stäbchen wie üblich beenden. Ab * stets wiederholen bis zum Ende der Reihe. R 1 stets wiederholen.

# Verzahnte feste Masche

**SCHWIERIGKEITSGRAD**
Mittel

**LÄNGE DER LUFT-MASCHENKETTE**
Anzahl der erforderlichen Maschen
(+ 2 Wende-LuftM)

**AUSSEHEN**
Wendbar

**ABKÜRZUNG**
verzahnte fM

① *Ins linke Bein der zuletzt gehäkelten Masche einstechen.*

② *Den Faden durch die nächste Masche holen. 3 Schlaufen auf der Nadel.*

③ *In einem Zug durch alle 3 Schlaufen ziehen.*

**Basisreihe:** 1 normale feste Masche in die 2. LuftM ab Nadel, dann 1 verzahnte feste Masche *(siehe unten)* in jede folgende LuftM, wenden.

**1** R 1: 1 Wende-LuftM. 1 feste Masche in die 1. Masche. In die nächste Masche 1 verzahnte feste Masche häkeln: *Von vorn nach hinten ins linke »Bein« der zuletzt gehäkelten Masche einstechen.*

**2** *Den Faden durchholen. 2 Schlaufen liegen auf der Häkelnadel. Mit der Häkelnadel in die nächste Masche einstechen und eine Schlaufe durchholen. 3 Schlaufen liegen auf der Häkelnadel.*

**3** *Den Faden erfassen und durch alle 3 Schlaufen ziehen.* Bis zum Ende der Reihe wiederholen. Wenden.
R 1 stets wiederholen.

## Verzahnte Maschen

Verzahnte Maschen sind im Grunde ganz normale Maschen, für die zusätzlich in die zuletzt gehäkelte Masche eingestochen wird. So entsteht ein sehr festes, stabiles Maschenwerk. Für ein verzahntes Stäbchen wie beim verzahnten halben Stäbchen vorgehen, aber immer dann, wenn 3 Schlaufen auf der Nadel liegen, diese paarweise abmaschen und den Faden *nicht* wie beim halben Stäbchen in einem Zug durchholen.

# Verzahntes halbes Stäbchen

**SCHWIERIGKEITSGRAD**
Mittel

**LÄNGE DER LUFT-MASCHENKETTE**
Anzahl der erforderlichen Maschen
(+ 2 Wende-LuftM)

**AUSSEHEN**
Wendbar

**ABKÜRZUNG**
verzahntes hStb

① Faden durch die 2. LuftM ab Nadel holen.

② Faden durch die 1. Masche der Reihe holen.

③ Wie ein normales halbes Stäbchen beenden.

④ Faden durch das linke Bein im unteren Teil des vorigen halben Stäbchens holen.

⑤ Faden durch die nächste Masche der Reihe holen.

⑥ Wie ein normales halbes Stäbchen beenden.

**Basisreihe:** 1 verzahntes halbes Stäbchen *(siehe unten)* in die 2. und 3. LuftM ab Nadel und dann in jede folgende LuftM häkeln, wenden.

1 R 1: 2 Wende-LuftM. 1 verzahntes halbes Stäbchen in die nächste Masche: *In die 2. LuftM ab Nadel einstechen und den Faden durchholen. 2 Schlaufen liegen auf der Häkelnadel.*

2 *Jetzt in die 1. Masche der Reihe einstechen und den Faden durchholen. 3 Schlaufen liegen auf der Häkelnadel.*

3 *Den Faden erfassen und durch alle 3 Schlaufen ziehen.* Damit ist das 1. verzahnte halbe Stäbchen fertig.

4 *\*In das linke »Bein« des gerade gehäkelten verzahnten halben Stäbchens einstechen, den Faden erfassen und durchholen. 2 Schlaufen liegen auf der Häkelnadel.*

5 *Mit der Häkelnadel in die nächste Masche einstechen und den Faden durchholen. 3 Schlaufen liegen auf der Häkelnadel.*

6 Den Faden erfassen und durch alle 3 Schlaufen ziehen. Damit ist das verzahnte halbe Stäbchen fertig. Ab \* bis zum Ende der Reihe wiederholen. Wenden. R 1 stets wiederholen.

# Erhöhte feste Masche

**SCHWIERIGKEITSGRAD**
Einfach

**LÄNGE DER LUFT-MASCHENKETTE**
Anzahl der erforderlichen Maschen
(+ 2 Wende-LuftM)

**AUSSEHEN**
Wendbar

**ABKÜRZUNG**
erhöhte fM

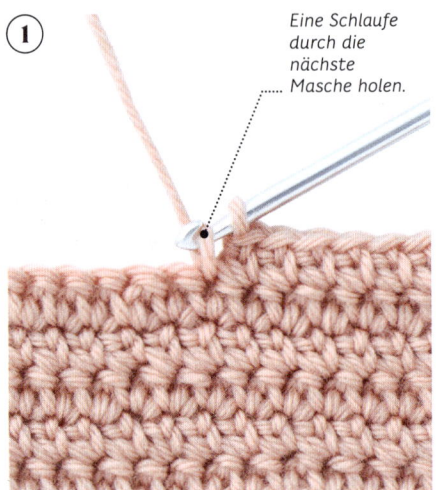

*Eine Schlaufe durch die nächste Masche holen.*

*1 Luftmasche*

*Die fertige Masche ist höher als eine normale feste Masche.*

**Basisreihe:** 1 erhöhte feste Masche *(siehe unten)* in die 2. LuftM ab Nadel und in jede folgende LuftM, wenden.

1  **R 1:** 2 Wende-LuftM. 1 erhöhte feste Masche in die nächste Masche: *In die nächste Masche einstechen, den Faden durchholen. 2 Schlaufen liegen auf der Häkelnadel.*

2  *1 LuftM. 2 Schlaufen liegen auf der Häkelnadel.*

3  *Den Faden erfassen und durch beide Schlaufen holen. Damit ist die 1. erhöhte feste Masche fertig. Bis zum Ende der Reihe wiederholen.* R 1 stets wiederholen.

# Erhöhtes halbes Stäbchen

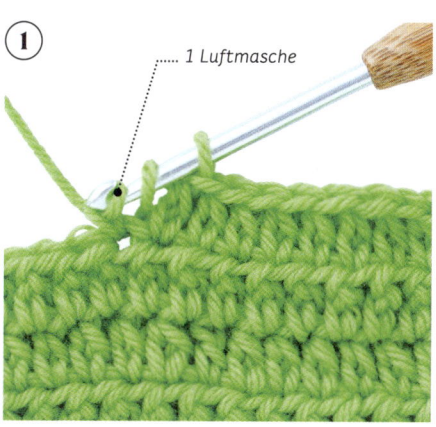

*1 Luftmasche*

*Die Masche ist um 1 Luftmasche höher als ein normales halbes Stäbchen.*

**SCHWIERIGKEITSGRAD**
Einfach

**LÄNGE DER LUFT-MASCHENKETTE**
Anzahl der erforderlichen Maschen
(+ 3 Wende-LuftM)

**AUSSEHEN**
Wendbar

**ABKÜRZUNG**
erhöhtes hStb

**Basisreihe:** 1 erhöhtes halbes Stäbchen *(siehe unten)* in die 3. LuftM ab Nadel und in jede folgende LuftM, wenden.

**1** **R 1:** 3 Wende-LuftM. 1 erhöhtes halbes Stäbchen in die nächste Masche: 1 Umschlag, mit der Häkelnadel in die nächste Masche einstechen, den Faden durchholen. 3 Schlaufen liegen auf der Häkelnadel. 1 LuftM. 3 Schlaufen liegen auf der Häkelnadel.

**2** Den Faden erfassen und durch alle 3 Schlaufen ziehen. Damit ist das erhöhte halbe Stäbchen fertig. Bis zum Ende der Reihe wiederholen, wenden. R 1 stets wiederholen.

# Erhöhtes Stäbchen

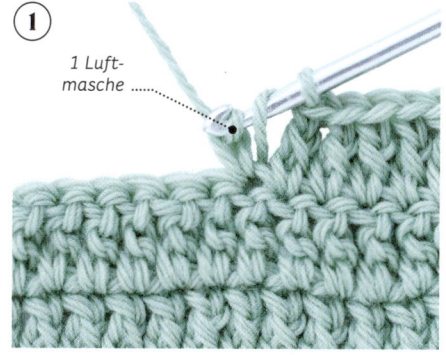

*1 Luftmasche*

*Die Masche ist um 1 Luftmasche höher als ein normales Stäbchen.*

**SCHWIERIGKEITSGRAD**
Einfach

**LÄNGE DER LUFT-MASCHENKETTE**
Anzahl der erforderlichen Maschen
(+ 4 Wende-LuftM)

**AUSSEHEN**
Wendbar

**ABKÜRZUNG**
erhöhtes Stb

**Basisreihe:** 1 erhöhtes Stäbchen *(siehe unten)* in die 4. LuftM ab Nadel und in jede folgende LuftM, wenden.

**1** **R 1:** 4 Wende-LuftM. 1 erhöhtes Stäbchen in die nächste Masche: 1 Umschlag, mit der Häkelnadel in die nächste Masche einstechen, den Faden durchholen. 3 Schlaufen liegen auf der Häkelnadel.

1 Luftmasche. 3 Schlaufen liegen auf der Häkelnadel.

**2** *Die Schlaufen paarweise abmaschen, wie bei einem normalen Stäbchen (siehe S. 34). Damit ist das 1. erhöhte Stäbchen fertig. Bis zum Ende der Reihe wiederholen, wenden. R 1 stets wiederholen.*

# Strukturmuster

# Kombinierte Maschen

Wer die Grundmaschen beherrscht, kann sie kombinieren und verschiedene Strukturen herstellen. Statt in einer Reihe immer gleiche Maschen zu häkeln, kann man mit verschiedenen Maschen einen plastischen Effekt erzielen. Wechselt man Grundmaschen mit Luftmaschen ab, entstehen kleine Zwischenräume, in die man ebenfalls einstechen kann. So ergeben sich hübsche Strukturen wie beim Leinenmuster und seinen Variationen. Interessante Effekte entstehen ebenfalls, wenn man die Reihenfolge der Maschen innerhalb der Reihe verändert, wie bei den gekreuzten halben, doppelten und dreifachen Stäbchen. Diese Technik ist allerdings etwas anspruchsvoller.

Die Muster in diesem Kapitel eignen sich gut für schlichte Werkstücke wie Spültücher und Topflappen. Weil sie die Struktur des Werkstücks nur subtil verändern, sehen sie auch auf Kleidungsstücken und Accessoires toll aus.

# Leinenmuster

**SCHWIERIGKEITSGRAD**
Einfach

**LÄNGE DER LUFT-MASCHENKETTE**
Ungerade Maschenzahl (+1 Wende-LuftM)

**AUSSEHEN**
Wendbar

① Unter dieser Luftmasche einstechen.

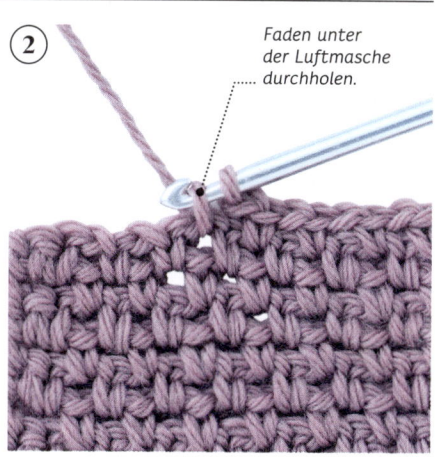

② Faden unter der Luftmasche durchholen.

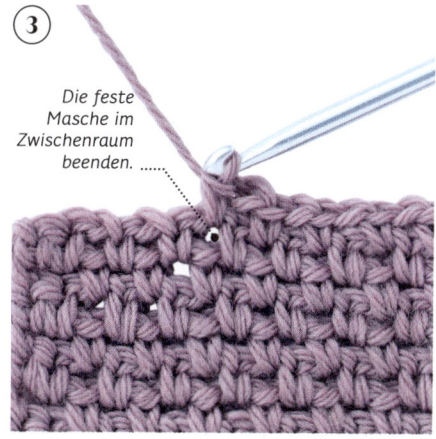

③ Die feste Masche im Zwischenraum beenden.

**Basisreihe:** 1 fM in die 2. LuftM ab Nadel. *1 LuftM, 1 LuftM überg, 1 fM in die nächste LuftM. Ab * bis zum Ende der Reihe wdh, wenden.

**1** **R 1:** 1 Wende-LuftM. 1 fM in die 1. Masche, 1 fM in den nächsten LuftM-ZR: *Mit der Häkelnadel unter der nächsten LuftM einstechen.*

**2** *Den Faden erfassen und durch diesen LuftM-ZR holen. 2 Schlaufen liegen auf der Häkelnadel.*

**3** *Den Faden erfassen und durch die beiden Schlaufen ziehen. Damit ist die feste Masche im LuftM-ZR fertig.* *1 LuftM, nächste fM überg, 1 fM in den nächsten LuftM-ZR. Ab * wdh bis zur letzten M, 1 fM in die letzte M, wenden.
**R 2:** 1 Wende-LuftM. 1 fM in die 1. M, *1 LuftM, 1 fM überg, 1 fM in LuftM-ZR.

Ab * wdh bis zu den letzten 2 M, 1 LuftM, 1 M überg, 1 fM in die letzte M, wenden. R 1 und 2 stets wdh.

KOMBINIERTE MASCHEN

## Leinenmuster/Variante

Für diese Variante wird nicht in den LuftM-ZR eingestochen, sondern in das hintere Maschenglied der Luftmaschen.

## Gestreiftes Leinenmuster

Streifen können ein Muster stark verändern und betonen. Hier werden jeweils 2 Reihen in der Hauptfarbe gehäkelt, dann folgt eine Reihe in einer Kontrastfarbe.

## Steppdeckenmuster

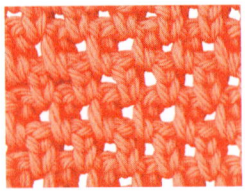

**SCHWIERIGKEITSGRAD**
Einfach

**LÄNGE DER LUFT-MASCHENKETTE**
Ungerade Maschenzahl
(+1 Wende-LuftM)

**AUSSEHEN**
Wendbar

**R 1:** 1 erhöhte fM in die 2. LuftM ab Nadel, *1 LuftM, 1 LuftM überg, 1 erhöhte fM in die nächste LuftM. Ab * wdh bis Ende der Reihe, wenden.
**R 2:** 2 LuftM, 1 erhöhte fM in die 1. M, 1 erhöhte fM in den LuftM-ZR, *1 LuftM, nächste erhöhte fM überg, 1 erhöhte fM in den LuftM-ZR. Ab * wdh bis zur letzten M, 1 erhöhte fM, wenden.
**R 3:** 2 LuftM, 1 erhöhte fM in die 1. M, *1 LuftM, nächste erhöhte fM überg, 1 erhöhte fM in den LuftM-ZR. Ab * wdh bis zu den letzten 2 M, 1 LuftM, nächste M überg, 1 erhöhte fM in die letzte M, wenden.
R 2 und 3 stets wdh.

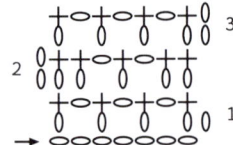

## Siebmuster

**SCHWIERIGKEITSGRAD**
Mittel

**LÄNGE DER LUFT-MASCHENKETTE**
Ungerade Maschenzahl
(+1 Wende-LuftM)

**AUSSEHEN**
Wendbar

**R 1:** 1 fM in die 2. LuftM ab Nadel und in jede folgende LuftM, wenden.
**R 2:** 1 LuftM, 1 fM in die 1. M (1 LuftM, nächste M überg, 1 fM in die nächste M) stets wdh, wenden.
**R 3:** 1 LuftM, 1 fM in die 1. M, 2 fM in jeden LuftM-ZR bis Ende, wenden.
**R 4:** 1 LuftM, 1 fM in die 1. M (1 LuftM, 1 M überg, 1 fM in die nächste M) stets wdh, wenden.
R 3 und 4 stets wdh.

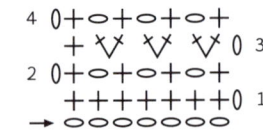

# Gekreuzte feste Maschen

**SCHWIERIGKEITSGRAD**
Einfach

**LÄNGE DER LUFTMASCHENKETTE**
Ungerade Maschenzahl (+1 Wende-LuftM)

**AUSSEHEN**
Wendbar

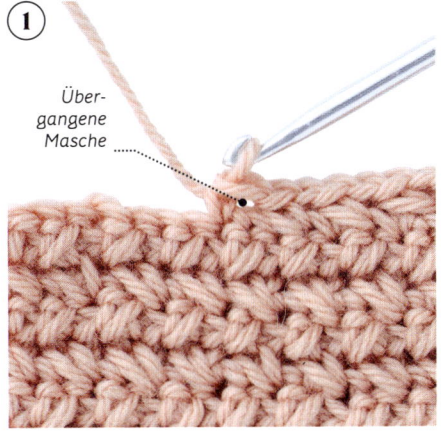

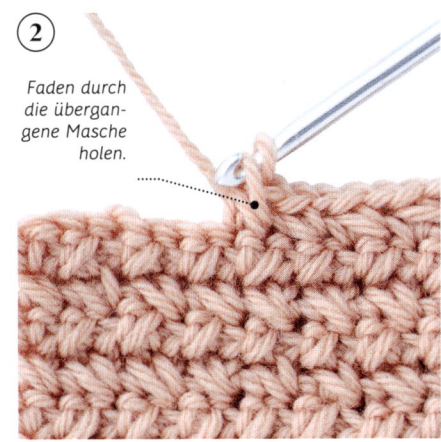

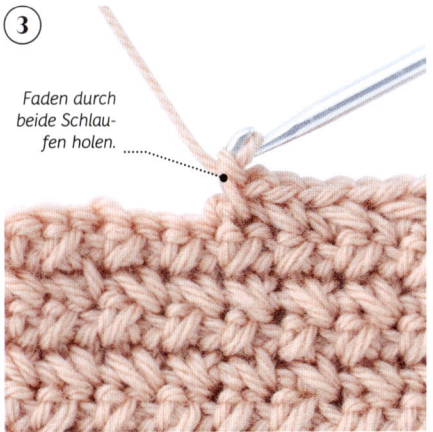

**Basisreihe:** 1 fM in die 2. LuftM ab Nadel und in jede folgende LuftM, wenden.

1 **R 1:** 1 Wende-LuftM. 1 fM in die nächste Masche. *1 M überg, 1 fM.

2 In die übergangene Masche einstechen und den Faden durchholen. 2 Schlaufen liegen auf der Häkelnadel.

3 Faden erfassen und durch beide Schlaufen ziehen. Ab * stets wdh bis zum Ende der Reihe, wenden. R 1 stets wdh.

---

### Gekreuzte halbe Stäbchen und Stäbchen

Ebenso kann man auch halbe Stäbchen (unten links) und Stäbchen (unten rechts) kreuzen. Dabei wird ebenso vorgegangen wie bei den gekreuzten festen Maschen.

KOMBINIERTE MASCHEN

# Fischgrätmuster mit halben Stäbchen

STRUKTURMUSTER

**SCHWIERIGKEITSGRAD**
Mittel

**LÄNGE DER LUFT-MASCHENKETTE**
Erforderliche Maschenzahl (+2 Wende-LuftM)

**AUSSEHEN**
Wendbar

**ABKÜRZUNG**
Fischgrät-hStb

① *In die nächste Masche einstechen.*

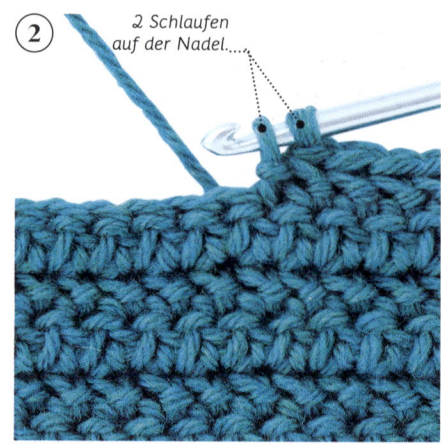

② *2 Schlaufen auf der Nadel.*

③ *Faden durch die letzten beiden Schlaufen holen.*

**Basisreihe:** 1 Fischgrät-hStb *(siehe unten)* in die 3. LuftM ab Nadel und in jede folgende LuftM, wenden.

**1** **R 1:** 2 Wende-LuftM. 1 Fischgrät-hStb in jede M: *1 U, dann in die nächste Masche einstechen.

**2** Den Faden erfassen, durchholen und sofort *auch durch die 2. Schlaufe ziehen*. 2 Schlaufen liegen auf der Häkelnadel.

**3** Den Faden erfassen und durch die letzten beiden Schlaufen ziehen. Ab * stets wdh bis zum Ende der Reihe, wenden. R 1 stets wdh.

# Fischgrätmuster mit Stäbchen

**SCHWIERIGKEITSGRAD**
Mittel

**LÄNGE DER LUFT-MASCHENKETTE**
Erforderliche Maschenzahl (+3 Wende-LuftM)

**AUSSEHEN**
Wendbar

**ABKÜRZUNG**
Fischgrät-Stb

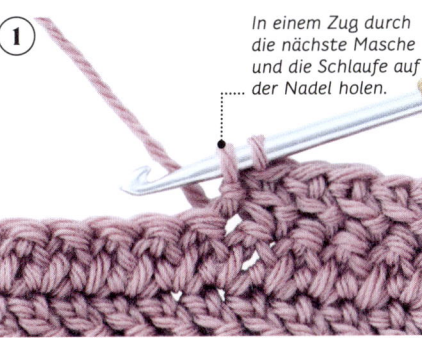

*In einem Zug durch die nächste Masche und die Schlaufe auf der Nadel holen.*

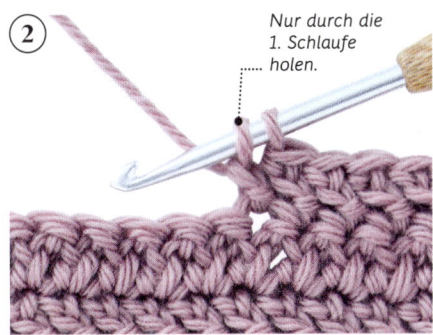

*Nur durch die 1. Schlaufe holen.*

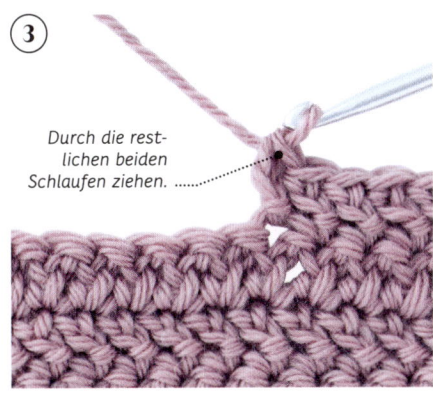

*Durch die restlichen beiden Schlaufen ziehen.*

**Basisreihe:** 1 Fischgrät-Stb *(siehe unten)* in die 4. LuftM ab Nadel und in jede folgende LuftM häkeln, wenden.

**1** **R 1:** 3 Wende-LuftM. 1 Fischgrät-Stb in jede folgende Masche: *1 U, dann in die nächste Masche einstechen. Den Faden erfassen, durchholen und sofort *auch* durch die 2. Schlaufe ziehen. 2 Schlaufen liegen auf der Häkelnadel.

**2** Faden erfassen und durch eine Schlaufe holen. 2 Schlaufen liegen auf der Häkelnadel.

**3** Faden erfassen und durch die letzten beiden Schlaufen holen. Ab * stets wdh bis zum Ende der Reihe, wenden. R 1 stets wdh.

# Perlmuster

**SCHWIERIGKEITSGRAD**
Einfach

**LÄNGE DER LUFT-MASCHENKETTE**
Ungerade Maschenzahl (+1 Wende-LuftM)

**AUSSEHEN**
Wendbar

*Kettmasche*

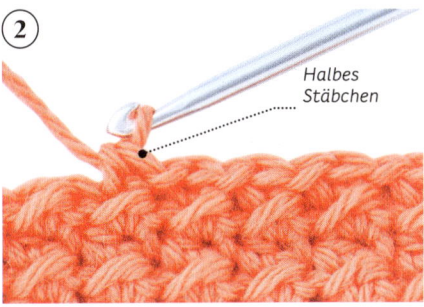

*Halbes Stäbchen*

**Basisreihe:** 1 KettM in die 2. LuftM ab Nadel. *1 hStb in die nächste LuftM, 1 KettM in die nächste LuftM. Ab * bis zum Ende der Reihe wdh, wenden.

**1** **R 1:** 1 Wende-LuftM, dann 1 KettM in die nächste Masche.

**2** *1 hStb in die nächste M, 1 KettM in die nächste M. Ab * stets wdh, wenden. R 1 stets wdh. Immer 1 KettM in die KettM der vorigen R häkeln und 1 hStb in die hStb der vorigen R.

# Kleines Knittermuster

**SCHWIERIGKEITSGRAD**
Einfach

**LÄNGE DER LUFT-MASCHENKETTE**
Gerade Maschenzahl
(+1 Wende-LuftM)

**AUSSEHEN**
Wendbar

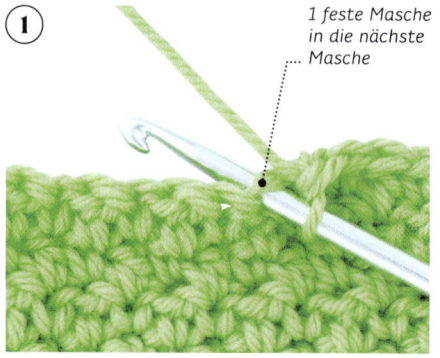

① *1 feste Masche in die nächste Masche*

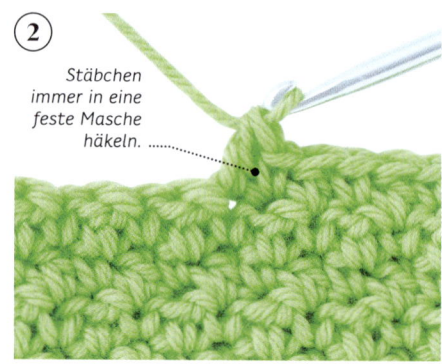

② *Stäbchen immer in eine feste Masche häkeln.*

**Basisreihe:** 1 fM in die 2. LuftM ab Nadel, 1 Stb in die nächste LuftM, *1 fM in die nächste LuftM, 1 Stb in die nächste LuftM. Ab * bis zum Ende der Reihe wdh, wenden.

**1** **R 1:** 1 Wende-LuftM. * 1 fM in die nächste Masche.

**2** 1 Stb in die nächste Masche. Ab * bis zum Ende der Reihe wdh, wenden. R 1 stets wdh.

**Hinweis:** Immer 1 fM in 1 Stb und 1 Stb in 1 fM arbeiten.

## Großes Knittermuster

Das große Knittermuster wird ähnlich gearbeitet, allerdings wird hier immer eine feste Masche in eine feste Masche der Vorreihe bzw. ein Stäbchen in ein Stäbchen der Vorreihe gehäkelt.

# Kopfsteinpflaster

**SCHWIERIGKEITSGRAD**
Einfach

**LÄNGE DER LUFT-MASCHENKETTE**
Ungerade Maschenzahl
(+1 Wende-LuftM)

**AUSSEHEN**
Wendbar

**R 1:** 1 fM in die 2. LuftM ab Nadel, 1 fM in jede folgende LuftM, wenden.
**R 2:** 1 LuftM, 1 fM in die 1. M.
[1 DStb in die nächste M, 1 fM in die nächste M] stets wdh, wenden.
**R 3:** 1 LuftM, 1 fM in jede folgende M, wenden.
R 2 und 3 stets wdh.

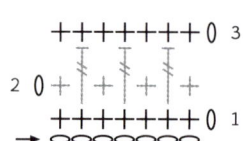

STRUKTURMUSTER

# Zitronenschale

**SCHWIERIGKEITSGRAD**
Einfach

**LÄNGE DER LUFT-MASCHENKETTE**
Ungerade Maschenzahl
(+1 Wende-LuftM)

**AUSSEHEN**
Wendbar

**R 1:** 1 KettM in die 2. LuftM ab Nadel, *1 Stb in die nächste LuftM, 1 KettM in die nächste LuftM. Ab * wdh bis Ende der Reihe, wenden.
**R 2:** 3 LuftM, (zählen als 1 Stb), [1 KettM in die nächste M, 1 Stb in die nächste M] stets wdh bis Ende der Reihe, wenden.
**R 3:** 1 Wende-LuftM, 1 KettM in die 1. M, [1 Stb in die nächste M, 1 KettM in die nächste M] stets wdh bis Ende der Reihe, wenden.
R 2 und 3 stets wdh.

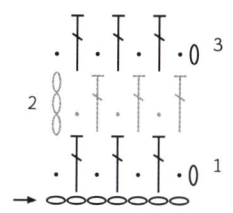

# Knospenmuster

**SCHWIERIGKEITSGRAD**
Einfach

**LÄNGE DER LUFT-MASCHENKETTE**
Gerade Maschenzahl
(+3 Wende-LuftM)

**AUSSEHEN**
Wendbar

**R 1:** 1 Stb in die 4. LuftM ab Nadel und in jede folgende LuftM, wenden.
**R 2:** 1 LuftM, 1 KettM in die 1. M., [1 Stb in die nächste M, 1 KettM in die nächste M] stets wdh bis Ende der Reihe, wenden.
**R 3:** 3 LuftM (zählen als 1 Stb), 1 Stb in jede M der Reihe, wenden.
R 2 und 3 stets wdh.

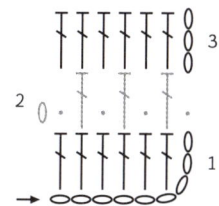

# Flechtmuster

**SCHWIERIGKEITSGRAD**
Einfach

**LÄNGE DER LUFT-MASCHENKETTE**
Ungerade Maschenzahl
(+1 Wende-LuftM)

**AUSSEHEN**
Wendbar

**R 1:** 1 KettM in die 2. LuftM ab Nadel, [1 hStb in die nächste LuftM, 1 KettM in die nächste LuftM] stets wdh, wenden.
**R 2:** 2 Wende-LuftM (zählen als 1 hStb), [1 KettM in die nächste M, 1 hStb in die nächste M] stets wdh, wenden.
**R 3:** 1 Wende-LuftM, 1 KettM in die 1. M. [1 hStb in die nächste M, 1 KettM in die nächste M] stets wdh, wenden.
R 2 und 3 stets wdh.

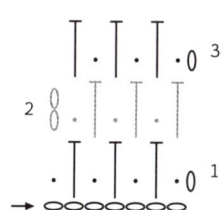

# Maschengruppen

Häkelt man mehrere Maschen in eine Einstichstelle, erhöht sich die Gesamtmaschenzahl. Dadurch lässt sich die Formgebung des Werkstücks beeinflussen. Das ist nützlich für dreidimensionale Arbeiten wie Kuscheltiere, aber auch für Kleidungsstücke. Setzt man solche Maschengruppen in zweidimensionalen Werkstücken wie Schals und Tüchern ein, ergibt sich eine interessantere Struktur. Die zugenommenen Maschen müssen dann allerdings an anderer Stelle wieder abgenommen oder übergangen werden.

Viele Maschengruppen in diesem Kapitel werden wie einzelne Maschen behandelt, etwa beim Körnermuster. Es gibt aber auch Gruppen, in denen die Maschen einzeln gezählt werden. Wenn sich zwischen den Gruppen Luftmaschenzwischenräume befinden, wird oft in diese eingestochen, wie beim Granny-Muster. Achten Sie darum beim Nacharbeiten der Anleitungen genau darauf, wo die Häkelnadel eingestochen werden soll.

# Riedgrasmuster

**SCHWIERIGKEITSGRAD**
Mittel

**LÄNGE DER LUFTMASCHENKETTE**
Vielfaches von 3
(+2 Wende-LuftM)

**AUSSEHEN**
Wendbar

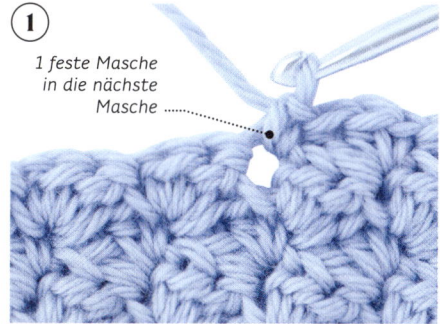

*1 feste Masche in die nächste Masche*

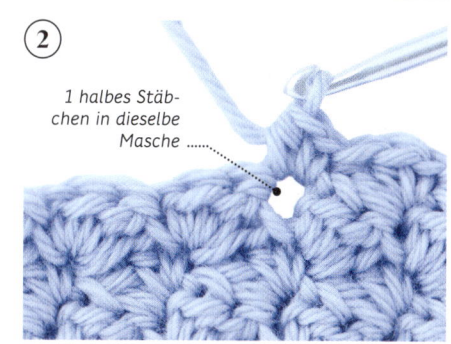

*1 halbes Stäbchen in dieselbe Masche*

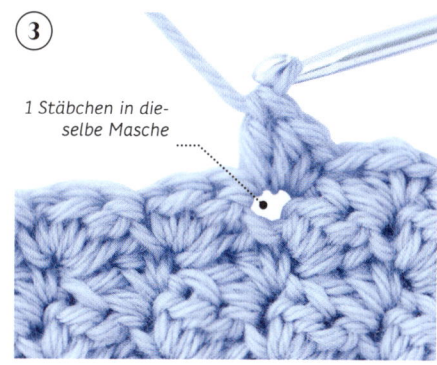

*1 Stäbchen in dieselbe Masche*

**Basisreihe:** 1 fM in die 2. LuftM ab Nadel und in jede folgende LuftM, wenden.

1. **R 1:** 1 Wende-LuftM. *1 fM in die nächste Masche.
2. 1 hStb in dieselbe Masche.
3. 1 Stb in dieselbe Masche, 2 M überg. Ab * stets wdh, 1 fM in die letzte Masche, wenden. R 1 stets wdh.

# Suzette-Muster

**SCHWIERIGKEITSGRAD**
Mittel

**LÄNGE DER LUFTMASCHENKETTE**
Gerade Maschenzahl
(+1 Wende-LuftM)

**AUSSEHEN**
Wendbar

*1 feste Masche in die nächste Masche*

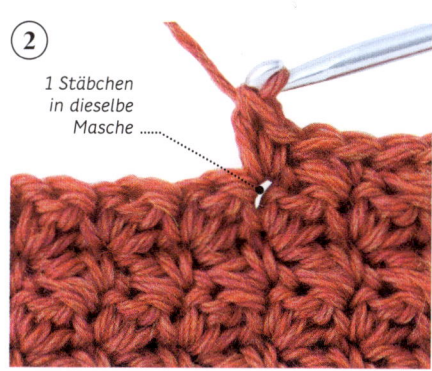

*1 Stäbchen in dieselbe Masche*

**Basisreihe:** 1 fM in die 2. LuftM ab Nadel und in jede folgende LuftM, wenden.

1. **R 1:** 1 Wende-LuftM. 1 hStb in die 1. Masche. *Die nächste Masche überg. 1 fM in die folgende Masche.
2. 1 Stb in dieselbe Masche. Ab * stets wdh, 1 hStb in die letzte Masche, wenden. R 1 stets wdh. Wenn die gewünschte Höhe erreicht ist, mit einer Reihe fM enden.

# Halbe Stäbchen in Paaren

**SCHWIERIGKEITSGRAD**
Mittel

**LÄNGE DER LUFTMASCHENKETTE**
Ungerade Maschenzahl
(+2 Wende-LuftM)

**AUSSEHEN**
Wendbar

**Basisreihe:** 1 hStb in die 3. LuftM ab Nadel, *nächste LuftM überg, 2 hStb in die nächste LuftM. Ab * wdh bis zu den letzten 2 LuftM, nächste LuftM überg, 1 hStb in die letzte LuftM, wenden.

**R 1:** 2 Wende-LuftM (zählen als 1 hStb). *Die nächste Masche überg, 2 hStb in die nächste Masche. Ab * stets wdh, 1 hStb in die letzte Masche, wenden.
R 1 stets wdh.

2 halbe Stäbchen in dieselbe Masche

# Stäbchen in Paaren

**SCHWIERIGKEITSGRAD**
Mittel

**LÄNGE DER LUFTMASCHENKETTE**
Ungerade Maschenzahl
(+3 Wende-LuftM)

**AUSSEHEN**
Wendbar

**Basisreihe:** 1 Stb in die 4. LuftM ab Nadel. [Nächste LuftM überg, 2 Stb in die nächste LuftM] stets wdh bis zu den letzten 2 LuftM, nächste LuftM überg, 1 Stb in die letzte LuftM, wenden.

**R 1:** 3 Wende-LuftM (zählen als 1 Stb). [Die nächste M überg, 2 Stb in die nächste M] stets wdh, 1 Stb in die letzte Masche, wenden. R 1 stets wdh.

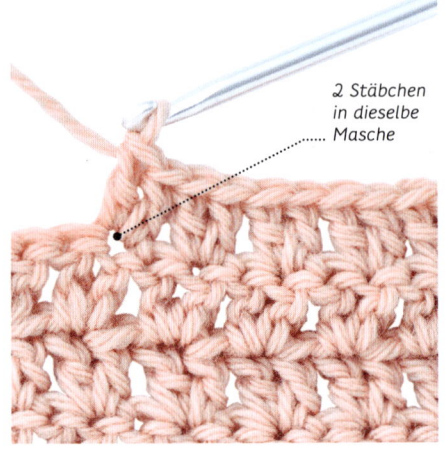

2 Stäbchen in dieselbe Masche

# Feste V-Maschen

**SCHWIERIGKEITSGRAD**
Mittel

**LÄNGE DER LUFTMASCHENKETTE**
Gerade Maschenzahl
(+ 1 Wende-LuftM)

**AUSSEHEN**
Wendbar

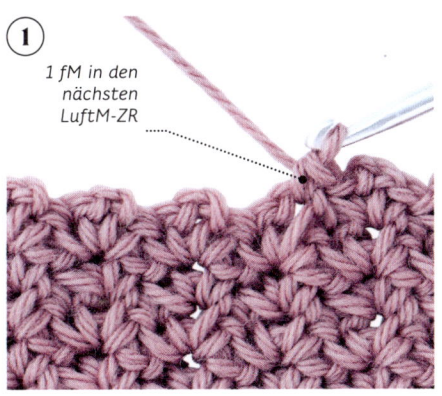

① 1 fM in den nächsten LuftM-ZR

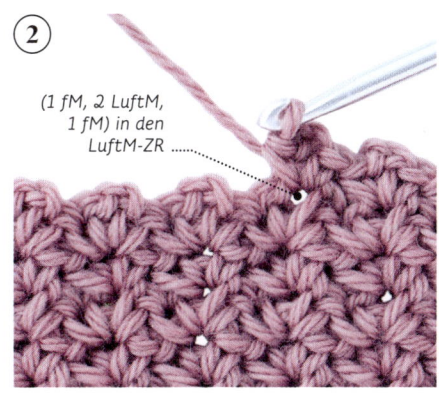

② (1 fM, 2 LuftM, 1 fM) in den LuftM-ZR

**Basisreihe:** 1 fM in die 2. LuftM ab Nadel. *Nächste LuftM überg, [1 fM, 2 LuftM, 1 fM] in die nächste LuftM. Ab * wdh bis zu den letzten 2 LuftM, 1 LuftM überg, 1 fM in die letzte LuftM, wenden.

**1** R 1: 1 Wende-LuftM. 1 fM in die 1. Masche. *1 fM in den nächsten LuftM-ZR, dabei unter den LuftM einstechen.

**2** 2 LuftM. 1 fM in denselben LuftM-ZR wie die vorherige fM. Ab * stets wdh, 1 fM in die letzte Masche, wenden. R 1 stets wdh.

# Halbe V-Stäbchen

**SCHWIERIGKEITSGRAD**
Mittel

**LÄNGE DER LUFTMASCHENKETTE**
Gerade Maschenzahl
(+ 2 Wende-LuftM)

**AUSSEHEN**
Wendbar

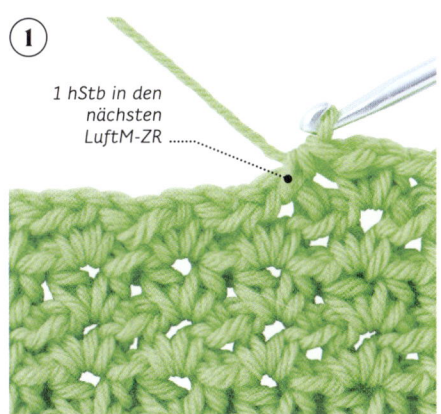

① 1 hStb in den nächsten LuftM-ZR

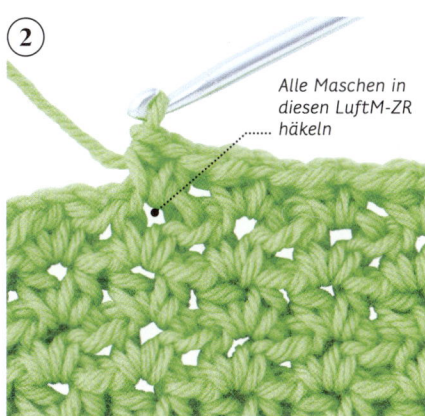

② Alle Maschen in diesen LuftM-ZR häkeln

**Basisreihe:** [1 hStb, 1 LuftM, 1 hStb] in die 4. LuftM ab Nadel. *Nächste LuftM überg, [1 hStb, 1 LuftM, 1 hStb] in die nächste LuftM. Ab * wdh bis zu den letzten 2 LuftM, 1 LuftM überg, 1 hStb in die letzte LuftM, wenden.

**1** R 1: 2 Wende-LuftM (zählen als 1 hStb). *1 hStb in den nächsten LuftM-ZR, dabei unter der LuftM einstechen.

**2** 1 LuftM. 1 hStb in denselben LuftM-ZR. Ab * stets wdh, 1 hStb in die letzte Masche, wenden. R 1 stets wdh.

## V-Stäbchen

**SCHWIERIGKEITSGRAD**
Mittel

**LÄNGE DER LUFTMASCHENKETTE**
Gerade Maschenzahl
(+3 Wende-LuftM)

**AUSSEHEN**
Wendbar

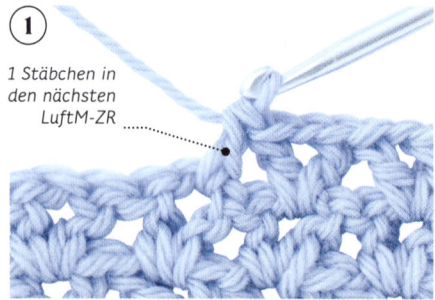

**Basisreihe:** [1 Stb, 1 LuftM, 1 Stb] in die 5. LuftM ab Nadel. *Nächste LuftM überg, [1 Stb, 1 LuftM, 1 Stb) in die nächste LuftM. Ab * wdh bis zu den letzten 2 LuftM, 1 LuftM überg, 1 Stb in die letzte LuftM, wenden.

**1** R 1: 3 Wende-LuftM (zählen als 1 Stb). *1 Stb in den nächsten LuftM-ZR, dabei unter der LuftM einstechen.

**2** 1 LuftM.

**3** 1 Stb in denselben LuftM-ZR. Ab * stets wdh, 1 Stb in die letzte Masche, wenden. R 1 stets wdh.

## Körnermuster

**SCHWIERIGKEITSGRAD**
Mittel

**LÄNGE DER LUFTMASCHENKETTE**
Gerade Maschenzahl
(+1 Wende-LuftM)

**AUSSEHEN**
Wendbar

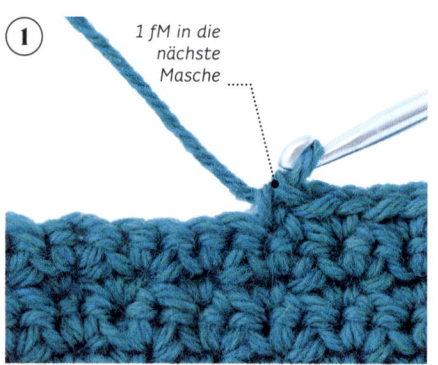

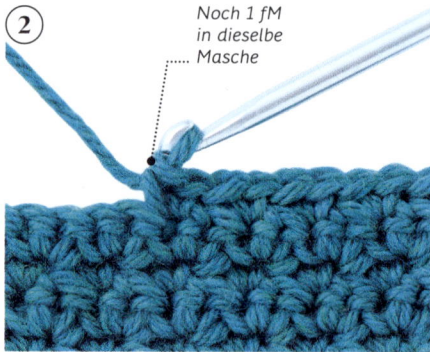

**Basisreihe:** 1 fM in die 2. LuftM ab Nadel und in jede folgende LuftM, wenden.

**1** R 1: 1 Wende-LuftM. 1 fM in die 1. Masche. *Die nächste Masche überg, 1 fM in die nächste Masche.

**2** Noch 1 fM in dieselbe Masche. Ab * stets wdh, 1 fM in die letzte Masche, wenden. R 1 stets wdh.

# Akazienmuster

**SCHWIERIGKEITSGRAD**
Mittel

**LÄNGE DER LUFTMASCHENKETTE**
Vielfaches von 3

**AUSSEHEN**
Wendbar

**Basisreihe:** 1 fM in die 2. LuftM ab Nadel, *[1 fM, 1 LuftM, 1 Stb] in die nächste LuftM, 2 LuftM überg. Ab * wdh bis zu den letzten 3 LuftM, [1 fM, 1 LuftM, 1 Stb] in die nächste LuftM, 1 LuftM überg, 1 fM in die letzte LuftM, wenden.

**R 1:** 1 Wende-Luftmasche. 1 fM in die 1. Masche, [1 fM, 1 LuftM, 1 Stb] in jeden LuftM-ZR bis zur letzten Masche. 1 fM in die letzte Masche, wenden.
R 1 stets wdh.

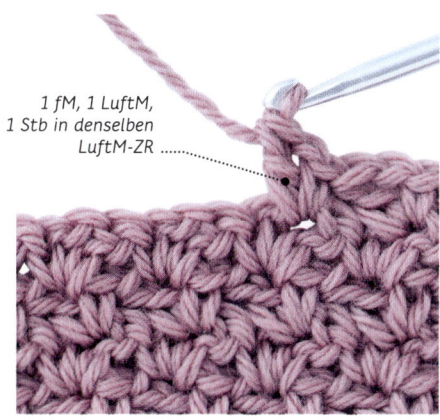

*1 fM, 1 LuftM, 1 Stb in denselben LuftM-ZR*

MASCHENGRUPPEN

# Granny-Muster

**SCHWIERIGKEITSGRAD**
Mittel

**LÄNGE DER LUFTMASCHENKETTE**
Vielfaches von 3
(+5 Maschen zusätzlich)

**AUSSEHEN**
Wendbar

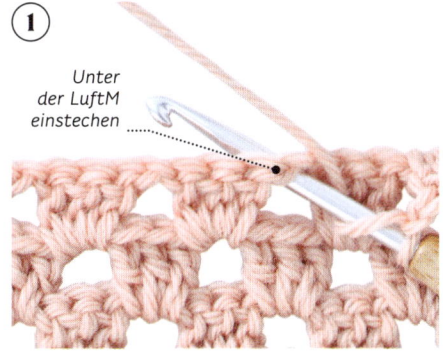

① *Unter der LuftM einstechen*

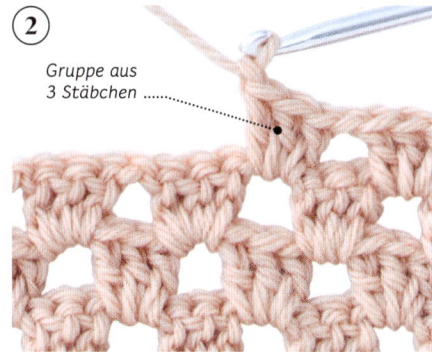

② *Gruppe aus 3 Stäbchen*

**Basisreihe:** 3 Stb in die 4. LuftM ab Nadel, *2 LuftM überg, 3 Stb in die nächste LuftM, 1 LuftM. Ab * wdh bis zu den letzten 4 LuftM, 2 LuftM überg, 3 Stb in die nächste LuftM, 1 Stb in die letzte LuftM, wenden.

**1 R 1:** 4 Wende-LuftM (zählen als 1 Stb + 1 LuftM). 1 U, dann in den nächsten LuftM-ZR einstechen.

**2** Das Stb wie gewohnt beenden. 2 weitere Stb in denselben LuftM-ZR, dann 1 LuftM. [3 Stb, 1 LuftM] in jeden LuftM-ZR der Reihe, 1 Stb in die letzte Masche, wenden.

**R 2:** 3 Wende-LuftM (zählen als 1. Stb). 3 Stb in den 1. LuftM-ZR, [1 LuftM, 3 Stb] in jeden folgenden LuftM-ZR, 1 Stb in die letzte Masche, wenden.
R 1 und 2 stets wdh.

### Granny-Muster in mehreren Farben

Granny-Muster werden oft in farbigen Streifen oder Runden gehäkelt, weil dann das Muster besonders gut zur Geltung kommt. Hier wurden drei Farben verwendet, deren Abfolge sich stets wiederholt.

# Backsteinmuster

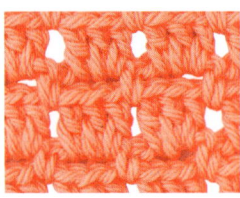

**SCHWIERIGKEITSGRAD**
Mittel

**LÄNGE DER LUFTMASCHENKETTE**
Vielfaches von 3
(+5 Maschen zusätzlich)

**AUSSEHEN**
Wendbar

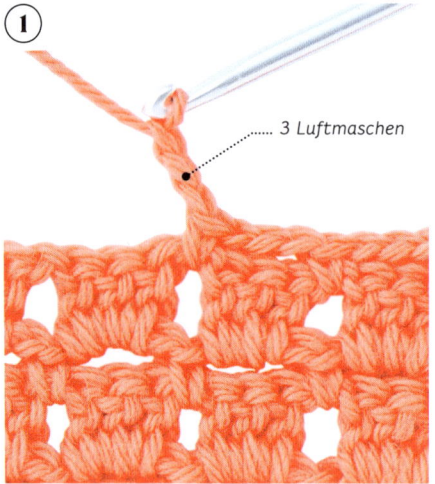

① 3 Luftmaschen

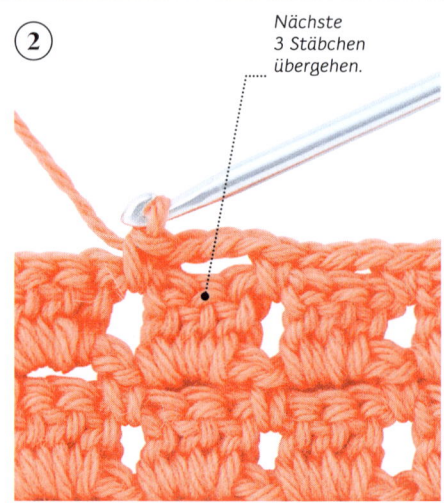

② Nächste 3 Stäbchen übergehen.

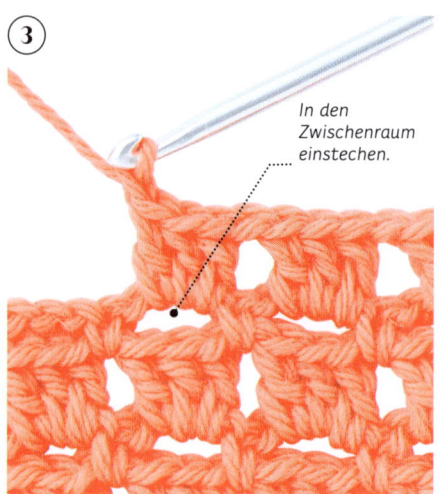

③ In den Zwischenraum einstechen.

**Basisreihe:** 3 Stb in die 4. LuftM ab Nadel. *2 LuftM überg, 3 Stb in die nächste LuftM, 1 LuftM. Ab * wdh bis zu den letzten 4 LuftM, 2 LuftM überg, 3 Stb in die nächste LuftM, 1 Stb in die letzte LuftM, wenden.

1. **R 1:** 1 Wende-LuftM. 1 fM in das 1. Stb, 3 LuftM.

2. Die nächsten 3 Stb überg. *1 fM in den nächsten LuftM-ZR, 3 LuftM, 3 Stb überg. Ab * stets wdh, 1 fM in die letzte Masche, wenden.

3. **R 2:** 3 Wende-LuftM, (zählen als 1 Stb). [3 Stb, 1 LuftM] in jeden LuftM-ZR, 1 Stb in die letzte Masche, wenden. R 1 und 2 stets wdh.

### Zweifarbig

So sieht das Backsteinmuster aus, wenn man nach jeder Reihe die Farbe wechselt.

# Schraffurmuster

**SCHWIERIGKEITSGRAD**
Mittel

**LÄNGE DER LUFTMASCHENKETTE**
Vielfaches von 7
(+8 Maschen zusätzlich)

**AUSSEHEN**
Wendbar

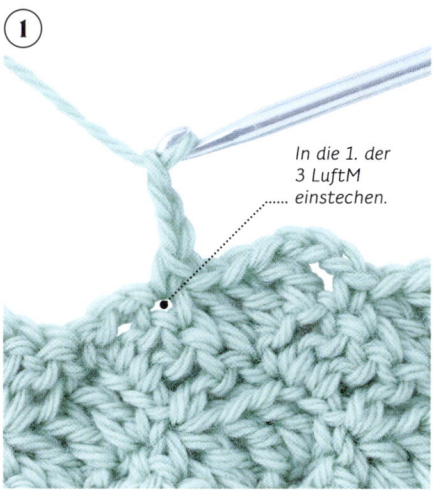

① *In die 1. der 3 LuftM einstechen.*

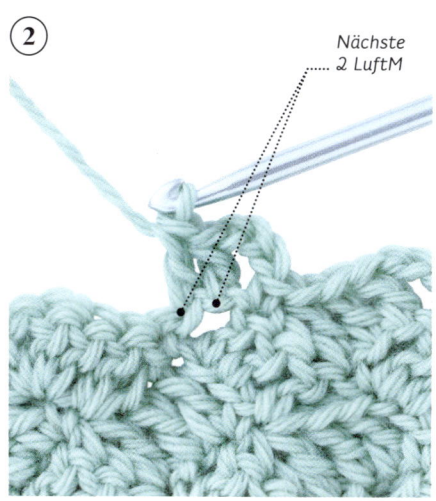

② *Nächste 2 LuftM*

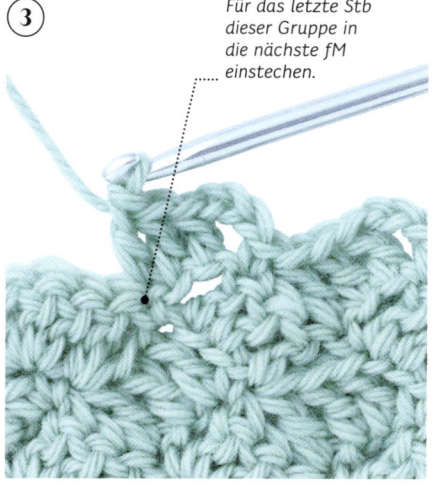

③ *Für das letzte Stb dieser Gruppe in die nächste fM einstechen.*

**Basisreihe:** 2 Stb in die 4. LuftM ab Nadel. *3 LuftM überg, 1 fM in die nächste LuftM, 3 LuftM, 1 Stb in jede der nächsten 3 LuftM, 3 LuftM überg, 1 fM in die nächste LuftM. Ab * wdh bis Ende, wenden.

1  R 1: 3 Wende-LuftM (zählen als 1 Stb). 2 Stb in die 1. fM. *3 Stb überg, 1 fM in die 1. der nächsten 3 LuftM, 3 LuftM.

2  1 Stb in jede der nächsten 2 LuftM.

3  1 Stb in die nächste fM. Ab * wdh bis zu den letzten 3 Maschen, nächste 2 Maschen überg, 1 fM ins letzte Stb, wenden. R 1 stets wdh.

## Zweifarbig

So sieht das Schraffurmuster aus, wenn man nach jeder Reihe die Farbe wechselt.

# Büschelmaschen und Noppen

Büschelmaschen sind Gruppen von Maschen, die in einen gemeinsamen Einstich gearbeitet und danach zusammen abgemascht werden. Dadurch erhöht sich die Maschenzahl in der Reihe nicht, aber es entstehen interessante, markante Strukturen.

Noppen und ihre Variationen sind besonders plastisch. Sie fallen ins Auge, und das Häkeln macht Spaß. Man kann sie ganzflächig auf einem Werkstück einarbeiten oder weiträumig verstreut auf ihrem Untergrund anordnen. Noppen kann man im Grunde mit allen anderen Maschen kombinieren, aber meist werden sie auf einem Hintergrund aus kleineren, schlichteren Maschen gearbeitet, damit sie sich gut abheben. Sie sind eine hübsche Verzierung für Kinderkleidung. Man kann sie auch zu Blüten oder anderen Motiven anordnen oder mit Zopfmustern kombinieren, sodass die Optik von Aran-Mustern entsteht.

# Büschelmaschen aus halben Stäbchen

**SCHWIERIGKEITSGRAD**
Mittel

**LÄNGE DER LUFTMASCHENKETTE**
Beliebig

**AUSSEHEN**
Wendbar

**ABKÜRZUNG**
BM-hStb

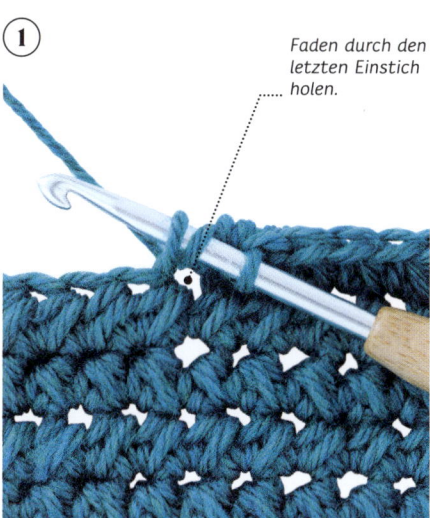

① *Faden durch den letzten Einstich holen.*

② *Faden durch die zuletzt gearbeitete und die nächste Masche holen. 5 Schlaufen liegen auf der Nadel.*

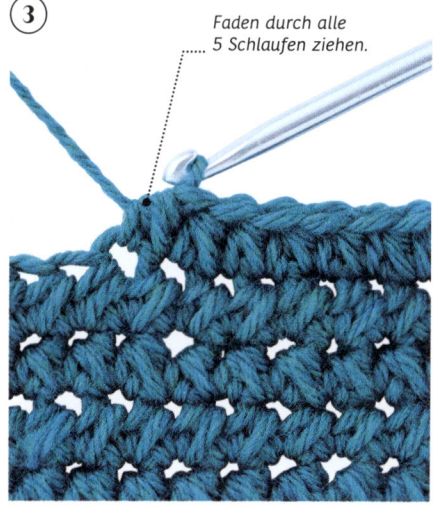

③ *Faden durch alle 5 Schlaufen ziehen.*

**Basisreihe:** 1 U, dann in die 3. LuftM ab Nadel einstechen, Faden durchholen. 3 Schlaufen liegen auf der Häkelnadel. 1 U, dann in die nächste LuftM einstechen, Faden durchholen. 5 Schlaufen liegen auf der Nadel. Den Faden erfassen und durch alle 5 Schlaufen ziehen. *1 U, dann in die zuletzt gearbeitete LuftM einstechen, Faden durchholen. 1 U, in die nächste LuftM einstechen, Faden durchholen. 5 Schlaufen liegen auf der Nadel. Faden erfassen und durch alle 5 Schlaufen ziehen. Ab * stets wdh, wenden.

1 **R 1:** 2 Wende-LuftM. 1 Büschelmasche aus halben Stäbchen (BM-hStb): *1 U, in die nächste Masche einstechen, Faden durchholen. 3 Schlaufen liegen auf der Nadel. 1 U, in die nächste Masche einstechen, Faden durchholen. 5 Schlaufen liegen auf der Häkelnadel. Faden erfassen und durch alle 5 Schlaufen ziehen. *1 U, in die zuletzt gearbeitete Masche einstechen, Faden durchholen. 3 Schlaufen liegen auf der Häkelnadel.*

2 *1 U, in die nächste Masche einstechen, Faden durchholen. 5 Schlaufen liegen auf der Häkelnadel.*

3 *Faden erfassen und durch alle 5 Schlaufen ziehen. Ab * stets wdh, wenden. R 1 stets wdh.*

# Gerade Büschelmaschen aus Stäbchen

**SCHWIERIGKEITSGRAD**
Mittel

**LÄNGE DER LUFTMASCHENKETTE**
Gerade Maschenzahl
(+3 Wende-LuftM)

**AUSSEHEN**
Wendbar

**Basisreihe:** 1 BM-2Stb *(siehe unten)* in die 4. LuftM ab Nadel, 1 LuftM, 1 LuftM überg, 1 BM-2Stb in die nächste LuftM, [1 LuftM, 1 LuftM überg, 1 BM-2Stb in die nächste LuftM] stets wdh, 1 Stb in die letzte LuftM, wenden.

**R 1:** 1 LuftM, 1 fM ins 1. Stb, 2 LuftM, 1 BM-2Stb überg, [1 fM in LuftM-ZR, 2 LuftM, 1 BM-2Stb überg] stets wdh, 1 fM in die letzte M, wenden.

**R 2:** 3 LuftM (zählen als 1 Stb), [1 BM-3Stb, 1 LuftM] in jeden LuftM-ZR, 1 Stb in die letzte M, wenden.

**R 3:** 1 LuftM, 1 fM ins 1. Stb, 2 LuftM, 1 BM-3Stb überg, [1 fM in LuftM-ZR, 2 LuftM, 1 BM-3Stb überg] stets wdh, 1 fM in die letzte M, wenden.

**R 4:** 3 LuftM (zählen als 1 Stb), [1 BM-2Stb, 1 LuftM] in jeden LuftM-ZR, 1 Stb in die letzte M, wenden. R 1–4 stets wdh.

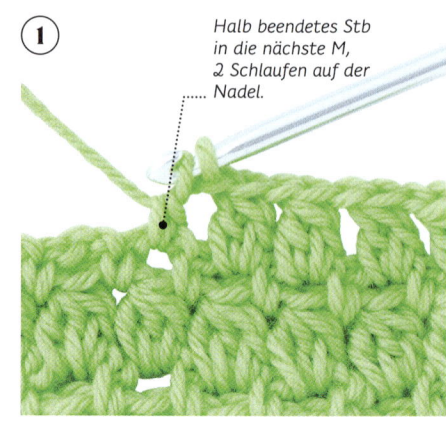

① *Halb beendetes Stb in die nächste M, 2 Schlaufen auf der Nadel.*

② *2 halb beendete Stb in denselben Einstich häkeln.*

---

**Spezialmasche: BM-3Stb**

Büschelmasche aus 3 Stb: Wie BM-2Stb, aber 3 Stb in dieselbe Masche häkeln. 4 Schlaufen liegen auf der Nadel. Faden erfassen und durch alle 4 Schlaufen ziehen.

**Spezialmasche: BM-2Stb**

1 Büschelmasche aus 2 Stb: 1 U, in die nächste Masche (oder ZR) einstechen, Faden durchholen. Faden erfassen und durch 2 Schlaufen ziehen. 2 Schlaufen liegen auf der Häkelnadel.

2 Schritt 1 in derselben M wdh. 3 Schlaufen liegen auf der Nadel. Faden erfassen und durch alle 3 Schlaufen ziehen.

# Lockere Büschelmaschen aus Stäbchen

**SCHWIERIGKEITSGRAD**
Mittel

**LÄNGE DER LUFTMASCHENKETTE**
Gerade Maschenzahl
(+3 Wende-LuftM)

**AUSSEHEN** Wendbar

**R 1:** 1 BM-2Stb *(siehe Spezialmasche, oben)* in die 4. LuftM ab Nadel, 1 LuftM, 1 LuftM überg, 1 BM-2Stb in die nächste LuftM, *1 LuftM, 1 LuftM überg, 1 BM-2Stb in die nächste LuftM. Ab * stets wdh, 1 Stb in die letzte M, wenden.

**R 2:** 4 LuftM (zählen als 1 Stb + 1 LuftM) [1 BM-2Stb, 1 LuftM] in jeden LuftM-ZR, 1 Stb in die letzte M, wenden.

**R 2:** 3 LuftM (zählen als 1 Stb), 1 BM-2Stb in den nächsten LuftM-ZR, [1 LuftM, 1 BM-2Stb] in jeden LuftM-ZR, 1 Stb in die letzte M, wenden.

R 2 und 3 stets wdh.

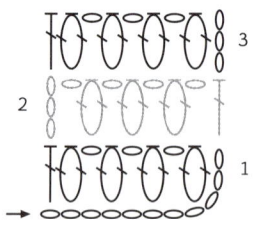

# Zwillings-Büschelmaschen

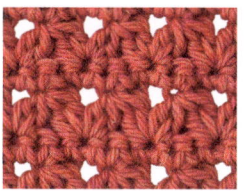

**SCHWIERIGKEITSGRAD**
Anspruchsvoll

**LÄNGE DER LUFTMASCHENKETTE**
Vielfaches von 3
(+2 Wende-LuftM)

**AUSSEHEN**
Wendbar

**ABKÜRZUNG**
Zw-BM

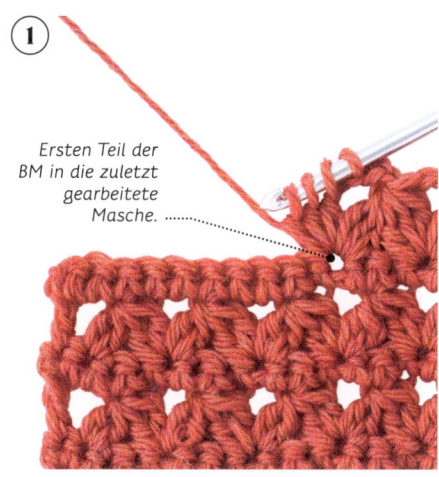

① *Ersten Teil der BM in die zuletzt gearbeitete Masche.*

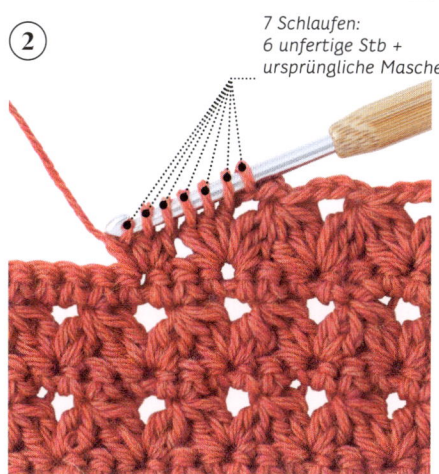

② *7 Schlaufen: 6 unfertige Stb + ursprüngliche Masche*

**R 1:** 1 fM in die 2. LuftM ab Nadel und in jede folgende LuftM, wenden.
**R 2:** 4 LuftM (zählen als 1 Stb + 1 LuftM), 1 Zw-BM, beginnend in der unteren Wende-LuftM, [2 LuftM, 1 Zw-BM] stets wdh, 1 LuftM, 1 Stb in die letzte gearbeitete M, wenden.
**R 3:** 1 Wende-LuftM, 1 fM in das Stb, 1 fM in 1 LuftM-ZR, 1 fM in jede Zw-BM und 2 fM in jeden LuftM-ZR bis zu den Wende-LuftM, 1 fM in die 4. Wende-LuftM, wenden. R 2 und 3 stets wdh.

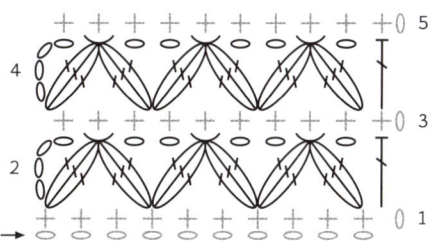

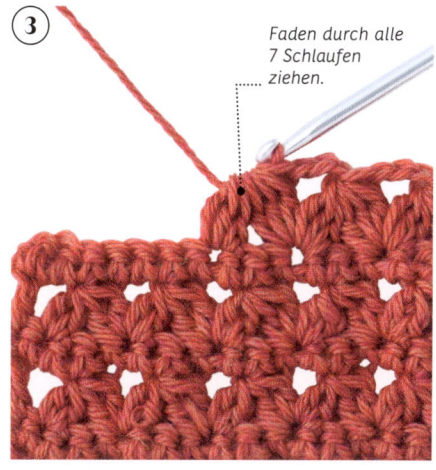

③ *Faden durch alle 7 Schlaufen ziehen.*

## Zwillings-Büschelmasche (Zw-BM)

1 [1 U, in die zuletzt gearbeitete M einstechen, Faden durchholen. Faden erfassen und durch 2 Schlaufen ziehen] 3× in derselben Einstichstelle wdh. 4 Schlaufen liegen auf der Nadel.

2 Die nächsten 2 M überg. [1 U, in die nächste Masche einstechen, Faden durchholen. Faden erfassen und durch 2 Schlaufen ziehen] 3× in dieser Einstichstelle wdh. 7 Schlaufen liegen auf der Häkelnadel.

3 Faden erfassen und durch alle 7 Schlaufen ziehen.

# Noppen

**SCHWIERIGKEITSGRAD**
Mittel

**LÄNGE DER LUFTMASCHENKETTE**
Vielfaches von 4
(+5 Maschen zusätzlich)

**AUSSEHEN**
Einseitig

**ABKÜRZUNG**
N

**R 1 (LS):** 1 hStb in die 3. LuftM ab Nadel, 1 hStb in jede folgende LuftM, wenden.
**R 2 (RS):** 1 Wende-LuftM, 1 fM in die 1. M, 1 Noppe *(siehe unten)* in die nächste M, [3 fM, 1 N] stets wdh, 1 fM in die letzte M, wenden.
**R 3 (LS):** 2 Wende-LuftM, 1 hStb in jede M, wenden.
**R 4:** 1 Wende-LuftM, 3 fM, [1 N, 3 fM] stets wdh, wenden.
**R 5:** 2 LuftM, 1 hStb in jede M, wenden.
R 2–5 stets wdh.

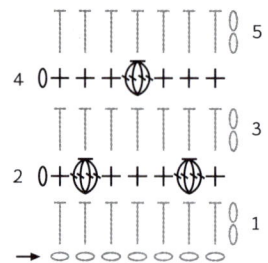

## Spezialmasche: Noppe (N)

1. 1 U, in die nächste M einstechen, Faden durchholen. 3 Schlaufen liegen auf der Häkelnadel. Faden erfassen und durch 2 Schlaufen ziehen. 2 Schlaufen liegen auf der Häkelnadel.

2. Schritt 1 insgesamt 4x in denselben Einstich arbeiten. 5 Schlaufen liegen auf der Nadel.

3. Faden erfassen und durch alle 5 Schlaufen auf der Häkelnadel ziehen.

*Stäbchen nicht komplett abmaschen.*

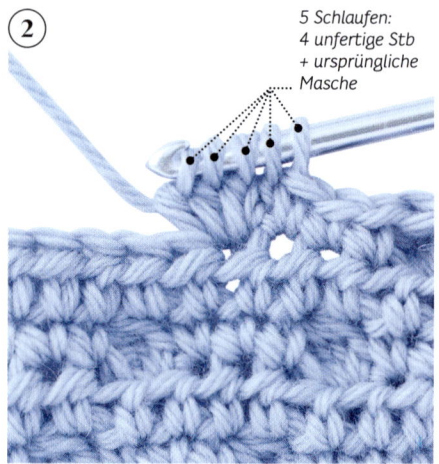

*5 Schlaufen: 4 unfertige Stb + ursprüngliche Masche*

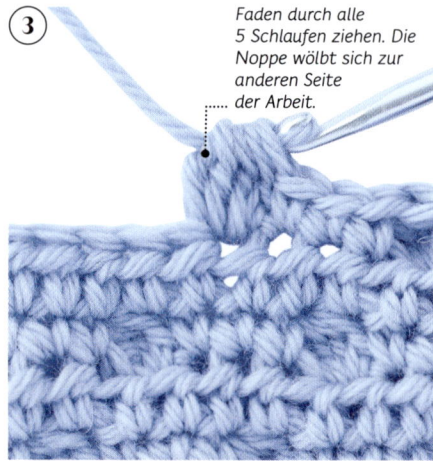

*Faden durch alle 5 Schlaufen ziehen. Die Noppe wölbt sich zur anderen Seite der Arbeit.*

# Popcornmasche

**SCHWIERIGKEITSGRAD**
Mittel

**LÄNGE DER LUFTMASCHENKETTE**
Vielfaches von 4
(+5 Maschen zusätzlich)

**AUSSEHEN**
Einseitig

**ABKÜRZUNG**
PM

**R 1 (LS):** 1 hStb in die 3. LuftM ab Nadel, 1 hStb in jede folgende LuftM, wenden.
**R 2 (RS):** 2 Wende-LuftM, 1 hStb in die 1. M, 1 Popcornmasche (PM; *siehe unten*) in die nächste M, *1 hStb in jede der nächsten 3 M, 1 PM in die nächste M. Ab * stets wdh, 1 hStb in die letzte M, wenden.
**R 3 (LS):** 2 LuftM, 1 hStb in jede M, wenden.
**R 4:** 2 LuftM, 3 hStb, 1 PM in die nächste M, 3 hStb, *1 PM in die nächste M, 3 hStb. Ab * stets wdh, wenden.
**R 5:** 2 LuftM, 1 hStb in jede M, wenden.
R 2–5 stets wdh.

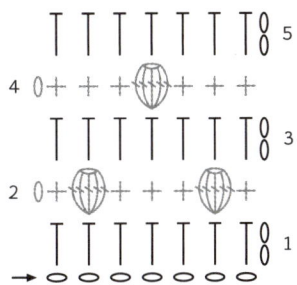

### Spezialmasche: Popcornmasche (PM)

1. 5 Stb in die nächste Masche.

2. Die Schlaufe auf der Nadel etwas größer ziehen und von der Nadel nehmen. Die Nadel in das 1. der 5 Stb einstechen, die abgenommene Masche wieder auf die Nadel legen.

3. Faden stramm ziehen, um die Schlaufe wieder zu verkleinern. Den Faden erfassen und durch alle Schlaufen auf der Häkelnadel ziehen.

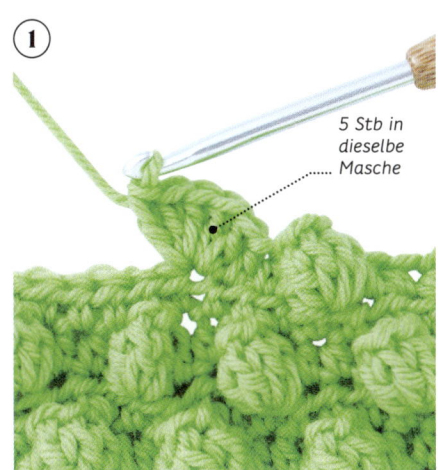

5 Stb in dieselbe Masche

Diese Masche nach dem Durchholen festziehen.

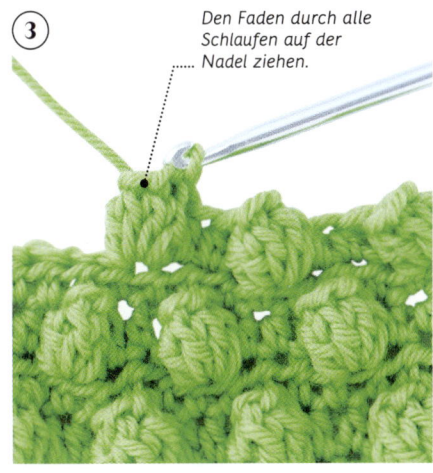

Den Faden durch alle Schlaufen auf der Nadel ziehen.

BÜSCHELMASCHEN UND NOPPEN

# Flachnoppen

**SCHWIERIGKEITSGRAD**
Mittel

**LÄNGE DER LUFTMASCHENKETTE**
Ungerade Maschenzahl
(+1 Wende-LuftM)

**AUSSEHEN**
Wendbar

**ABKÜRZUNG**
FN

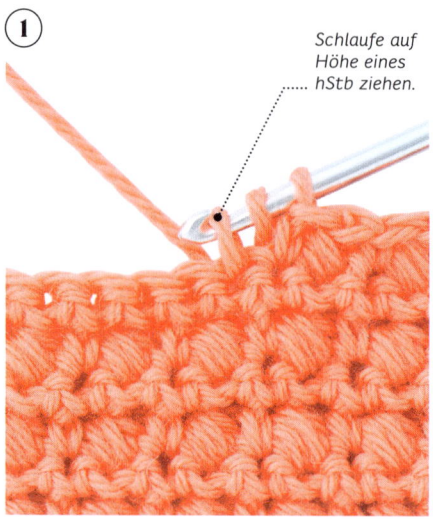

*Schlaufe auf Höhe eines hStb ziehen.*

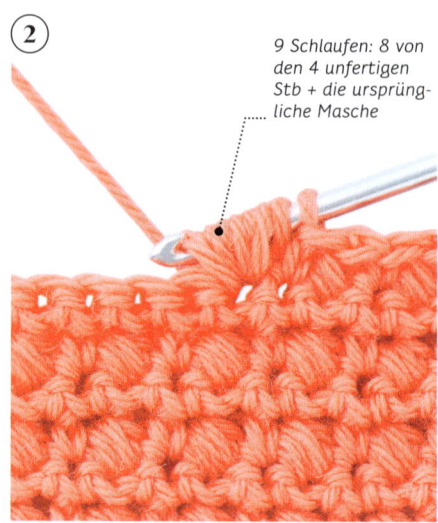

*9 Schlaufen: 8 von den 4 unfertigen Stb + die ursprüngliche Masche*

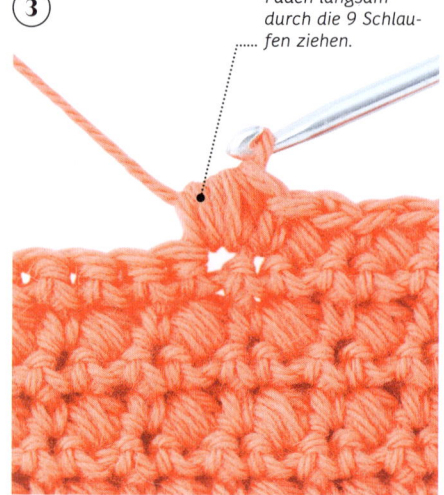

*Faden langsam durch die 9 Schlaufen ziehen.*

**R 1:** 1 fM in die 2. LuftM ab Nadel, 1 fM in jede folgende LuftM, wenden.
**R 2:** 1 Wende-LuftM, 1 fM in die 1. M, *1 FN *(siehe unten)* in die nächste M, 1 fM in die nächste M. Ab * stets wdh, wenden.
**R 3:** 1 Wende-LuftM, 1 fM in jede M, wenden.
R 2 und 3 stets wdh.

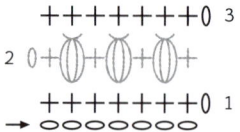

### Spezialmasche: Flachnoppe (FN)

1. 1 U, in die nächste Masche einstechen, Faden durchholen und die Schlaufe auf die Höhe eines halben Stäbchens ziehen.

2. Schritt 1 insgesamt 4x in derselben Einstichstelle ausführen. 9 Schlaufen liegen auf der Häkelnadel.

3. Den Faden erfassen, langsam und vorsichtig durch die 9 Schlaufen ziehen.

# Beerenmuster

**SCHWIERIGKEITSGRAD**
Mittel

**LÄNGE DER LUFTMASCHENKETTE**
Ungerade Maschenzahl
(+ 1 Wende-LuftM)

**AUSSEHEN**
Einseitig

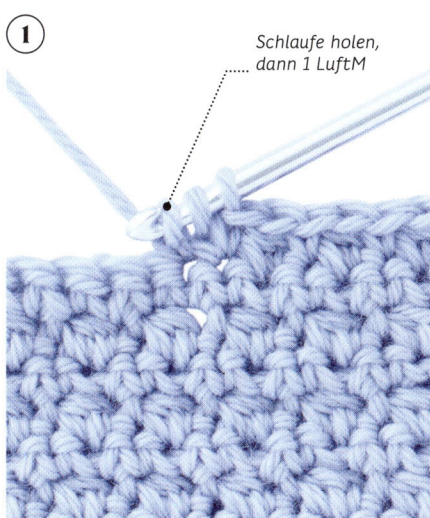

① *Schlaufe holen, dann 1 LuftM*

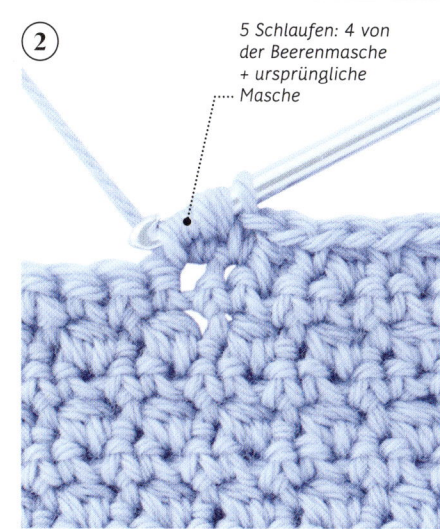

② *5 Schlaufen: 4 von der Beerenmasche + ursprüngliche Masche*

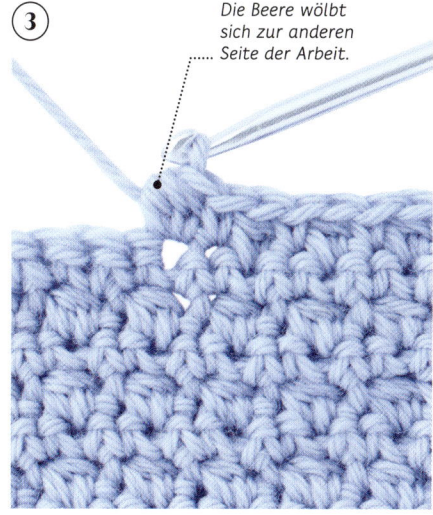

③ *Die Beere wölbt sich zur anderen Seite der Arbeit.*

**R 1 (RS):** 1 fM in die 2. LuftM ab Nadel, 1 fM in jede folgende LuftM, wenden.
**R 2 (LS):** 1 LuftM, 1 fM in die 1. M, * 1 Beere *(siehe unten)* in die nächste M, 1 fM in die nächste M. Ab * stets wdh, wenden.
**R 3 (RS):** 1 LuftM, 1 fM in jede M, wenden.
R 2 und 3 stets wdh.

## Spezialmasche: Beere

1. 1 U, in die nächste Masche einstechen, Faden durchholen, 1 LuftM. 3 Schlaufen liegen auf der Häkelnadel.

2. 1 U, in dieselbe M einstechen, Faden durchholen. 5 Schlaufen liegen auf der Häkelnadel.

3. Den Faden erfassen und durch alle 5 Schlaufen ziehen. Die Beere hebt sich auf der anderen (rechten) Seite der Arbeit deutlicher ab.

BÜSCHELMASCHEN UND NOPPEN

# Wickelmaschen

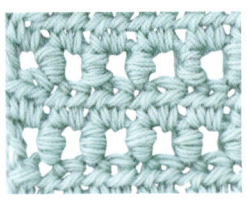

**SCHWIERIGKEITSGRAD**
Mittel

**LÄNGE DER LUFTMASCHENKETTE**
Ungerade Maschenzahl (+1 Wende-LuftM)

**AUSSEHEN**
Wendbar

**R 1:** 1 fM in die 2. LuftM ab Nadel, 1 fM in jede folgende LuftM, wenden.
**R 2:** 3 LuftM (zählen als 1 Stb), 1 Wickelmasche *(siehe unten)* in die nächste M, (1 LuftM, nächste M überg, 1 Wickelmasche in die nächste M) stets wdh, 1 Stb in die letzte M, wenden.
**R 3:** 1 LuftM, 1 fM in jede M und jeden LuftM-ZR, wenden. R 2 und 3 stets wdh.

## Spezialmasche: Wickelmasche

1. 5 U, dann in die nächste Masche einstechen, dabei keinen Umschlag fallen lassen. Den Faden erfassen und eine Schlaufe holen. 7 Schlaufen liegen auf der Häkelnadel.

2. Den Faden erfassen und sehr langsam und vorsichtig durch alle 7 Schlaufen ziehen.

① 7 Schlaufen: durchgeholte Schlaufe, 5 Wicklungen + ursprüngliche Masche

② Faden vorsichtig durch die 7 Schlaufen ziehen.

# Flechtmuster

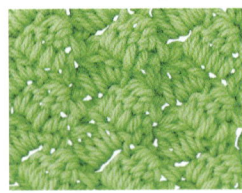

**SCHWIERIGKEITSGRAD**
Mittel

**LÄNGE DER LUFTMASCHENKETTE**
Vielfaches von 5 (+2 Wende-LuftM)

**AUSSEHEN**
Wendbar

**R 1:** 1 fM in die 2. LuftM ab Nadel, *3 LuftM, [1 U, in die nächste LuftM einstechen, Faden durchholen, 2 Schlaufen abmaschen] in jede der nächsten 4 LuftM. 5 Schlaufen auf der Häkelnadel. Faden erfassen und durch alle 5 Schlaufen ziehen. 1 LuftM, 1 fM in die nächste LuftM. Ab * stets wdh, wenden.
**R 2:** 5 LuftM, 1 fM in die obere 1. Büschelmasche, *3 LuftM, 4-Stb-zus *(siehe unten)* in den LuftM-ZR, 1 LuftM, 1 fM in die nächste Büschelmasche. Ab * stets wdh, 1 Stb in die letzte M, wenden.
**R 3:** 1 LuftM, 1 fM in die obere 1. Büschelmasche, *3 LuftM, 4-Stb-zus in den LuftM-ZR, 1 LuftM, 1 fM in die nächste Büschelmasche. Ab * wdh bis zur letzten Büschelmasche, 1 fM in den LuftM-ZR, wenden.
R 2 und 3 stets wdh.

## Spezialmasche: 4 Stäbchen zusammenhäkeln (4-Stb-zus)

1. *1 U, in den LuftM-ZR einstechen, Faden durchholen. 3 Schlaufen auf der Häkelnadel. Faden erfassen und durch 2 Schlaufen ziehen. 2 Schlaufen auf der Nadel. Ab * insges. 4× in denselben LuftM-ZR arbeiten. 5 Schlaufen auf der Nadel.

2. Faden erfassen und durch alle 5 Schlaufen ziehen.

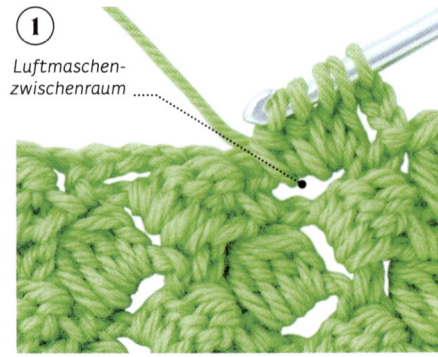

① Luftmaschenzwischenraum

② Faden durch alle 5 Schlaufen ziehen.

# Knötchenmuster

**SCHWIERIGKEITSGRAD**
Mittel
**LÄNGE DER LUFTMASCHENKETTE**
Ungerade Maschenzahl
(+1 Wende-LuftM)
**AUSSEHEN**
Wendbar

*Lücke am Ende des Knötchens*

*4 Schlaufen: 3 vom Knötchen + die ursprüngliche M*

BÜSCHELMASCHEN UND NOPPEN

**R 1:** 1 fM in die 2. LuftM ab Nadel, 1 fM in jede folgende LuftM, wenden.
**R 2:** 1 LuftM, 1 fM in die 1. M, 1 LuftM, nächste M überg, [1 Knötchen *(siehe unten)* in die nächste M, 1 LuftM, nächste M überg] stets wdh, fM in die letzte M, wenden.
**R 3:** 1 LuftM, 1 fM in die 1. M, 1 LuftM, nächste M überg, [1 Knötchen in die nächste M, 1 LuftM] stets wdh, 1 fM in die letzte M, wenden. R 3 stets wdh.

*6 Schlaufen: 5 vom Knötchen + die ursprüngliche M*

### Spezialmasche: Knötchen

1 In die Lücke am linken Rand der letzten Masche einstechen. Faden durchholen. 2 Schlaufen liegen auf der Häkelnadel.

2 1 U, in dieselbe Masche einstechen. Faden durchholen. 4 Schlaufen liegen auf der Häkelnadel.

3 Schritt 2 nochmals wdh. 6 Schlaufen liegen auf der Häkelnadel.

4 Faden erfassen und durch alle 6 Schlaufen ziehen.

*Faden durch alle 6 Schlaufen ziehen.*

# Fächer und Muscheln

Fächer- und Muschelformen entstehen, wenn man mehrere Maschen – meist Stäbchen – in die gleiche Einstichstelle arbeitet. Dabei werden Fächer und Muscheln immer wieder anders gehäkelt, denn sie können aus unterschiedlichen Maschenzahlen und -kombinationen bestehen. In diesem Kapitel wird genau erklärt, wie die jeweilige Fächer- oder Muschelform gearbeitet wird. Manche Fächer und Muscheln zählen als einzelne Masche – in diesem Fall wird in der folgenden Reihe nur in die mittlere Masche eingestochen. In anderen Fällen muss jedoch in jede Masche des Fächers oder der Muschel eingestochen werden. Es ist also immer wichtig, die Anleitungen aufmerksam zu lesen.

Muschelmuster können in der Fläche gearbeitet werden, eignen sich aber besonders gut für Abschlusskanten, weil sie hübsche kleine Bögen bilden.

# Aufrechte Fächer

**SCHWIERIGKEITSGRAD**
Mittel

**LÄNGE DER LUFTMASCHENKETTE**
Vielfaches von 4
(+3 Wende-LuftM)

**AUSSEHEN**
Wendbar, das Muster ist aber auf der rechten Seite der Arbeit deutlicher zu erkennen.

**R 1 (LS):** 1 fM in die 2. LuftM ab Nadel, 1 fM in jede folgende LuftM, wenden.
**R 2 (RS):** 3 LuftM (zählen als 1 Stb), 1 M überg, Fächer (*siehe unten*) in die nächste M, [3 M überg, 4 Stb in die nächste M] stets wdh, 1 Stb in die letzte M, wenden.
**R 3 (LS):** 1 LuftM, 1 fM in jedes Stb, wenden.
**R 4 (RS):** 3 LuftM (zählen als 1 Stb), 2 Stb in die nächste M, [3 M überg, 4 Stb in die nächste M] wdh bis zu den letzten 4 M, 3 M überg, 3 Stb in die letzte M, wenden.
**R 5 (LS):** 1 LuftM, 1 fM in jedes Stb, wenden.
R 2–5 stets wdh.

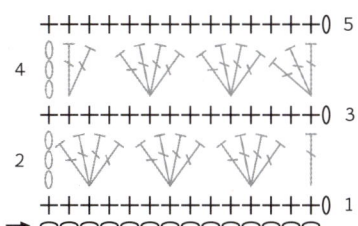

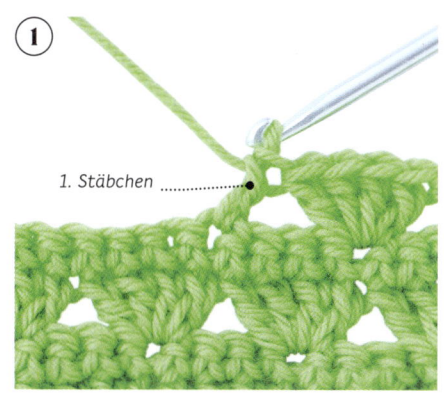

1. Stäbchen

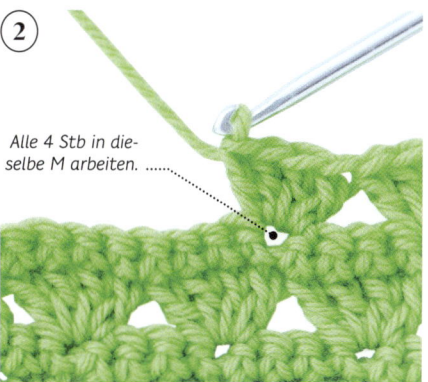

Alle 4 Stb in dieselbe M arbeiten.

# Fächer und V-Stäbchen

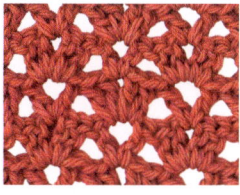

**SCHWIERIGKEITSGRAD**
Einfach

**LÄNGE DER LUFTMASCHENKETTE**
Vielfaches von 6
(+ 2 Maschen zusätzlich)

**AUSSEHEN**
Wendbar

**R:** 1 fM in die 2. LuftM ab Nadel, 1 fM in jede folgende LuftM, wenden.
**R 2:** 3 LuftM (zählen hier immer als 1 Stb), 1 Stb in die nächste M, 1 M überg, V-Stb (*siehe rechts*) in die nächste M, *2 M überg, Fächer (*siehe rechts*) in die nächste M, nächsten 2 M überg, V-Stb in die nächste M. Ab * wdh bis zu den letzten 3 M, 1 M überg, 2 Stb, wenden.
**R 3:** 3 LuftM, 1 Stb in die nächste M, Fächer ins nächste V-Stb, [V-Stb in den nächsten Fächer, Fächer ins nächste V-Stb] wdh bis zu den letzten 2 M, 1 Stb in jede M, wenden.
**R 4:** 3 LuftM, 1 Stb in die nächste M, V-Stb in den nächsten Fächer, *Fächer ins nächste V-Stb, V-Stb in den nächsten Fächer. Ab * wdh bis zu den letzten 2 M, 1 Stb in jede M, wenden. R 3 und 4 stets wdh.

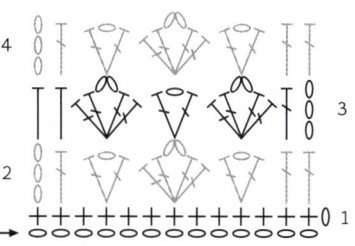

## Spezialmaschen

**V-Stb:** (1 Stb, 2 LuftM, 1 Stb) in dieselbe M. (In der folgenden R in den LuftM-ZR des V-Stb einstechen.)

**Fächer:** (2 Stb, 1 LuftM, 2 Stb) in dieselbe M. (In der folgenden R in den LuftM-ZR des Fächers einstechen.)

# Geschlossenes Muschelmuster

**SCHWIERIGKEITSGRAD**
Mittel

**LÄNGE DER LUFTMASCHENKETTE**
Vielfaches von 6
(+2 Maschen zusätzlich)

**AUSSEHEN**
Wendbar

**R 1:** 1 fM in die 2. LuftM ab Nadel, *2 LuftM überg, Muschel (*siehe unten*) in die nächste LuftM, 2 LuftM überg, 1 fM in die nächste LuftM. Ab * stets wdh, wenden.

**R 2:** 3 LuftM (zählen als 1 Stb), 2 Stb in die 1. fM, [1 fM ins mittlere Stb der Muschel, 1 Muschel in die nächste fM] stets wdh, enden mit 3 Stb in die letzte fM, wenden.

**R 3:** 1 LuftM, 1 fM ins 1. Stb, 1 Muschel in die nächste fM, [1 fM in die Mitte der Muschel, 1 Muschel in die nächste fM] stets wdh, enden mit 1 fM in die letzte M, wenden.

R 2 und 3 stets wdh.

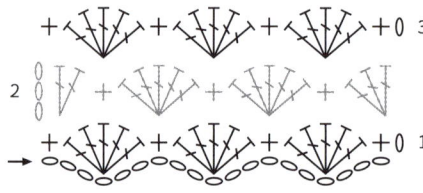

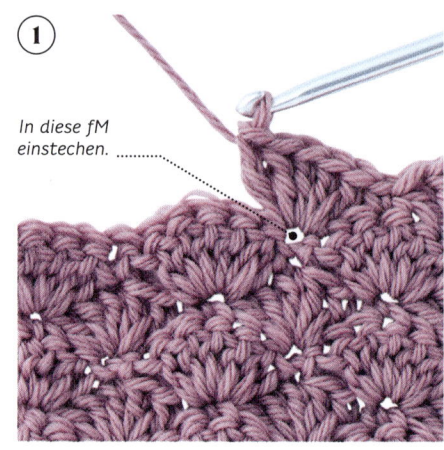

*In diese fM einstechen.*

### Spezialmasche: Muschel

1. 5 Stb in die nächste fM.

2. In der folgenden Reihe ist angegeben, in welche Masche der Muschel eingestochen wird (hier die 3. von 5, also die mittlere). In diesem Fall wird an dieser Stelle eine fM gehäkelt.

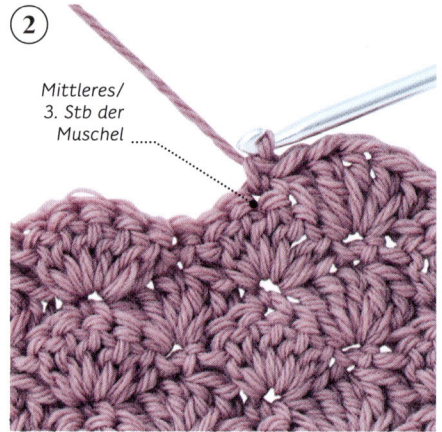

*Mittleres/ 3. Stb der Muschel*

# Offenes Muschelmuster

**SCHWIERIGKEITSGRAD**
Mittel

**LÄNGE DER LUFTMASCHENKETTE**
Vielfaches von 6
(+2 Maschen zusätzlich)

**AUSSEHEN** Wendbar, aber unterschiedlich

**R 1 (RS):** 1 fM in die 2. LuftM ab Nadel, *2 LuftM überg, 1 Muschel in die nächste LuftM, 2 LuftM überg, 1 fM in die nächste LuftM. Ab * stets wdh, wenden.

**R 2 (LS):** 5 LuftM (zählen als 1 Stb + 2 LuftM), 1 fM ins mittlere Stb der nächsten Muschel, 2 LuftM, *1 Stb in die nächste fM, 2 LuftM, 1 fM in die nächste Muschel, 2 LuftM. Ab * stets wdh, enden mit 1 Stb in die letzte fM, wenden.

**R 3:** 1 LuftM, 1 fM ins 1. Stb, Muschel in die nächste fM, *1 fM ins Stb, Muschel in die nächste fM. Ab * stets wdh, enden mit 1 fM in die 3. Wende-LuftM, wenden.

R 2 und 3 stets wdh.

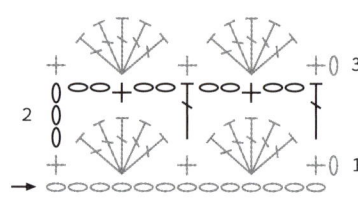

# Erdbeermuster

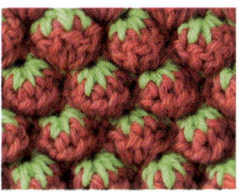

**SCHWIERIGKEITSGRAD**
Anspruchsvoll

**LÄNGE DER LUFTMASCHENKETTE**
Vielfaches von 3
(+ 1 Masche zusätzlich)

**AUSSEHEN**
Einseitig

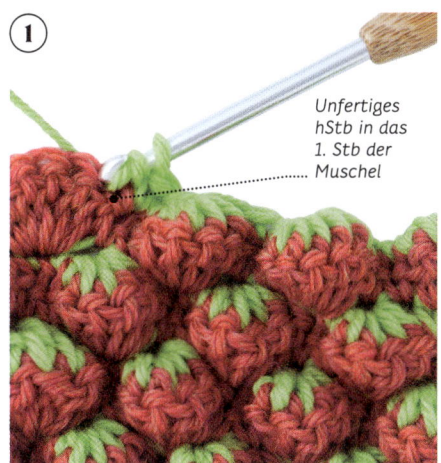

*Unfertiges hStb in das 1. Stb der Muschel*

*11 Schlaufen: 2 pro Stb der Muschel + ursprüngliche Masche*

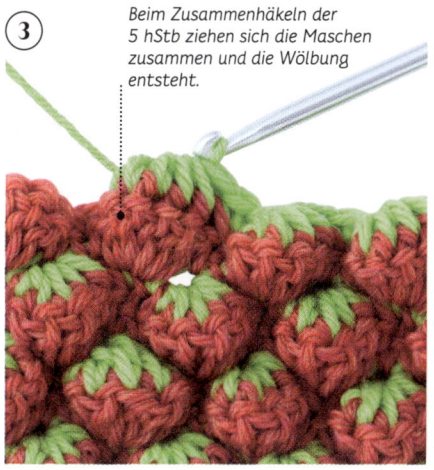

*Beim Zusammenhäkeln der 5 hStb ziehen sich die Maschen zusammen und die Wölbung entsteht.*

**R 1 (RS):** Mit der Hauptfarbe (HF) 1 fM in die 2. LuftM ab Nadel und in jede folgende LuftM, wenden.
**R 2 (LS):** 1 LuftM, 1 fM in die 1. M, [1 Muschel, 2 fM] stets wdh bis zu den letzten 2 M, 1 Muschel, 1 fM, wenden.
**R 3:** Mit KF 1 LuftM, 1 fM in die 1. M, [5-hStb-zus (*siehe unten*), 2 fM] stets wdh bis zur letzten Muschel, 5-hStb-zus, 1 fM in die letzte M, wenden.
**R 4:** Mit HF 1 LuftM, 2 fM, [1 Muschel in die nächste M, 2 fM] stets wdh, 1 fM in die letzte M, wenden.
**R 5:** Mit KF 1 LuftM, 3 fM, [5-hStb-zus, 2 fM] stets wdh bis Ende, wenden.
R 2–5 stets wdh.

## Spezialmasche: 5 halbe Stäbchen zusammenhäkeln (5-hStb-zus)

1. 1 U, dann ins 1. Stb der Muschel einstechen, Faden durchholen. 3 Schlaufen liegen auf der Häkelnadel.

2. Schritt 1 mit jedem Stb der Muschel wdh. 11 Schlaufen liegen auf der Häkelnadel.

3. Den Faden erfassen und durch alle 11 Schlaufen ziehen.

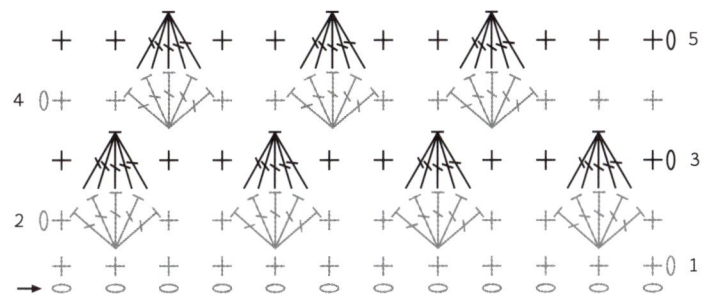

# Dreieinigkeitsmuster

**SCHWIERIGKEITSGRAD**
Mittel

**LÄNGE DER LUFTMASCHENKETTE**
Ungerade Maschenzahl
(+1 Wende-LuftM)

**AUSSEHEN**
Wendbar

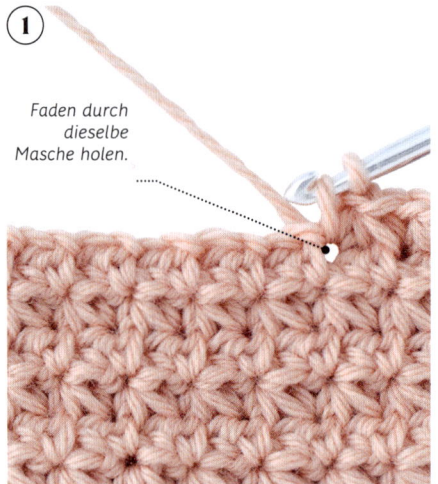

① *Faden durch dieselbe Masche holen.*

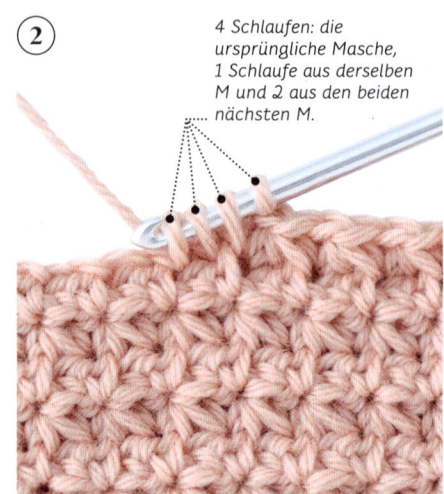

② *4 Schlaufen: die ursprüngliche Masche, 1 Schlaufe aus derselben M und 2 aus den beiden nächsten M.*

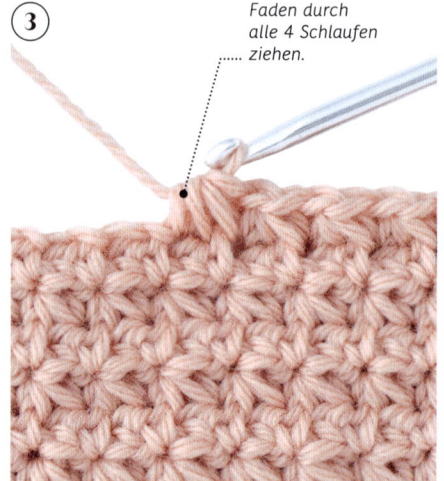

③ *Faden durch alle 4 Schlaufen ziehen.*

**Basisreihe:** 1 fM in die 2. LuftM ab Nadel, nochmals in dieselbe LuftM einstechen, Faden durchholen. Nacheinander in die 2 nächsten LuftM einstechen, Schlaufen holen. 4 Schlaufen liegen auf der Häkelnadel. Faden erfassen und durch alle 4 Schlaufen ziehen. 1 LuftM, *in dieselbe LuftM einstechen, Faden durchholen, nacheinander in die 2 nächsten LuftM einstechen, Schlaufen holen. 4 Schlaufen liegen auf der Häkelnadel. Faden erfassen und durch alle 4 Schlaufen ziehen, 1 LuftM. Ab * wdh bis Ende, 1 weitere fM in die letzte Masche der Reihe, wenden.

1. **R 1:** 1 Wende-LuftM, 1 fM in die 1. Masche, dann mit den Dreieinigkeitsmaschen beginnen: *In die gerade gearbeitete M einstechen, Faden durchholen.

2. *Aus jeder der 2 folgenden M den Faden durchholen. 4 Schlaufen liegen auf der Nadel.*

3. *Faden erfassen und durch alle 4 Schlaufen ziehen. 1 LuftM. Ab * stets wdh. Eine Dreieinigkeitsmasche in die letzte Masche arbeiten, mit 1 fM in die zuletzt gearbeitete Masche enden. Wenden. R 1 stets wdh.*

# Margeritenmuster

**SCHWIERIGKEITSGRAD**
Anspruchsvoll

**LÄNGE DER LUFTMASCHENKETTE**
Gerade Maschenzahl (+1 Wende-LuftM)

**AUSSEHEN**
Wendbar

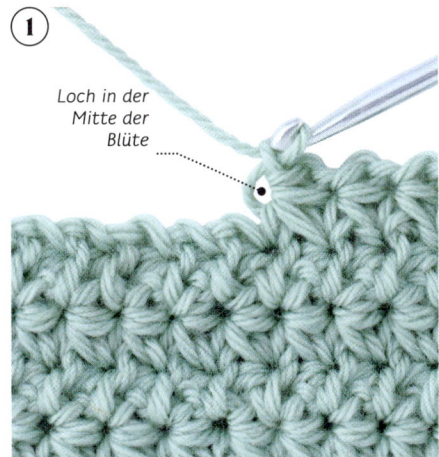

Loch in der Mitte der Blüte

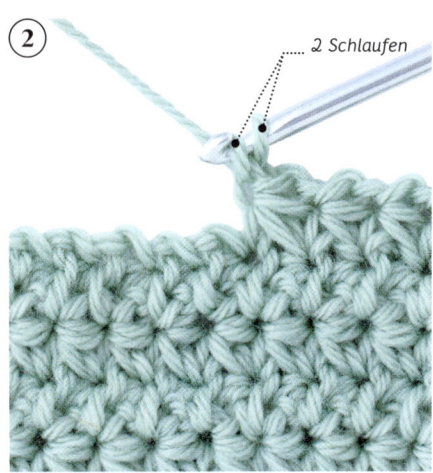

2 Schlaufen

**Basisreihe:** 1 fM in die 2. LuftM (LuftM) ab Nadel und in jede folgende LuftM, wenden.

1. **R 1:** 2 Wende-LuftM, in die 2. LuftM ab Nadel einstechen, Faden durchholen. In die 1. M der Reihe einstechen, Faden durchholen, in die nächste M einstechen, Faden durchholen. 4 Schlaufen liegen auf der Häkelnadel. Faden erfassen und durch alle Schlaufen auf der Nadel ziehen. Dann mit der ersten Margerite beginnen: *1 LuftM.

2. In das Loch in der Mitte der gerade gearbeiteten Blüte einstechen, den Faden durchholen.

3. Nochmals an derselben Stelle einstechen, Faden durchholen. 3 Schlaufen liegen auf der Häkelnadel.

4. In die nächste M einstechen, Faden durchholen. 4 Schlaufen liegen auf der Häkelnadel. Den Faden erfassen und durch alle 4 Schlaufen ziehen. Ab * stets wdh. Für die letzte Margerite in die Wende-LuftM einstechen, um die letzte Schlaufe hochzuziehen. 1 LuftM zum Schließen der letzten Margerite, wenden. R 1 stets wdh.

Nächste Schlaufe aus derselben M holen.

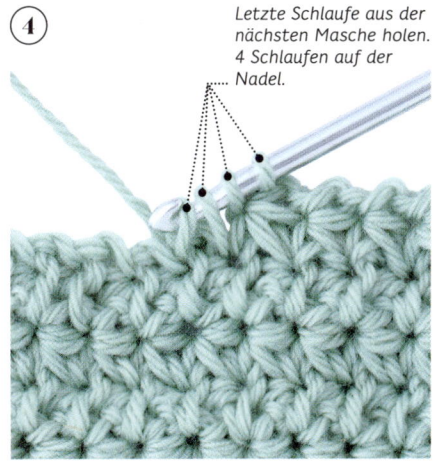

Letzte Schlaufe aus der nächsten Masche holen. 4 Schlaufen auf der Nadel.

# Sternenmuster

**SCHWIERIGKEITSGRAD**
Mittel

**LÄNGE DER LUFTMASCHENKETTE**
Ungerade Maschenzahl (+1 Wende-LuftM)

**AUSSEHEN**
Einseitig

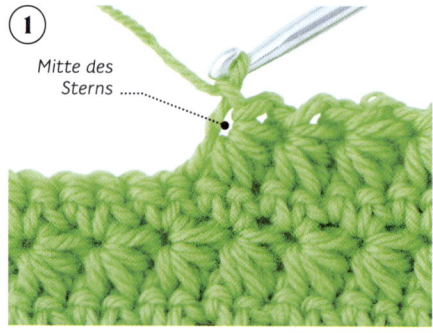

Mitte des Sterns

**Basisreihe (LS):** 1 fM in die 2. LuftM ab Nadel und in jede folgende LuftM, wenden.

1 **R 1 (RS):** 3 Wende-LuftM. In die 2., dann in die 3. LuftM ab Nadel einstechen, Schlaufen holen, ebenso aus den ersten 3 fM. 6 Schlaufen liegen auf der Häkelnadel. Faden erfassen und durch alle 6 Schlaufen ziehen.

2 Nun mit dem ersten Stern beginnen: *1 LuftM. 1 Schlaufe aus der Mitte des gerade gearbeiteten Sterns holen. 2 Schlaufen liegen auf der Häkelnadel.

3 Unter den 2 Fäden des linken »Beins« des zuletzt gearbeiteten Sterns einstechen und den Faden durchholen. 3 Schlaufen liegen auf der Häkelnadel.

4 In die zuletzt gearbeitete M einstechen und den Faden durchholen. 4 Schlaufen liegen auf der Häkelnadel.

5 Nacheinander in die nächsten 2 M einstechen und Schlaufen holen. 6 Schlaufen liegen auf der Häkelnadel. Faden erfassen und durch alle 6 Schlaufen ziehen. Ab * stets wiederholen. 1 LuftM, dann 1 hStb in die zuletzt gearbeitete M, wenden.
**R 2 (LS):** 1 LuftM, 1 fM in jeden Stern und jede LuftM der Vorreihe bis R-Ende. R 1 und 2 stets wdh.

Schlaufe durch die Mitte des Sterns holen. 2 Schlaufen auf der Nadel.

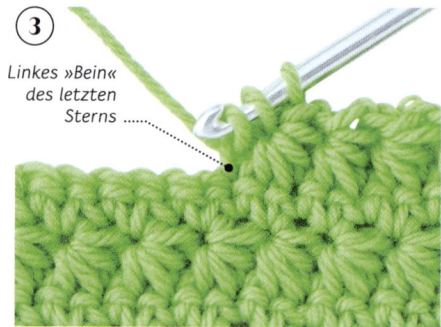

Linkes »Bein« des letzten Sterns

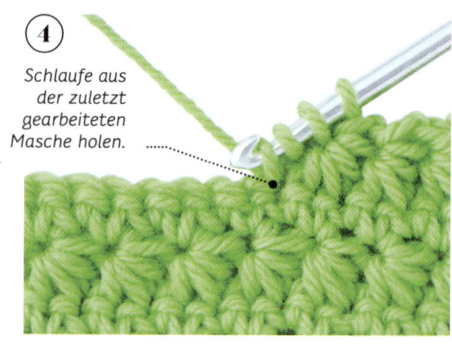

Schlaufe aus der zuletzt gearbeiteten Masche holen.

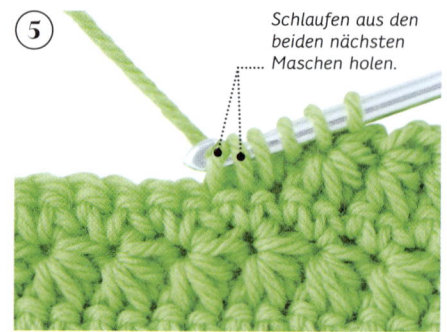

Schlaufen aus den beiden nächsten Maschen holen.

# Blümchenmuster

**SCHWIERIGKEITSGRAD**
Mittel

**LÄNGE DER LUFTMASCHENKETTE**
Ungerade Maschenzahl
(+1 Wende-LuftM)

**AUSSEHEN**
Wendbar

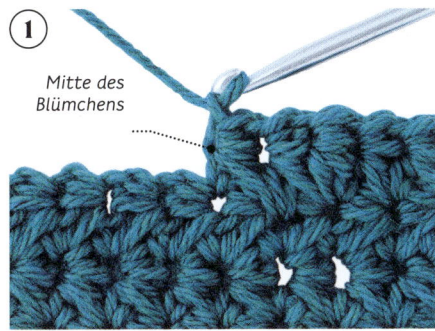

*Mitte des Blümchens*

*Schlaufe durch die Mitte des Blümchens holen.*

**Basisreihe:** 1 fM in die 2. LuftM ab Nadel und in jede folgende LuftM, wenden.

1. **R 1:** 2 Wende-LuftM. 1 U, in die 2. LuftM ab Nadel einstechen und den Faden durchholen. 1 U, in die 1. M der Reihe einstechen und Faden durchholen. 1 U, in die nächste M einstechen und Faden durchholen. 7 Schlaufen liegen auf der Häkelnadel. Den Faden erfassen und durch alle 7 Schlaufen ziehen. Mit dem ersten Blümchen beginnen: *1 LuftM.

2. 1 U, in das Loch in der Mitte des Blümchens einstechen und den Faden durchholen. 3 Schlaufen liegen auf der Häkelnadel.

3. 1 U, nochmals in dieselbe Stelle einstechen und den Faden durchholen. 5 Schlaufen liegen auf der Häkelnadel.

4. 1 U, in die nächste M einstechen und den Faden durchholen. 7 Schlaufen liegen auf der Häkelnadel.

5. Den Faden erfassen und durch alle 7 Schlaufen ziehen. Ab * stets wdh. Zum Beenden des letzten Blümchens in die Wende-LuftM einstechen und den Faden durchholen. 1 LuftM, um das letzte Blümchen zu schließen, wenden. R 1 stets wdh.

*Schlaufe aus der zuletzt gearbeiteten Masche holen.*

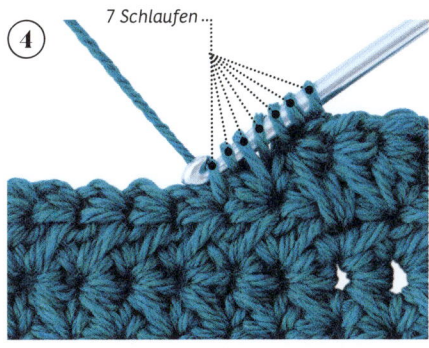

*7 Schlaufen*

*Faden durch alle 7 Schlaufen ziehen.*

FÄCHER UND MUSCHELN

# Versetzte Fächer

**SCHWIERIGKEITSGRAD**
Mittel

**LÄNGE DER LUFTMASCHENKETTE**
Vielfaches von 12 Maschen (+ 6 Maschen zusätzlich)

**AUSSEHEN**
Fächer erscheinen auf der rechten Seite der Arbeit deutlicher.

**R 1 (LS):** 1 Stb in die 6. LuftM ab Nadel, 3 LuftM überg, 1 fM in jede der nächsten 5 LuftM, 3 LuftM überg, *Fächer 1 (siehe unten) in die nächste LuftM, 3 LuftM überg, 1 fM in jede der nächsten 5 LuftM, 3 LuftM überg, 1 fM in jede der nächsten 5 LuftM, 3 LuftM überg. Ab * wdh bis zur letzten LuftM, [1 Stb, 2 LuftM, 1 Stb] in die letzte LuftM, wenden.

**R 2 (RS):** 3 LuftM (zählen als 1 Stb), 3 Stb in den 1. LuftM-ZR, 1 Stb ins Stb, 2 fM überg, 1 fM, 2 fM überg, *Fächer R 2 (siehe unten), 2 fM überg, 1 fM, 2 fM überg. Ab * stets wdh, enden mit 1 Stb ins letzte Stb, 3 Stb in den LuftM-ZR, 1 Stb in die 3. Wende-LuftM, wenden.

**R 3:** 1 Wende-LuftM, 1 fM in jedes der ersten 3 Stb, 2 Stb überg, Fächer 1 in die nächste fM, *2 Stb überg, 1 fM in jedes der nächsten 5 Stb (in der Mitte der 9 Stb), 2 Stb überg, Fächer 1 in die nächste fM, 2 Stb überg. Ab * wdh bis zu den letzten 3 M, 1 fM in jede der letzten 3 M, wenden.

**R 4:** 1 LuftM, 1 fM in die 1. fM, 2 M überg, Fächer 2, *2 M überg, 1 fM, 2 M überg, Fächer 2. Ab * wdh bis zu den letzten 3 M, 2 M überg, 1 fM in die letzte M, wenden.

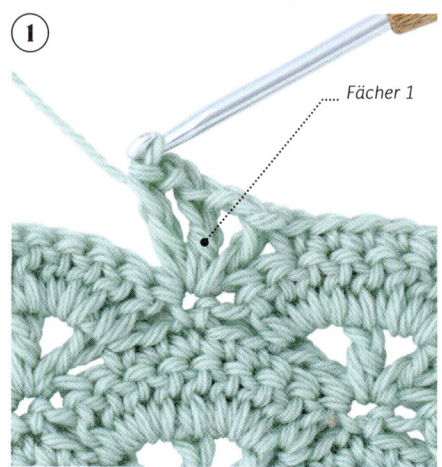

*Fächer 1*

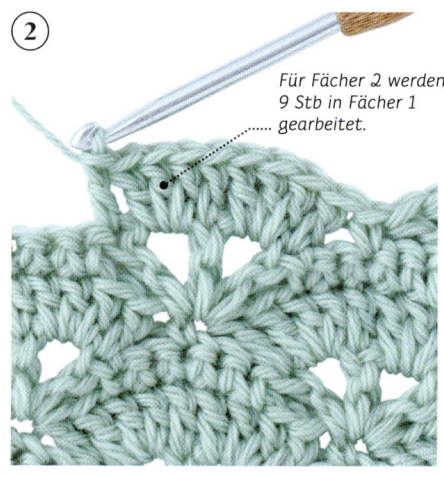

*Für Fächer 2 werden 9 Stb in Fächer 1 gearbeitet.*

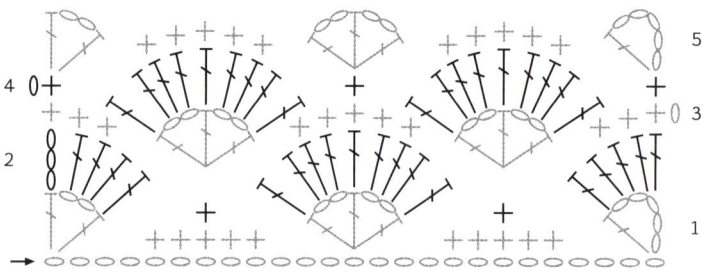

**R 5:** 5 LuftM (zählen als 1 Stb + 2 LuftM), 1 Stb in die 1. M, 2 M überg, 1 fM in jedes der nächsten 5 Stb (in der Mitte der 9 Stb), 2 Stb überg, *Fächer 1 in die nächste fM, 2 Stb überg, 1 fM in jede der nächsten 5 Stb (in der Mitte der 9 Stb), 2 Stb überg. Ab * wdh bis zur letzten M, [1 Stb, 2 LuftM, 1 Stb] in die letzte fM, wenden.
R 2–5 stets wdh.

## Spezialmasche: Fächer

1. **Fächer 1:** [1 Stb, 2 LuftM, 1 Stb, 2 LuftM, 1 Stb] in eine M häkeln. Damit ist Fächer 1 fertig. Insgesamt werden in die Masche 3 Stb und 2 LuftM-ZR gearbeitet.

2. **Fächer 2:** In der nächsten R beim Erreichen von Fächer 1 1 Stb in die 1. M arbeiten. 3 Stb in den 1. LuftM-ZR, 1 Stb ins mittlere Stb, 3 Stb in den 2. LuftM-ZR, 1 Stb ins letzte Stb von Fächer 1.

# Strahlenmuster

**SCHWIERIGKEITSGRAD**
Mittel

**LÄNGE DER LUFTMASCHENKETTE**
Vielfaches von 10
(+ 7 Maschen zusätzlich)

**AUSSEHEN**
Wendbar

**R 1:** 1 fM in die 2. LuftM ab Nadel, 1 fM in die nächste LuftM, *3 LuftM überg, 7 Stb in die nächste LuftM (= Muschel), 3 LuftM überg, 3 fM. Ab * wdh bis zu den letzten 4 LuftM, 3 LuftM überg, 4 Stb in die letzte LuftM, wenden.

**R 2:** 1 LuftM, 2 fM, *3 LuftM, 7 Stb zus (*siehe unten*), 3 LuftM, 3 fM (in die mittleren 3 Stb der Muschel). Ab * wdh bis zu den letzten 4 M, 3 LuftM, 4 Stb zus, wenden.

**R 3:** 3 LuftM (zählen als 1 Stb), 3 Stb in die 1. M, *3 LuftM überg, 3 fM, 3 LuftM überg, Muschel in die 7 zus-gehäkelten M. Ab * wdh bis zu den letzten 2 M, 1 fM in jede der letzten beiden M, wenden.

**R 4:** 3 Wende-LuftM, 1 Stb in die 1. M, 3 Stb zus, *3 LuftM, 3 fM (in die mittleren 3 Stb der Muschel), 3 LuftM, 7 Stb zus. Ab * wdh bis zu den letzten 2 M, 3 LuftM, 1 fM in jede der letzten 2 M, wenden.

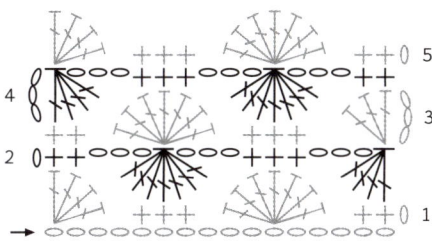

**R 5:** 1 LuftM, 2 fM, *3 LuftM überg, Muschel in die 7 zus-gehäkelten M, 3 LuftM überg, 3 fM. Ab * wdh. Enden mit 4 Stb in die letzte M, wenden.
R 2–5 stets wdh.

① 8 Schlaufen: 1 halb fertiges Stb aus jeder der nächsten M + ursprüngliche M

② Faden durch alle 8 Schlaufen ziehen.

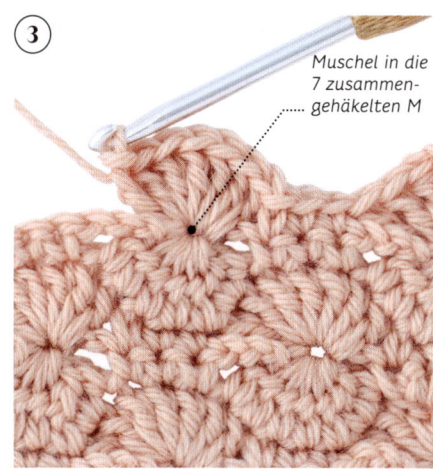

③ Muschel in die 7 zusammen-gehäkelten M

## Spezialmasche: 7 Stäbchen zusammenhäkeln (7 Stb zus)

1. [1 U, dann in die nächste M einstechen. Faden durchholen, Faden erfassen und durch 2 Schlaufen ziehen. 2 Schlaufen liegen auf der Häkelnadel] 7× arbeiten, dabei in 7 M einstechen. Faden erfassen.

2. Faden durch alle 8 Schlaufen auf der Häkelnadel ziehen.

3. In der folgenden Reihe beim Einstechen in die 7 zusammengehäkelten M die Muschel direkt dort hineinarbeiten, um einen kompletten Kreis zu erhalten.

# Jasminmuster

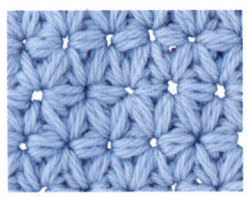

**SCHWIERIGKEITSGRAD**
Anspruchsvoll

**LÄNGE DER LUFTMASCHENKETTE**
Gerade Maschenzahl

**AUSSEHEN**
Wendbar

**Basisreihe:** 2 LuftM, 1 Blb *(siehe rechts)* in die 2. LuftM ab Nadel, [1 LuftM, 1 Blb ins obere Mg des letzten Blb] stets wdh, bis die gewünschte Anzahl Blütenblätter + 1 erreicht ist.
**R 1:** 1 Blb in die 1. M, dann Blütenblatt-Büschel (BlbB; *siehe unten*) in alle ZR der Reihe, wenden.
R 1 stets wdh.

## Spezialmasche: Blütenblatt (Blb)

Schritt 1–2 des Blütenblatt-Büschels (siehe unten) arbeiten. Den Arbeitsfaden mit der linken Hand zusammenkneifen. Faden erfassen und durch alle 5 Schlaufen ziehen, dann die Nadel in die durch Zusammenkneifen entstandene Schlaufe einstechen (siehe Schritt 5). 1 fM in diese Schlaufe, um das Blütenblatt zu beenden.

## Spezialmasche: Blütenblatt-Büschel (Blb-B)

1 Die Schlaufe auf der Häkelnadel etwas größer ziehen.

2 *1 U, in die Mitte der letzten M einstechen. Faden durchholen und auf die Länge der vergrößerten M ziehen. Ab * 2x in dieselbe Einstichstelle arbeiten. 5 Schlaufen liegen auf der Häkelnadel.

3 *1 U, in die Mitte der nächsten M aus der darunterliegenden Reihe einstechen, Faden durchholen und auf die Länge der anderen Schlaufen ziehen. Ab * 2x an derselben Einstichstelle arbeiten. 9 Schlaufen liegen auf der Häkelnadel.

4 Schritt 3 wdh, aber in die Mitte der nächsten M einstechen. 13 Schlaufen liegen auf der Häkelnadel.

5 Den Arbeitsfaden mit der linken Hand zusammenkneifen, mit der Nadel darüber erfassen und durch alle 13 Schlaufen ziehen.

6 Die Nadel in die Schlaufe einstechen, die durch das Zusammenkneifen entstanden ist, 1 fM in die Schlaufe, um die Büschelmasche zu schließen.

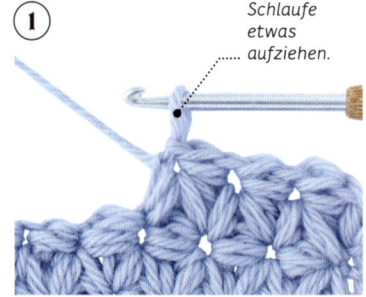

① *Schlaufe etwas aufziehen.*

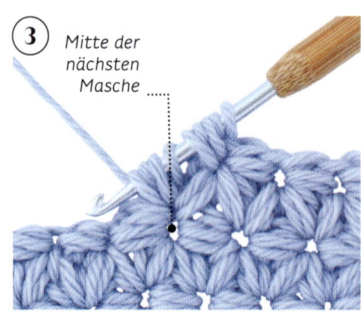

③ *Mitte der nächsten Masche*

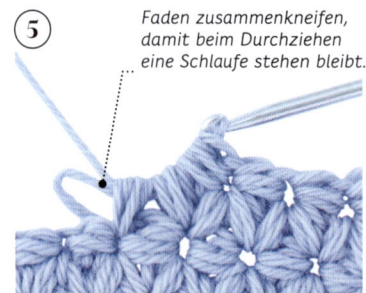

⑤ *Faden zusammenkneifen, damit beim Durchziehen eine Schlaufe stehen bleibt.*

② *Mitte der vorigen Masche*

④ *Nächste Masche*

⑥ *1 fM in die zusammengekniffene Schlaufe*

# Schuppenmuster

**SCHWIERIGKEITSGRAD**
Anspruchsvoll

**LÄNGE DER LUFTMASCHENKETTE**
Vielfaches von 6
(+4 Maschen zusätzlich)

**AUSSEHEN**
Muster erscheint auf der rechten Seite der Arbeit.

**Basisreihe (RS):** 1 Stb in die 4. LuftM ab Nadel, 2 LuftM, *2 LuftM überg, 2 Stb in die nächste LuftM, 2 LuftM. Ab * wdh bis zur letzten LuftM, 1 Stb. Nicht wenden.
**R 1:** Die RS liegt oben. 1 LuftM, die Arbeit um 90 Grad drehen, dann Schuppenmaschen *(siehe unten)* bis Ende, die letzte fM in die obere Wende-LuftM auf der LS arbeiten, wenden.
**R 2 (RS):** 5 LuftM (zählen als 1 Stb + 2 LuftM), 2 Stb zwischen 2 Stb 2 Reihen tiefer, *2 LuftM, 2 Stb in die nächste fM, 2 LuftM, 2 Stb zwischen 2 Stb 2 Reihen tiefer *(siehe unten)*. Ab * wdh bis zu den letzten 2 Stb, 2 LuftM, 1 Stb ins 1. Stb der Schuppenmasche, nicht wenden.
R 1 und 2 stets wdh.

## Spezialmasche: Schuppenmasche

1   Die Arbeit um 90 Grad drehen. 5 Stb abwärts um den Schaft des nächsten Stb häkeln, dabei zwischen den nächsten beiden Stb einstechen. 1 LuftM.

2   Die Arbeit um 180 Grad drehen und wie zuvor 5 Stäbchen um den Schaft des nächsten Stb häkeln, jedoch diesmal aufwärts.

3   Die Arbeit wenden, die linke Seite (LS) liegt nun oben. 1 fM zwischen die nächsten 2 Stb. Damit ist die Schuppenmasche fertig. Wenden, die rechte Seite (RS) liegt wieder oben. Die nächste Schuppenmasche beginnen.

4   In der folgenden Reihe für die beiden Stb jeweils zwischen den beiden Stb 2 Reihen tiefer einstechen. Sie liegen in der Mitte der Schuppenmasche.

Um den Schaft der Masche häkeln.

Arbeit um 180 Grad wenden und um den Schaft der nächsten Masche häkeln.

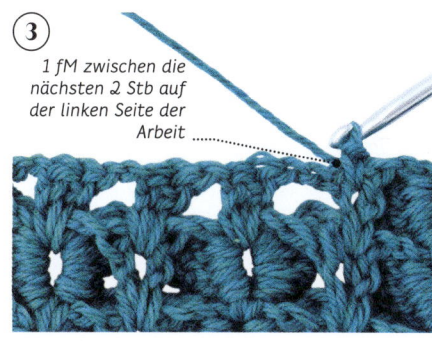

1 fM zwischen die nächsten 2 Stb auf der linken Seite der Arbeit

In der Mitte der Schuppenmasche einstechen: zwischen den 2 Stb 2 Reihen tiefer.

FÄCHER UND MUSCHELN

# Versetzte Muscheln

**SCHWIERIGKEITSGRAD**
Mittel

**LÄNGE DER LUFTMASCHENKETTE**
Vielfaches von 6
(+ 2 Maschen zusätzlich)

**AUSSEHEN**
Wendbar, aber das Muster erscheint auf der rechten Seite deutlicher

**R 1 (RS):** 1 fM in die 2. LuftM ab Nadel, *2 LuftM überg, 1 Muschel *(siehe rechts)* in die nächste LuftM, 2 LuftM überg, 1 fM in die nächste LuftM. Ab * wdh bis Ende, wenden.
**R 2:** 6 LuftM (zählen als 1 Stb + 3 LuftM), 3 fM in die 3 mittleren Stb der Muschel, *5 LuftM, 3 fM in die mittleren 3 Stb der Muschel. Ab * wdh bis zur letzten Muschel, enden mit 3 LuftM, 1 Stb in die letzte fM, wenden.
**R 3:** 3 LuftM (zählen als 1 Stb), 3 Stb in den 1. LuftM-ZR, 1 fM überg, 1 fM in die nächste fM, *1 fM überg, 1 Muschel in den nächsten LuftM-ZR, 1 fM überg, 1 fM in die nächste fM. Ab * wdh bis zu den 3 LuftM, 3 Stb in den LuftM-ZR, 1 Stb in die 3. Wende-LuftM, wenden.
**R 4:** 1 Wende-LuftM, 2 fM, 5 LuftM, *3 fM in die 3 mittleren Stb der Muschel, 5 LuftM. Ab * stets wdh, enden mit 2 fM, wenden.
**R 5:** 1 Wende-LuftM, 1 fM in die 1. M, *1 Muschel in den nächsten LuftM-ZR, 1 fM überg, 1 fM in die nächste fM. Ab * wdh bis Ende, wenden.
R 2–5 stets wdh.

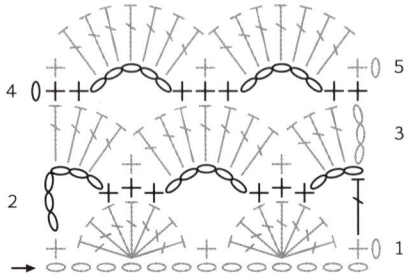

### Spezialmasche: Muschel

7 Stb in die nächste Masche oder den nächsten LuftM-ZR häkeln.

# Irismuster

**SCHWIERIGKEITSGRAD**
Mittel

**LÄNGE DER LUFTMASCHENKETTE**
Vielfaches von 4
(+3 Wende-LuftM)

**AUSSEHEN**
Wendbar

**R 1:** [2 Stb, 1 LuftM, 2 Stb] in die 5. LuftM ab Nadel (= 1 Fächer), *3 LuftM überg, Fächer in die nächste LuftM. Ab * wdh bis zu den letzten 2 LuftM, 1 LuftM überg, 1 Stb in die letzte LuftM, wenden.
**R 2:** 3 Wende-LuftM (zählen als 1 Stb), 1 Fächer in den LuftM-ZR jedes Fächers der Vorreihe, enden mit 1 Stb in die oberste Wende-LuftM, wenden.
R 2 stets wdh.

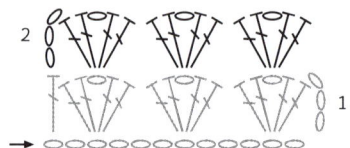

# Primelmuster

**SCHWIERIGKEITSGRAD**
Mittel
**LÄNGE DER LUFTMASCHENKETTE**
Vielfaches von 3
(+ 3 Maschen zusätzlich)
**AUSSEHEN**
Wendbar

**R 1:** [1 fM, 2 LuftM, 1 fM] in die 4. LuftM ab Nadel, *2 LuftM überg, [1 fM, 2 LuftM, 1 fM] in die nächste LuftM. Ab * wdh bis zu den letzten 2 LuftM, 1 LuftM überg, 1 hStb in die letzte M, wenden.
**R 2:** 3 LuftM (zählen als 1 Stb), 3 Stb in jeden LuftM-ZR, enden mit 1 Stb in die obere Wende-LuftM, wenden.
**R 3:** 2 LuftM (zählen als 1 hStb), *[1 fM, 2 LuftM, 1 fM] ins mittlere Stb der nächsten Dreiergruppe. Ab * wdh bis zur letzten M, 1 hStb in die obere Wende-LuftM, wenden.
R 2 und 3 stets wdh.

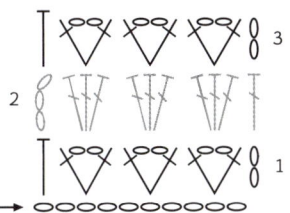

# Wellen und Muscheln

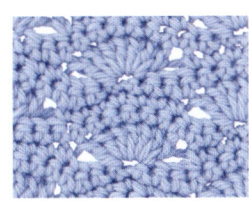

**SCHWIERIGKEITSGRAD**
Mittel
**LÄNGE DER LUFTMASCHENKETTE**
Vielfaches von 14
(+ 4 Maschen zusätzlich)
**AUSSEHEN**
Wendbar

**R 1:** 3 Stb in die 4. LuftM ab Nadel, 3 LuftM überg, 7 fM, *3 LuftM überg, 7 Stb in die nächste LuftM, 3 LuftM überg, 7 fM. Ab * wdh bis zu den letzten 4 LuftM, 3 LuftM überg, 4 Stb in die letzte LuftM, wenden.
**R 2:** 1 Wende-LuftM, 1 fM in jede M, wenden.
**R 3:** 1 Wende-LuftM, 4 fM, *3 fM überg, 7 Stb in die nächste M, 3 M überg, 7 fM. Ab * stets wdh, enden mit 4 fM.
**R 4:** Wie R 2.
**R 5:** 3 LuftM (zählen als 1 Stb), 3 Stb in dieselbe M, 3 M überg, 7 fM, * 3 M überg, 7 Stb in die nächste M, 3 M überg, 7 fM. Ab * wdh bis zu den letzten 4 M, 3 M überg, 4 Stb in die letzte M, wenden.
R 2–5 stets wdh.

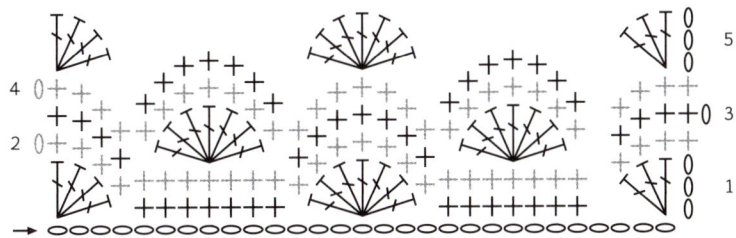

# Mehrfarbige Muster

# Einfache mehrfarbige Muster

Durch breite Streifen, feine Ringel oder auch nur ein farbiges Band kann sich die Wirkung einer Häkelarbeit völlig verändern. Mit der richtigen Technik kann sogar der Eindruck entstehen, als würde in einer einzigen Reihe mit mehreren Farben gearbeitet. Tatsächlich werden aber nur uni Streifen mit besonderen Maschen gehäkelt. Bei versetzten Streifen (rechte Seite) werden beispielsweise in einer Reihe Maschen übergangen und dann in der folgenden Reihe mit der nächsten Farbe aufgefüllt.

Durch die Kombination verschiedener Maschen können sogar bildhafte Effekte entstehen. Wenn man die richtige Anordnung von Popcornmaschen und V-Maschen in Streifen häkelt (siehe S. 97), sieht die fertige Arbeit aus wie ein Tulpenfeld.

# Versetzte Streifen

**SCHWIERIGKEITSGRAD**
Mittel

**LÄNGE DER LUFTMASCHENKETTE**
Vielfaches von 4
(+6 Maschen zusätzlich)

**AUSSEHEN**
Wendbar

**Basisreihe:** Mit der Hauptfarbe (HF) 1 Stb in die 4. LuftM ab Nadel, 1 Stb in die nächste LuftM, *2 LuftM, 2 LuftM überg, 2 Stb. Ab * wdh bis zur letzten LuftM, 1 Stb, wenden.

1. **R 1:** 1 LuftM, 1 fM, 2 LuftM, 2 Stb überg. *Über die 2 LuftM aus der vorigen R und die übergangenen M der Anschlagkette arbeiten: 1 Stb in jede der nächsten 2 LuftM (umschließen die 2 LuftM aus der 1. R, siehe unten). 2 LuftM, 2 Stb überg. Ab * wdh bis zur letzten M, 1 fM, wenden. **R 2:** Mit KF 3 Wende-LuftM (zählen als 1 Stb). *1 Stb in jedes der nächsten 2 Stb aus der vorherigen Reihe: über die 2 LuftM der vorherigen Reihe arbeiten und in die oberen Maschenglieder der Stb 2 Reihen tiefer einstechen.

2. 1 Stb in diese M arbeiten.

3. Das nächste Stb ebenso ins Stb 2 Reihen tiefer einstechen. 2 LuftM, 2 Stb. Ab * wdh bis zum letzten LuftM-ZR+fM. 1 Stb in jedes der 2 Stb 2 Reihen tiefer, 1 Stb in die letzte fM, wenden. **R 3:** 1 LuftM, 1 fM, 2 LuftM, nächste 2 Stb überg. *Über die nächsten 2 LuftM in die oberen Maschenglieder der Stb 2 Reihen tiefer einstechen, 1 Stb in jedes der nächsten 2 Stb. 2 LuftM, nächste 2 Stb überg. Ab * wdh bis zur letzten M, 1 fM, wenden. R 2 und 3 stets wdh, dabei die Farbe in jeder 2. Reihe wechseln. Wenn die gewünschte Höhe erreicht ist, eine letzte Reihe in der zuletzt verwendeten Farbe häkeln.

**Letzte R:** 1 LuftM, 1 fM. *Über die nächsten 2 LuftM und in die oberen Maschenglieder der Stb 2 Reihen tiefer einstechen, 1 hStb in jedes der beiden nächsten Stb, 1 fM in jedes der nächsten beiden 2 Stb. Ab * wdh bis zum letzten LuftM-ZR+fM. 1 hStb in jedes der nächsten 2 Stb der vorherigen Reihe, 1 fM in die fM.

① *Stäbchen 2 Reihen tiefer*

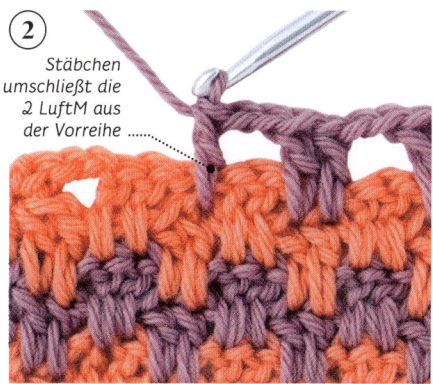

② *Stäbchen umschließt die 2 LuftM aus der Vorreihe*

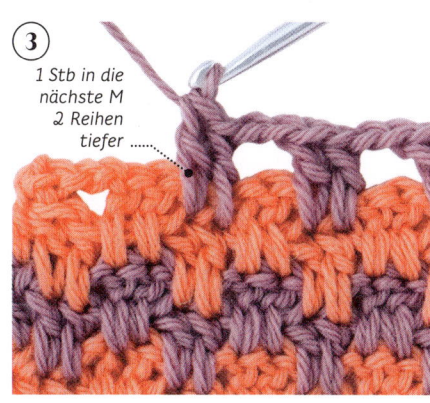

③ *1 Stb in die nächste M 2 Reihen tiefer*

EINFACHE MEHRFARBIGE MUSTER

# Senkrechte Streifen

**SCHWIERIGKEITSGRAD**
Einfach

**LÄNGE DER LUFTMASCHENKETTE**
Vielfaches von 6
(+5 Maschen zusätzlich)

**AUSSEHEN**
Wendbar

*Stäbchen 2 Reihen tiefer*

**Basisreihe (RS):** Mit der Hauptfarbe (HF) 1 Stb in die 4. LuftM ab Nadel, 1 Stb in die nächste LuftM. *3 LuftM, 3 LuftM überg, 3 Stb. Ab * stets wdh, wenden.

1   **R 1:** Mit KF 1 LuftM, dann 1 fM in die 1. M. 2 LuftM, 2 Stb überg. *Über die 3 LuftM der Vorreihe hinweg *(siehe unten)* 1 Stb in jede der nächsten 3 übergangenen Anfangs-LuftM, 3 LuftM, nächste 3 Stb überg. Ab * wdh bis zu den letzten 3 Stb, enden mit 2 LuftM, 2 Stb überg, 1 fM in die letzte M, wenden.
    **R 2:** Mit der HF 3 LuftM (zählen als 1 Stb) über die 2 LuftM aus der letzten Reihe hinweg. 1 Stb in jede der nächsten 2 M 2 Reihen tiefer. *3 LuftM, nächste 3 Stb überg, 1 Stb in jedes der nächsten 3 Stb 2 Reihen tiefer: über die 2 LuftM aus der Vorreihe hinweg ins obere Mg der Stb 2 Reihen tiefer einstechen.

2   1 Stb in diese M arbeiten.

3   1 Stb in jedes der nächsten 2 Stb 2 Reihen tiefer häkeln, um die Lücke zu füllen. Ab * stets wdh, das letzte Stb in die letzte fM arbeiten, wenden. R 1 und 2 stets wdh, die Farbe in jeder Reihe wechseln.

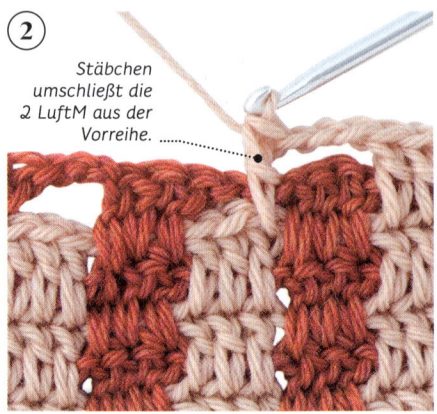

*Stäbchen umschließt die 2 LuftM aus der Vorreihe.*

*3 Stb in die Stb 2 Reihen tiefer häkeln.*

## Dreifarbiges Karo

Wenn man senkrechte Streifen mit drei Farben statt mit zweien häkelt, entsteht ein Karomuster.

# Bargellomuster

**SCHWIERIGKEITSGRAD**
Mittel

**LÄNGE DER LUFTMASCHENKETTE**
Vielfaches von 11 (+9 Maschen zusätzlich). Mindestens 2 Mustersätze (22+9=31 Maschen) werden benötigt.

**AUSSEHEN**
Wendbar, das Muster erscheint auf der rechten Seite jedoch deutlicher.

**Basisreihe (LS):** Mit der Hauptfarbe (HF) 1 Stb in 4. LuftM ab Nadel, 1 Stb in jede der nächsten 2 LuftM, 3 LuftM, 1 KettM in die nächste LuftM (1 Block ist fertig). 2 LuftM überg, 1 Stb in jede der nächsten 3 LuftM, 2 LuftM überg, 1 KettM in die nächste LuftM. *3 LuftM, 1 Stb in jede der nächsten 3 LuftM.** 3 LuftM, 1 KettM in die nächste LuftM, 2 LuftM überg, 1 Stb in jede der nächsten 3 LuftM, 2 LuftM überg, 1 KettM in die nächste LuftM. Ab * stets wdh. Der letzte Mustersatz endet bei **, dann folgt 1 Stb in die letzte LuftM.

**Hinweis:** Ab jetzt immer nur ins hintere Maschenglied (hMg) einstechen.

1  **R 1:** Mit KF1 3 Wende-LuftM (zählen als 1 Stb), 1 Stb hMg in jede der nächsten 3 M, 3 LuftM, 1 KettM in die obere LuftM aus der Vorreihe. *1 Stb hMg in jede der nächsten 3 M, 1 KettM in die obere LuftM aus der Vorreihe.

2  3 LuftM, 1 Stb hMg in jede der nächsten 3 M.** 3 LuftM.

3  1 KettM in die obere LuftM aus der Vorreihe. Ab * stets wdh. Der Mustersatz endet bei **. 1 Stb hMg in die letzte M, wenden.
**R 2:** Wie R 1, mit KF1.
**R 3–4:** Wie R 1, mit KF2.
**R 5–6:** Wie R 1, mit HF.
R 1–6 stets wdh.

① *Obere der 3 LuftM*

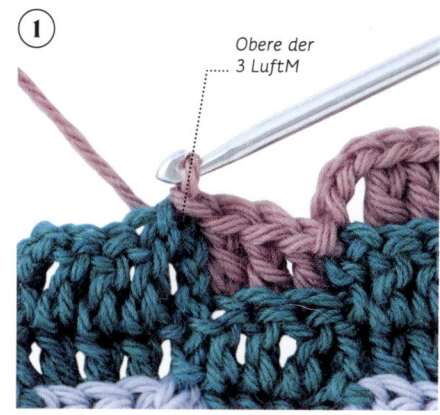

② *3 Stb ins hintere Maschenglied*

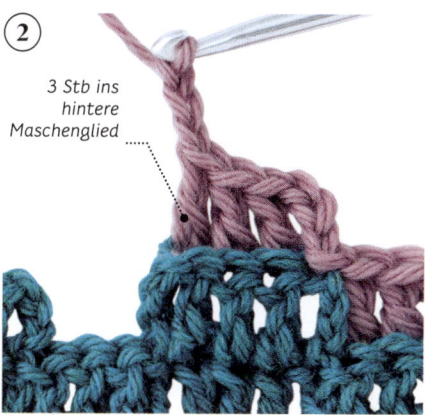

③ *In die obere LuftM einstechen*

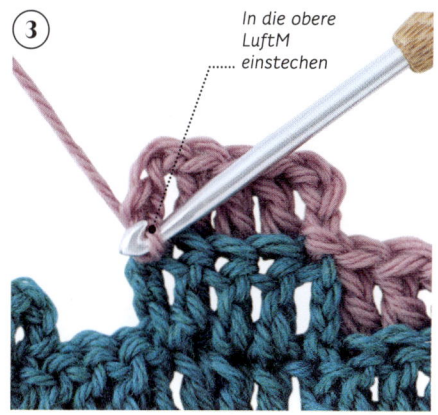

EINFACHE MEHRFARBIGE MUSTER

# Stufenmuster

**SCHWIERIGKEITSGRAD**
Mittel

**LÄNGE DER LUFTMASCHENKETTE**
Vielfaches von 6
(+1 Masche zusätzlich)

**AUSSEHEN**
Einseitig

**Basisreihe (RS):** Mit der Hauptfarbe (HF) 1 fM in die 2. LuftM ab Nadel und in jede folgende LuftM, nicht wenden.

1. **R 1 (RS):** KF1 am Anfang der Reihe ansetzen. 1 LuftM, dann 1 fM ins hMg jeder folgenden M, nicht wenden.
**R 2:** KF2 am Anfang der Reihe ansetzen. 1 LuftM, *1 fM hMg in jede der nächsten 5 M, dann ins freie vMg der nächsten fM 2 Reihen tiefer einstechen.

2. 1 Stb in dieses vMg, es wird auf dem Maschenwerk aufliegen. Ab * bis Ende der Reihe stets wdh, nicht wenden.
**R 3:** KF3 am Anfang der Reihe ansetzen. 1 LuftM, 1 fM hMg in jede der ersten 4 M, dann 1 Stb vMg in die nächste fM 2 Reihen tiefer.** 5 fM hMg, 1 Stb vMg in die nächste fM 2 Reihen tiefer. Ab ** bis zur letzten M wdh. 1 fM hMg in die letzte M, nicht wenden.
**R 4–7:** Eine neue KF am Anfang jeder Reihe ansetzen. 1 Luftmasche, dann wie zuvor beschrieben fortfahren, jeweils mit 1 fM weniger am Anfang und 1 fM mehr am Ende der Reihe. Dadurch entsteht der Stufeneffekt, und jedes Stb sitzt direkt rechts oberhalb des Stb der vorherigen Reihe. R 7 beginnt also mit 1 Stb vMg in die nächste fM 2 Reihen tiefer.
R 2–7 stets wdh.

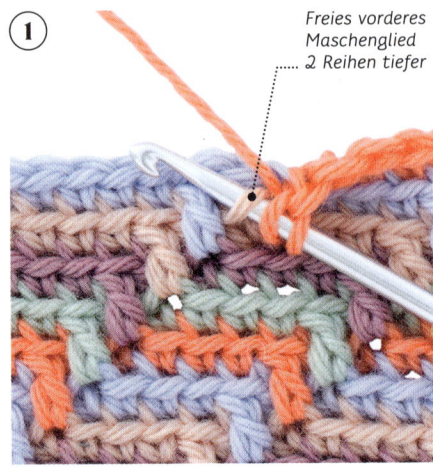

*Freies vorderes Maschenglied 2 Reihen tiefer*

*Stäbchen wie gewohnt häkeln*

# Tulpenmuster

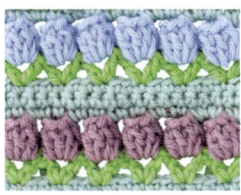

**SCHWIERIGKEITSGRAD**
Mittel

**LÄNGE DER LUFTMASCHENKETTE**
Vielfaches von 3

**AUSSEHEN**
Einseitig

**Basisreihe (RS):** Mit der Hauptfarbe (HF) 1 fM in die 2. LuftM ab Nadel und in jede folgende LuftM. Wenden.

1. **R 1 und 2:** 1 LuftM, 1 fM in jede folgende M. Wenden.
   **R 3 (LS):** Mit KF1 3 LuftM (zählen als 1 Stb), nächste M überg, V-Masche (*siehe unten*) in die nächste Masche, [2 fM überg, V-Masche in die nächste M] wdh bis zu den letzten 2 M, 1 M über, 1 Stb in die letzte fM. **Nicht** wenden.

2. **R 4 (LS):** Mit KF2 4 LuftM (zählen als 1 Stb + 1 LuftM). [PopcornM (*siehe unten*) in die V-Masche, 2 LuftM] wdh bis zur letzten V-Masche. PopcornM in die letzte V-Masche, 1 LuftM, 1 Stb in die letzte M. **Nicht** wenden.
   **R 5 (RS):** HF am Anfang der Reihe ansetzen. 1 LuftM, 1 fM in jede folgende M, wenden.
   **R 6–7:** Mit HF 1 LuftM, 1 fM in jede folgende M, wenden. R 3–7 stets wdh. Für »Tulpen« in verschiedenen Farben jeweils eine andere KF für R 4 wählen.

## Spezialmaschen

**V-Masche:** (1 Stb, 2 LuftM, 1 Stb) in die nächste Masche. (Für V-Maschen später in den LuftM-ZR einstechen).

**PopcornM:** 5 Stb in den nächsten LuftM-ZR, die Schlaufe auf der Nadel etwas größer ziehen und die Nadel herausnehmen. In das 1. der 5 Stb einstechen, die Schlaufe wieder auf die Nadel legen und zuziehen. Faden erfassen und durch beide Schlaufen ziehen.

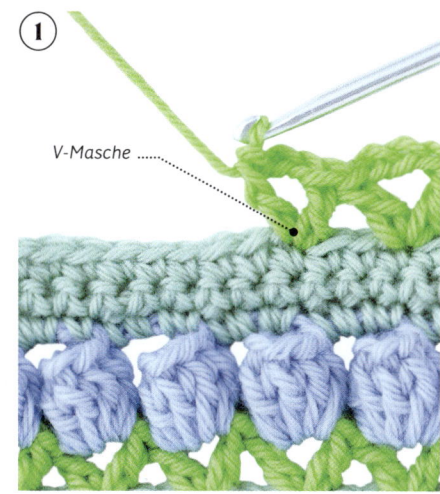

① V-Masche

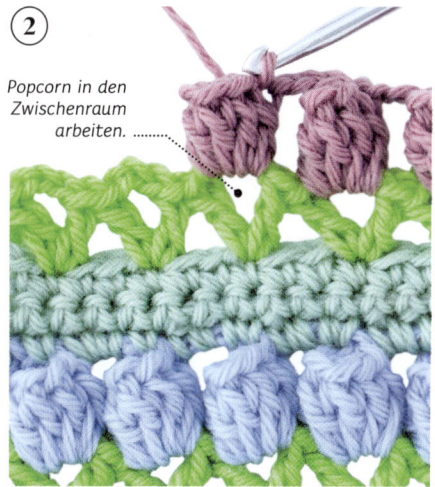

② Popcorn in den Zwischenraum arbeiten.

EINFACHE MEHRFARBIGE MUSTER

# Stachelmuster

**SCHWIERIGKEITSGRAD**
Mittel

**LÄNGE DER LUFTMASCHENKETTE**
Vielfaches von 4

**AUSSEHEN**
Wendbar, das Muster erscheint jedoch auf der rechten Seite deutlicher.

**R 1:** Mit der Hauptfarbe (HF) 1 fM in die 2. LuftM ab Nadel und in jede folgende LuftM, wenden.
**R 2–4:** 1 Wende-LuftM, 1 fM in jede M, wenden.
**R 5:** Mit KF1 1 Wende-LuftM, 1 fM, 1 fM-1t (*siehe unten*), 1 fM, *1 fM-2t (*siehe unten*), 1 fM, 1 fM-1t, 1 fM. Ab * stets wdh, wenden.
R 2–5 stets wdh, dabei vor jeder 5. Reihe die Farbe wechseln.

## Tiefer gestochene Maschen

Bei dieser Variante der festen Masche wird nicht in die Masche der Vorreihe, sondern in die entsprechende Masche in einer tieferen Reihe eingestochen. Bei diesem Muster wechselt die Einstichtiefe.

1 **Feste Masche 1 Reihe tiefer eingestochen (fM-1t):** Mit der Häkelnadel von vorn nach hinten in die Masche 1 Reihe unter der nächsten Masche einstechen. Faden durchholen und auf die Höhe der aktuellen Arbeitsreihe ziehen.

2 Den Faden erfassen und wie bei einer normalen fM durch beide Schlaufen auf der Häkelnadel ziehen.

3 **Feste Masche 2 Reihen tiefer eingestochen (fM-2t):** Mit der Häkelnadel von vorn nach hinten in die Masche 2 Reihen unter der nächsten Masche einstechen. Faden durchholen und auf die Höhe der aktuellen Arbeitsreihe ziehen.

4 Den Faden erfassen und wie bei einer normalen fM durch beide Schlaufen auf der Häkelnadel ziehen.

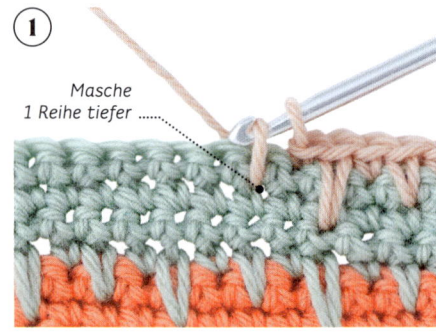

*Masche 1 Reihe tiefer*

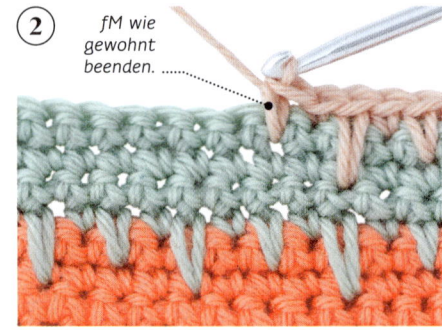

*fM wie gewohnt beenden.*

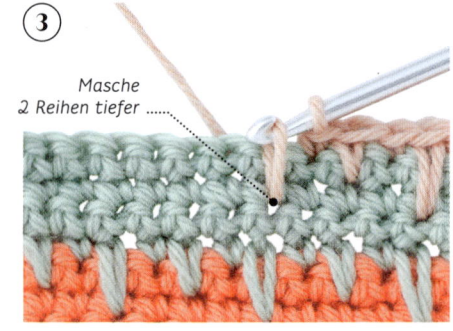

*Masche 2 Reihen tiefer*

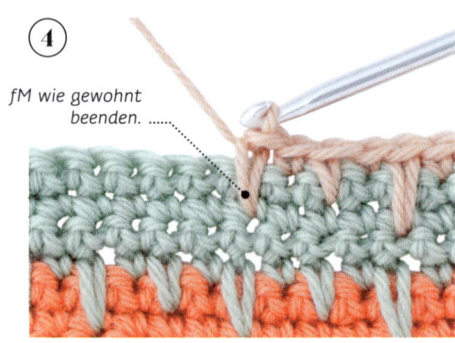

*fM wie gewohnt beenden.*

# Hanfmuster

**SCHWIERIGKEITSGRAD**
Anspruchsvoll

**LÄNGE DER LUFTMASCHENKETTE**
Vielfaches von 6
(+8 Maschen zusätzlich)

**AUSSEHEN**
Einseitig

**R 1:** Mit der Hauptfarbe (HF) 1 fM in die 2. LuftM ab Nadel und in jede folgende LuftM, wenden.
**R 2–4:** 1 LuftM, 1 fM in jede fM, wenden.
**R 5 (RS):** Mit KF 1 Wende-LuftM, 3 fM, BM-t (*siehe unten*) in die nächste M, [5 fM, BM-t in die nächste M] stets wdh bis zu den letzten 3 M, 3 fM. **Nicht** wenden.
**R 6 (RS):** HF am Anfang der Reihe ansetzen, nicht wenden. 1 Wende-LuftM, 1 fM in jede M, wenden.
**R 7–9:** 1 Wende-LuftM, 1 fM in jede M, wenden.
**R 10 (RS):** Mit KF1 1 Wende-LuftM, 6 fM, [BM-t in die nächste M, 5 fM] stets wdh bis zur letzten M, 1 fM.
**R 11:** HF am Anfang der Reihe wieder ansetzen, nicht wenden. 1 LuftM, 1 fM in jede M, wenden.
R 2–11 stets wdh, Farbwechsel beachten.

### Tief gestochene Büschelmasche (BM-t)

1  Mit der Häkelnadel 2 M nach rechts und 1 Reihe unter der nächsten M einstechen. Faden durchholen und auf die Höhe der aktuellen Reihe ziehen.

2  Mit der Häkelnadel 1 M nach rechts und 2 Reihen unter der nächsten M einstechen. Faden durchholen und auf die Höhe der aktuellen Reihe ziehen.

3  Nun 3 Reihen direkt unter der nächsten M einstechen, Faden durchholen und auf die Höhe der aktuellen Reihe ziehen.

4  1 M nach links und 2 Reihen unter der nächsten M einstechen. Faden durchholen und auf die Höhe der aktuellen Reihe ziehen.

5  Zuletzt 2 M nach links und 1 Reihe unter der nächsten M einstechen. Faden durchholen und auf die Höhe der aktuellen Reihe ziehen. 6 Schlaufen liegen auf der Häkelnadel. Den Faden erfassen und durch alle Schlaufen ziehen.

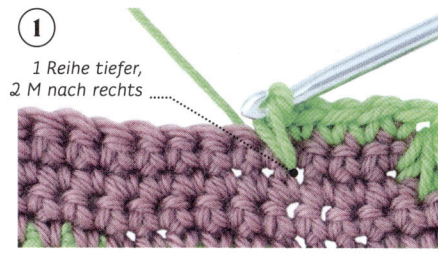

① *1 Reihe tiefer, 2 M nach rechts*

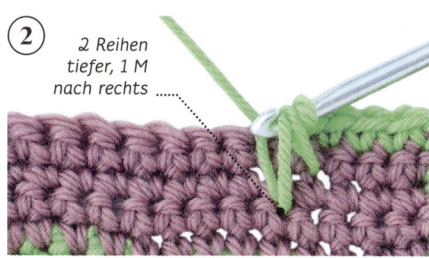

② *2 Reihen tiefer, 1 M nach rechts*

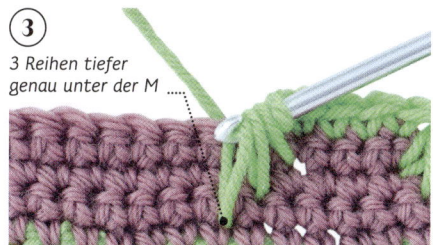

③ *3 Reihen tiefer genau unter der M*

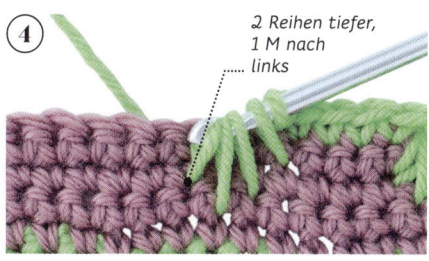

④ *2 Reihen tiefer, 1 M nach links*

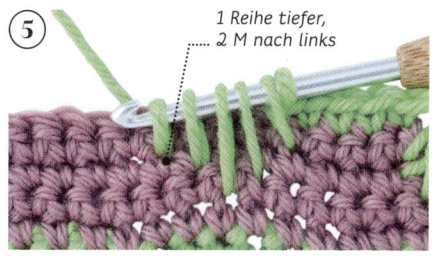

⑤ *1 Reihe tiefer, 2 M nach links*

EINFACHE MEHRFARBIGE MUSTER

# Granny-Zickzack

**SCHWIERIGKEITSGRAD**
Mittel

**LÄNGE DER LUFTMASCHENKETTE**
Vielfaches von 4

**AUSSEHEN**
Wendbar

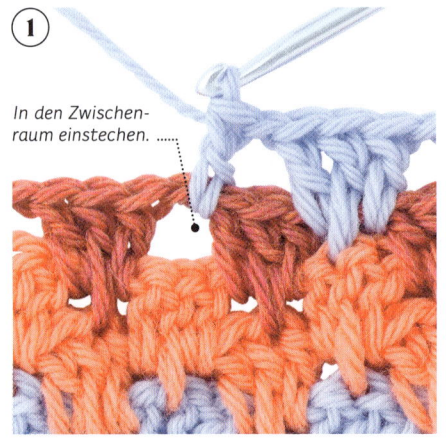

*In den Zwischenraum einstechen.*

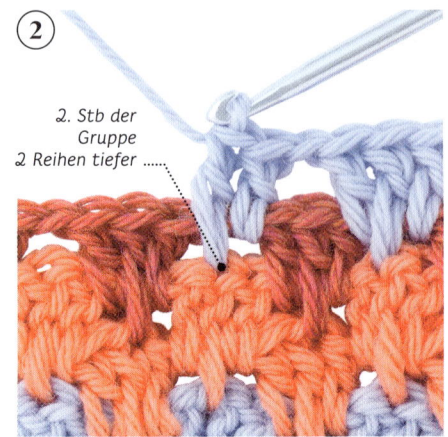

*2. Stb der Gruppe 2 Reihen tiefer*

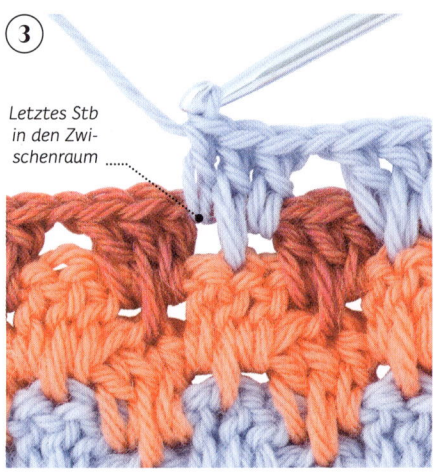

*Letztes Stb in den Zwischenraum*

**R 1:** Mit der Hauptfarbe (HF) 2 Stb in 4. LuftM ab Nadel, 1 LuftM, *3 LuftM überg, 3 Stb in die nächste LuftM, 1 LuftM. Ab * wdh bis zu den letzten 4 LuftM, 3 LuftM überg, 3 Stb in die letzte LuftM, wenden.
**R 2:** 4 LuftM (zählen als 1 Stb + 1 LuftM) *1 Stb in den nächsten LuftM-ZR, 1 Stb in die 2. der nächsten 3 übergangenen LuftM, 1 Stb in denselben LuftM-ZR, 1 LuftM. Ab * wdh bis zu den letzten 3 M, 1 Stb in die obere Wende-LuftM, wenden.
**R 3:** Mit KF1 3 Wende-LuftM (zählen als 1. Stb) *1 Granny-Zacken (*siehe rechts unten*) in den nächsten LuftM-ZR, 1 LuftM. Ab * wdh bis zum letzten LuftM-ZR, 1 Granny-Zacken in den LuftM-ZR, 1 Stb in die obere Wende-LuftM, wenden.

## Spezialmasche: Granny-Zacken

1. 1 Stb in den nächsten Luftmaschenzwischenraum (LuftM-ZR).
2. 1 Stb ins 3. Stb der Dreiergruppe 2 Reihen tiefer.
3. Letztes Stb wieder in den LuftM-ZR.

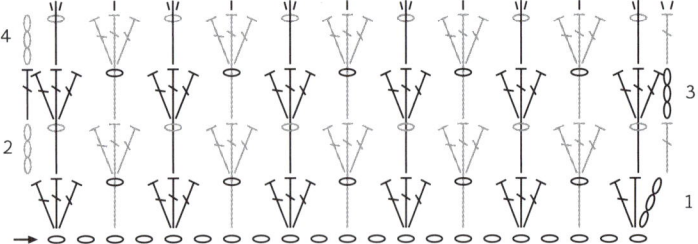

**R 4:** 4 LuftM (zählen als 1 Stb + 1 LuftM), [1 Granny-Zacken in den nächsten LuftM-ZR, 1 LuftM] stets wdh bis zu den letzten 4 M, 1 Stb in die obere Wende-LuftM, wenden.
R 3 und 4 stets wdh, die Farbe in jeder zweiten Reihe wechseln.

# Bäumchenmuster

**SCHWIERIGKEITSGRAD**
Mittel

**LÄNGE DER LUFTMASCHENKETTE**
Vielfaches von 4
(+1 Masche zusätzlich)

**AUSSEHEN**
Wendbar

**R 1:** Mit der HF 1 Stb in die 4. LuftM ab Nadel, 1 Stb in die nächste LuftM, *1 LuftM, 1 LuftM überg, 1 Stb in jede der nächsten 3 LuftM. Ab * stets wdh, wenden.

**R 2:** 3 LuftM (zählen als 1. Stb) 2 Stb, [1 LuftM, 1 LuftM überg, 3 Stb] stets wdh, wenden.

**R 3:** Mit KF1 4 LuftM (zählen als 1 Stb + 1 LuftM), nächste M überg, 1 Stb in die nächste M, 1 Stb-t (siehe unten) in die übergangene M der Anschlagkette, 1 Stb in die nächste M, *1 LuftM, nächste M überg, 1 Stb in die nächste M, 1 Stb-t in die übergangene M der Anschlagkette, 1 Stb in die nächste M. Ab * wdh bis zu den letzten 2 M, 1 LuftM, 1 M überg, 1 Stb.

**R 4:** 4 LuftM (zählen als 1 Stb + 1 LuftM), [LuftM-ZR überg, 3 Stb, 1 LuftM] wdh bis zur letzten M, 1 Stb, wenden.

**R 5:** Mit KF2 3 LuftM (zählen als 1. Stb), 1 Stb-t in die übergangene M 3 Reihen tiefer, 1 Stb in die nächste M, [1 LuftM, LuftM-ZR überg, 1 Stb in die nächste M, 1 Stb-t in den LuftM-ZR 2 Reihen tiefer, 1 Stb in die nächste M] wdh bis Ende.

**R 6:** 3 LuftM (zählen als 1. Stb), 2 Stb, [1 LuftM, LuftM-ZR überg, 3 Stb] stets wdh. R 3–6 stets wdh, alle 2 Reihen die Farbe wechseln, mit R 4 enden.

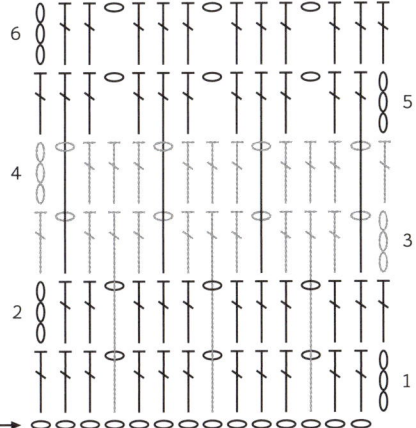

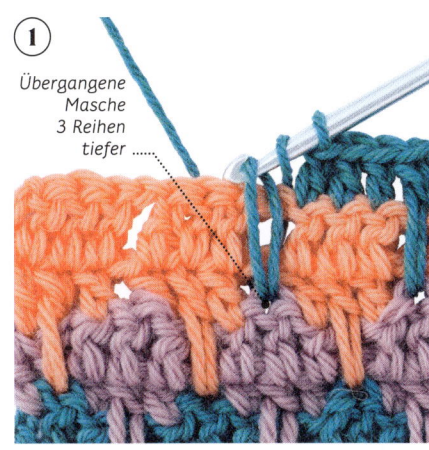

Übergangene Masche 3 Reihen tiefer

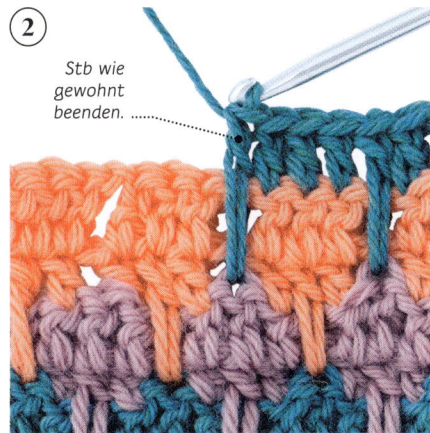

Stb wie gewohnt beenden.

## Tief gestochene Stäbchen (Stb-t)

**1** 1 Umschlag. Über die LuftM-ZR 1 und 2 Reihen tiefer hinweg in die übergangene Masche 3 Reihen tiefer einstechen, Faden durchholen und auf die Höhe der aktuellen Reihe ziehen. 3 Schlaufen liegen auf der Häkelnadel.

**2** Wie ein normales Stäbchen beenden (siehe S. 34), d. h. die Schlaufen paarweise abmaschen.

EINFACHE MEHRFARBIGE MUSTER

# Zacken, Wellen und anspruchsvolle mehrfarbige Muster

Zacken entstehen durch Zu- und Abnahmen innerhalb der Reihen. Man kann solche Muster einfarbig häkeln, aber viel deutlicher kommen sie zur Geltung, wenn man sie in Streifen arbeitet. Wellen wirken etwas weicher, entstehen aber auch durch Zu- und Abnahmen. Weil diese Muster viel Bewegung ausstrahlen, eignen sie sich besonders gut für weiche Decken oder schöne Tücher.

Für die anspruchsvolleren Muster wird innerhalb der Reihe mit zwei oder mehr Farben gearbeitet. Die nicht verwendete Farbe kann, wie bei Gobelin-Häkelei (siehe S. 112–113) unter den Maschen mitgeführt werden. Man kann aber auch in einzelnen Farbblöcken arbeiten, wie bei den Intarsienarbeiten (siehe S. 114–115). Bei der Intarsientechnik wird für jede Farbfläche ein separates Knäuel verwendet, darum empfiehlt sich die Verwendung von Garnwicklern. Solche Muster werden nicht nach einer Häkelschrift gearbeitet, sondern nach einem Zählmuster.

## Zacken aus festen Maschen

**SCHWIERIGKEITSGRAD**
Einfach
**LÄNGE DER LUFTMASCHENKETTE**
Vielfaches von 17
(+3 Maschen zusätzlich)
**AUSSEHEN**
Wendbar

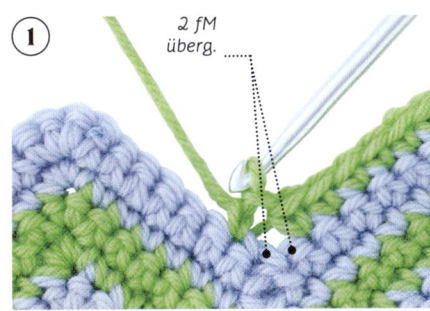

2 fM überg.

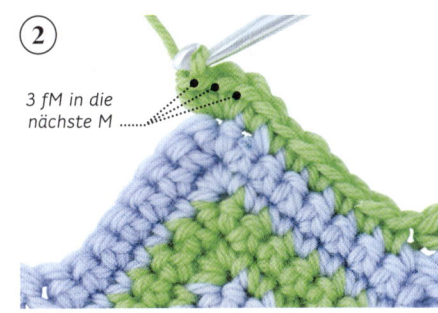

3 fM in die nächste M

**Basisreihe:** Mit der Hauptfarbe (HF) 1 fM in die 2. LuftM ab Nadel und jede folgende LuftM, wenden.

1 **R 1:** 1 Wende-LuftM, 2 fM in die 1. M. *7 fM, nächste 2 fM überg (für das Tal des Zackens), 1 fM in die nächste M (= 2 M abgen).

2 Weitere 6 fM, 3 fM in die nächste Masche (für den Gipfel des Zackens). Ab * stets wdh, in die letzte M nur 2 fM arbeiten, wenden.
R 1 stets wdh, alle 2 Reihen die Farbe wechseln.

## Gerippte Zacken

**SCHWIERIGKEITSGRAD**
Einfach
**LÄNGE DER LUFTMASCHENKETTE**
Vielfaches von 17
(+3 Maschen zusätzlich)
**AUSSEHEN**
Wendbar

**Basisreihe:** Mit der Hauptfarbe (HF) in die 2. und 3. LuftM ab Nadel 2 fM zusammenhäkeln (2 fM zus). *1 fM in jede der nächsten 7 LuftM, 3 fM in die nächste LuftM, 1 fM in jede der nächsten 7 LuftM, 2 LuftM überg. Ab * wdh bis zu den letzten 2 LuftM, 2 fM zus, wenden.

1 **R 1:** 1 Wende-Luftmasche, 2 fM zus in die ersten beiden fM, dabei nur ins hintere Maschenglied einstechen (2 fM zus hMg; *siehe unten*), 7 fM hMg (siehe S. 38), 3 fM hMg in die nächste Masche (für den Gipfel des Zackens).

2 7 fM hMg, 2 fM überg. *1 fM hMg in die nächste Masche. 6 fM hMg, 3 fM hMg in die nächste Masche, 7 fM hMg. Ab * wdh bis zu den letzten 2 M, 2 fM zus hMg in die letzten 2 M: *Ins hintere Maschenglied der nächsten M einstechen und Faden durchholen. Ins hintere Maschenglied der folgenden M einstechen und Faden durchholen. 3 Schlaufen liegen auf der Häkelnadel. Faden erfassen und durch alle 3 Schlaufen ziehen, wenden.*
R 1 stets wdh.

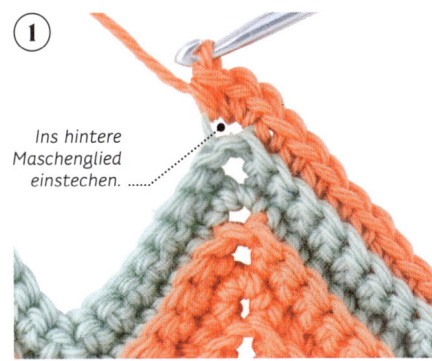

Ins hintere Maschenglied einstechen.

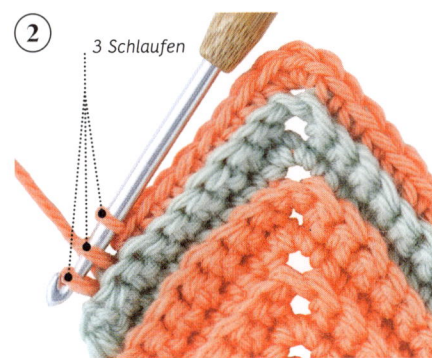

3 Schlaufen

ZACKEN, WELLEN UND ANSPRUCHSVOLLE MEHRFARBIGE MUSTER

# Zacken aus Stäbchen

**SCHWIERIGKEITSGRAD**
Einfach

**LÄNGE DER LUFTMASCHENKETTE**
Vielfaches von 10 (+3 Wende-LuftM). Mindestens 2 Mustersätze (2 x 10 + 3 = 23 Maschen) sind notwendig.

**AUSSEHEN**
Wendbar

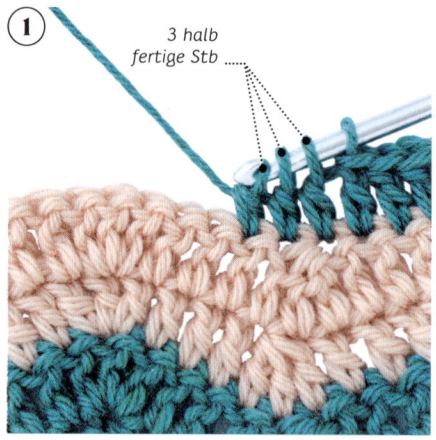

3 halb fertige Stb

Faden durch alle Schlaufen ziehen.

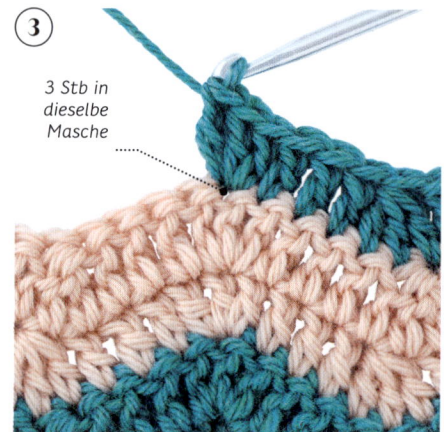

3 Stb in dieselbe Masche

**Basisreihe:** Mit der Hauptfarbe (HF) 1 Stb in die 3. LuftM ab Nadel, 3 Stb, 3 Stb zusammenhäkeln *(siehe unten)*, 3 Stb. *3 Stb in die nächste LuftM, 3 Stb, 3 Stb zus, 3 Stb. Ab * wdh bis zur letzten LuftM, 2 Stb in diese letzte LuftM, wenden.

1  R 1: 3 Wende-LuftM (zählen als 1. Stb), 1 Stb in dieselbe M, 3 Stb, 3 Stb zus: *In jede der nächsten 3 M 1 Stb häkeln, aber nur bis zum vorletzten Arbeitsschritt fertigstellen. 4 Schlaufen liegen auf der Häkelnadel.*

2  *Den Faden erfassen und durch alle 4 Schlaufen ziehen. Damit sind 3 Stb zusammengehäkelt (= 2 M abgen).*

3  3 Stb. *3 Stb in die nächste M (= 2 M zugen, Gipfel des Zackens). 3 Stb, 3 Stb zus, 3 Stb. Ab * bis zur letzten M wdh, 2 Stb in die Wende-LuftM, wenden. R 1 stets wdh, dabei nach Belieben die Farbe wechseln, damit das Muster besser zur Geltung kommt.

# Lange Wellen

**SCHWIERIGKEITSGRAD**
Einfach

**LÄNGE DER LUFTMASCHENKETTE**
Vielfaches von 14
(+2 zusätzliche Maschen)

**AUSSEHEN**
Wendbar

**Basisreihe:** Mit der Hauptfarbe (HF) 1 fM in die 2. LuftM ab Nadel, 1 fM in die nächste LuftM. *1 hStb in jede der nächsten 2 LuftM, 1 Stb in jede der nächsten 2 LuftM, 1 Doppelstäbchen (DStb) in jede der nächsten 3 LuftM, 1 Stb in jede der nächsten 2 LuftM, 1 hStb in jede der nächsten 2 LuftM.** 1 fM in jede der nächsten 3 LuftM. Ab * stets wdh, der letzte Mustersatz endet bei **. 1 fM in jede der letzten 2 LuftM, wenden.

1. **R 1:** Mit KF1 1 LuftM, dann 1 fM in die nächste Masche und in jede M bis Ende, wenden.
   **R 2:** Mit KF2 4 LuftM (zählen als 1 DStb), 1 DStb in die nächste Masche, 2 Stb, 2 hStb, 3 fM.

2. 2 hStb, 2 Stb, *3 DStb, 2 Stb, 2 hStb, 3 fM, 2 hStb, 2 Stb. Ab * stets wdh, dann 1 DStb in jede der letzten beiden M, wenden.
   **R 3:** Mit KF1 1 Wende-LuftM, dann fM bis Ende der Reihe, wenden.
   **R 4:** Mit HF 1 Wende-LuftM, dann 2 fM, *2 hStb, 2 Stb, 3 DStb, 2 Stb, 2 hStb, 3 fM. Ab * stets wdh, der letzte Mustersatz endet mit nur 2 fM, wenden.
   **R 5:** Mit KF1 1 LuftM, dann fM bis zum Ende der Reihe, wenden.
   R 2–5 stets wdh, dabei die Abfolge der Farben einhalten.

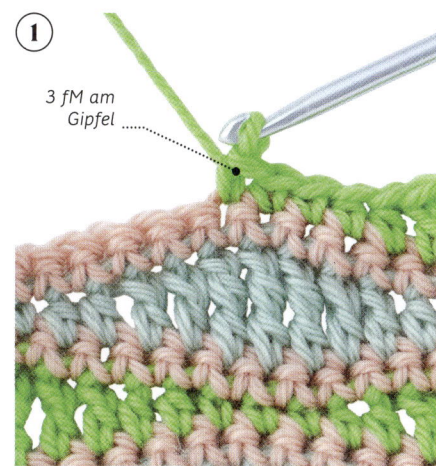

*3 fM am Gipfel*

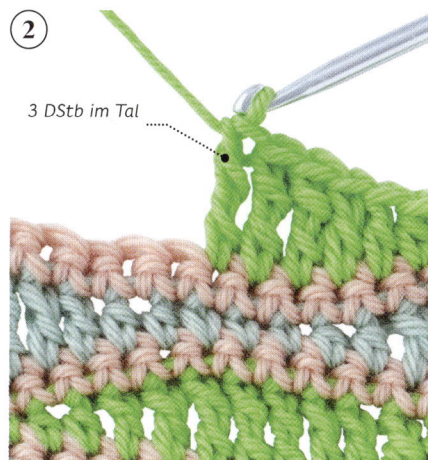

*3 DStb im Tal*

ZACKEN, WELLEN UND ANSPRUCHSVOLLE MEHRFARBIGE MUSTER

# Granny-Zacken

**SCHWIERIGKEITSGRAD**
Einfach

**LÄNGE DER LUFTMASCHENKETTE**
Vielfaches von 18 (+4 Maschen zusätzlich). Mindestens 23 Mustersätze (= 40 M) sind erforderlich.

**AUSSEHEN**
Wendbar

**HINWEIS**
Das Muster wird oft in Runden gestrickt, dann liegen die Fäden der anderen Farben immer am Rundenanfang bereit.
In der Granny-Häkelei werden außerdem häufig jeweils zwei Reihen in der gleichen Farbe gehäkelt. In beiden Fällen gibt es nicht so viele lose Anfangsfäden.

**Basisreihe:** Mit der Hauptfarbe (HF) 3 Stb in 4. LuftM ab Nadel, *[1 LuftM, 2 LuftM überg, 3 Stb in die nächste LuftM] 2×, 5 LuftM überg, 3 Stb in die nächste LuftM, 1 LuftM, 2 LuftM überg, 3 Stb in die nächste LuftM, 1 LuftM, 2 LuftM überg.** [3 Stb, 3 LuftM, 3 Stb] in die nächste LuftM. Ab * stets wdh, der letzte Mustersatz endet bei **, 4 Stb in die letzte LuftM. **Nicht** wenden.

1 **R 1:** Die KF wieder rechts ansetzen, sodass jede Reihe auf der rechten Seite gearbeitet wird. 3 Wende-LuftM (zählen als 1. Stb), 4 Stb in dieselbe M. *[1 LuftM, 3 Stb in den nächsten LuftM-ZR] 2×, die nächsten beiden Stb-Dreiergruppen überg, die nächsten 3 Stb in den folgenden LuftM-ZR arbeiten (= Abnahme für das Tal des Zackens).

2 1 LuftM, 3 Stb in den nächsten LuftM-ZR, 1 LuftM.** [3 Stb, 3 LuftM, 3 Stb] in den nächsten LuftM-ZR (= Zunahme für den Gipfel des Zackens). Ab * stets wdh, der letzte Mustersatz endet bei **. 4 Stb in die letzte M. **Nicht** wenden.
R 1 stets wdh, nach jeder Reihe die Farbe wechseln.

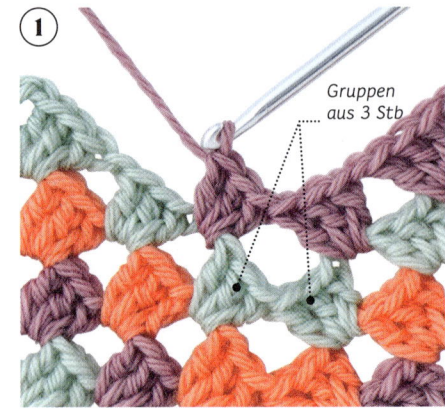

Gruppen aus 3 Stb

2 Gruppen in einem LuftM-ZR

# Zacken mit V-Maschen

**SCHWIERIGKEITSGRAD**
Mittel

**LÄNGE DER LUFTMASCHENKETTE**
Gerade Maschenzahl
(+8 Maschen zusätzlich).
Mindestens 2 Mustersätze
(= 43 M) sind notwendig.

**AUSSEHEN**
Wendbar

① V-Masche, 1 LuftM, V-Masche in denselben ZR

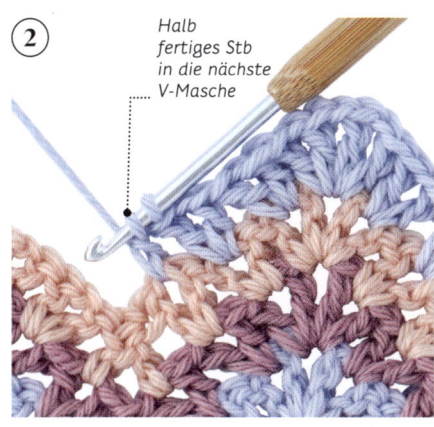

② Halb fertiges Stb in die nächste V-Masche

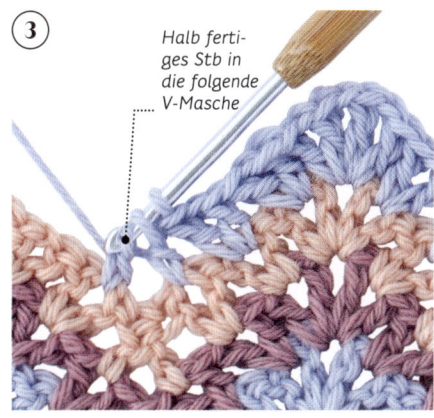

③ Halb fertiges Stb in die folgende V-Masche

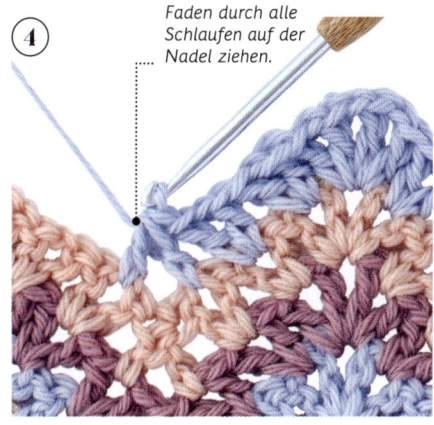

④ Faden durch alle Schlaufen auf der Nadel ziehen.

**Basisreihe:** Mit der Hauptfarbe (HF) 1 Stb in 4. LuftM ab Nadel, *2 LuftM überg, [1 Stb, 1 LuftM, 1 Stb] 2× in die nächste Masche (= 1 VM), 2 LuftM überg, [1 VM, 1 LuftM, 1 VM] in die nächste LuftM, [2 LuftM überg, 1 VM in die nächste Masche] 2×, 2 LuftM überg,** 2 Stb zus *(siehe unten)*, dafür zuerst in die nächste LuftM einstechen, die folgende LuftM überg und in die 3. LuftM einstechen. Ab * stets wdh, der letzte Mustersatz endet bei **, 1 Stb in jede der letzten 2 LuftM, wenden.

1   **R 1:** Mit KF1 3 LuftM, 1 Stb in die nächste VM. *[1 VM in die nächste VM] 2×, [1 VM, 1 LuftM, 1 VM] in den nächsten LuftM-ZR.

2   [1 VM in die nächste VM] 2×, 2 Stb zus: *In die nächste M 1 Stb häkeln, aber nur bis zum vorletzten Schritt beenden. 2 Schlaufen liegen auf der Häkelnadel.*

3   *In die folgende VM 1 Stb häkeln, also die 2 zus-gehäkelten Stb aus der Vorreihe überg. 3 Schlaufen liegen auf der Häkelnadel.*

4   *Den Faden erfassen und durch alle Schlaufen ziehen.* Ab * stets wdh, am Ende des letzten Mustersatzes 2 Stb zus, dafür in die nächste VM und die letzte M der Reihe einstechen.
R 1 stets wdh, nach jeder Reihe die Farbe wechseln.

# Kräuselwellen

① 3 Schlaufen: 2 halb fertige Stb + ursprüngliche Masche

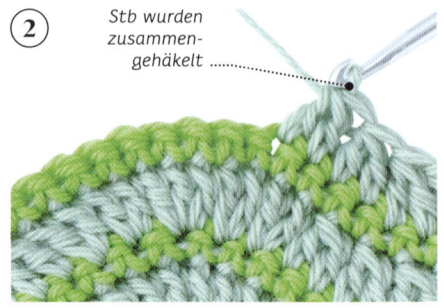

② Stb wurden zusammengehäkelt

**SCHWIERIGKEITSGRAD**
Einfach

**LÄNGE DER LUFTMASCHENKETTE**
Vielfaches von 17 (+6 Maschen zusätzlich). Mindestens 2 Mustersätze (= 40 M) sind erforderlich.

**AUSSEHEN**
Wendbar

**R 1:** Mit der Hauptfarbe (HF) 1 Stb in die 4. LuftM ab Nadel (zählen als 1 Stb + 1 LuftM), 2 Stb zus (*1 Stb in die nächste M, aber nur bis zum vorletzten Schritt beenden. 2 Schlaufen auf der Nadel. 1 U. In die nächste M einstechen, Faden durchholen. 4 Schlaufen auf der Nadel. Faden durch 2 Schlaufen holen, Faden durch alle 3 Schlaufen holen.*) 3×, [2 Stb in die nächste LuftM] 2×, 3 Stb in die nächste LuftM, [2 Stb in die nächste LuftM] 2×, *2 Stb zus 6×, [2 Stb in die nächste LuftM] 2×, 3 Stb in die nächste LuftM, [2 Stb in die nächste LuftM] 2×. Ab * wdh bis zu den letzten 8 LuftM, 2 Stb zus 3×, 2 Stb, wenden.

**R 2:** Mit KF 1 LuftM, fM bis Ende, wenden.
**R 3:** Mit HF 3 LuftM (zählen als 1 Stb), 1 Stb in die nächste M, 2 Stb zus 3×, [2 Stb in die nächste M] 2×, 3 Stb in die nächste M, [2 Stb in die nächste M] 2×, 2 Stb zus 6×, [2 Stb in die nächste M] 2×, 3 Stb in die nächste M, [2 Stb in die nächste M] 2×. Ab * wdh bis zu den letzten 8 M, 2 Stb zus 3×, 2 Stb, wenden.
R 1 und 2 stets wdh, nach jeder Reihe die Farbe wechseln.

# Federn und Fächer

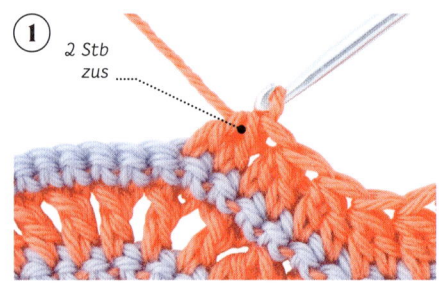

① 2 Stb zus

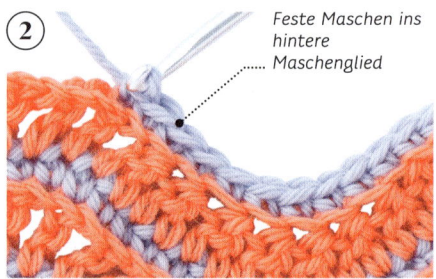

② Feste Maschen ins hintere Maschenglied

**SCHWIERIGKEITSGRAD**
Mittel

**LÄNGE DER LUFTMASCHENKETTE**
Vielfaches von 23 (+6 Maschen zusätzlich). Mindestens 2 Mustersätze (23 x 2 + 6 = 52 M) sind erforderlich.

**AUSSEHEN**
Wendbar, das Muster erscheint aber auf der rechten Seite deutlicher.

**1 R 1:** Mit der Hauptfarbe (HF) 1 Stb in 4. LuftM ab Nadel (die ersten 3 LuftM zählen als 1 Stb), 2 Stb zus *(siehe oben)* 4×, 1 LuftM, [1 Stb, 1 LuftM] in jede der nächsten 7 LuftM, *2 Stb zus 8×, 1 LuftM, [1 Stb, 1 LuftM] in jede der nächsten 7 LuftM. Ab * wdh bis zu den letzten 10 LuftM, 2 Stb zus 4×, 2 Stb, wenden.

**2 R 2 (RS):** Mit KF 1 Wende-LuftM, fM ins hintere Maschenglied bis Ende, wenden.
**R 3:** 3 LuftM (zählen als 1 Stb), 1 Stb in die nächste Masche. *2 Stb zus 4×, 1 LuftM, [1 Stb, 1 LuftM] in jede der nächsten 7 M. *2 Stb zus 8×, 1 LuftM, [1 Stb, 1 LuftM] in jede der nächsten 7 M. Ab * wdh bis zu den letzten 10 M, 2 Stb zus 4×, 2 Stb, wenden.
R 2 und 3 stets wdh.

# Gerippte Wellen

**SCHWIERIGKEITSGRAD**
Mittel

**LÄNGE DER LUFTMASCHENKETTE**
Vielfaches von 12 (+ 3 Wende-LuftM). Mindestens 2 Mustersätze (12 x 2 + 3 = 27 M) sind notwendig.

**AUSSEHEN**
Wendbar

**Basisreihe:** Mit der Hauptfarbe (HF) 1 Stb in 4. LuftM ab Nadel (die ersten 3 LuftM zählen als 1 Stb), 3 Stb, 2 Stb zus 2×, *3 Stb, 2 Stb in jede der nächsten 2 LuftM, 3 Stb, 2 Stb zus 2×. Ab * wdh bis zu den letzten 4 LuftM, 3 Stb, 2 Stb in die letzte LuftM, wenden.

1  **R 1:** 3 Wende-LuftM (zählen als 1 Stb). 1 Stb in dieselbe M. Ab jetzt nur ins hintere Maschenglied einstechen. 3 Stb hMg, 2 Stb zus hMg (*1 Stb ins hintere Maschenglied der nächsten 2 M, jeweils nur bis zum vorletzten Schritt beenden. 3 Schlaufen liegen auf der Häkelnadel. Faden erfassen und durch alle 3 Schlaufen ziehen.*) 2×.

2  *3 Stb hMg, dann [2 Stb hMg in die nächste M] 2×, 3 Stb hMg, 2 Stb zus hMg 2×. Ab * wdh bis zu den letzten 4 M, 3 Stb hMg, 2 Stb in die letzte M, wenden. R 1 stets wdh, alle 2 Reihen die Farbe wechseln.

① 2 halb fertige Stäbchen ins hintere Maschenglied

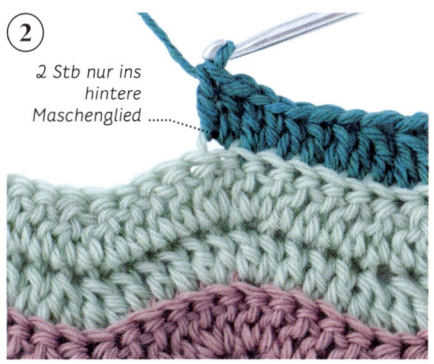

② 2 Stb nur ins hintere Maschenglied

# Gerippte lange Wellen

**SCHWIERIGKEITSGRAD**
Einfach

**LÄNGE DER LUFTMASCHENKETTE**
Vielfaches von 10 (+6 Maschen zusätzlich)

**AUSSEHEN**
Wendbar – aber die beiden Seiten sehen sehr unterschiedlich aus.

**R 1:** Mit der Hauptfarbe (HF) 1 KettM in die 2. LuftM ab Nadel und in jede der folgenden 4 LuftM, *1 hStb in jede der nächsten 5 LuftM, 1 KettM in jede der nächsten 5 LuftM. Ab * stets wdh, wenden.
**R 2:** 1 Wende-LuftM, 5 KettM hMg, [5 hStb hMg, 5 KettM hMg] stets wdh, wenden.
**R 3:** Mit KF1 1 Wende-LuftM, 5 hStb hMg, [5 KettM hMg, 5 hStb hMg] stets wdh, wenden.
**R 4:** 1 Wende-LuftM, 5 hStb hMg, [5 KettM hMg, 5 hStb hMg] stets wdh, wenden.
**R 5:** Mit KF2 1 Wende-LuftM, 5 KettM hMg, [5 hStb hMg, 5 KettM hMg] stets wdh, wenden.
**R 6:** 1 Wende-LuftM, 5 KettM hMg, [5 hStb hMg, 5 KettM hMg] stets wdh, wenden.
R 3–6 stets wdh, nach jeder zweiten Reihe die Farbe wechseln.

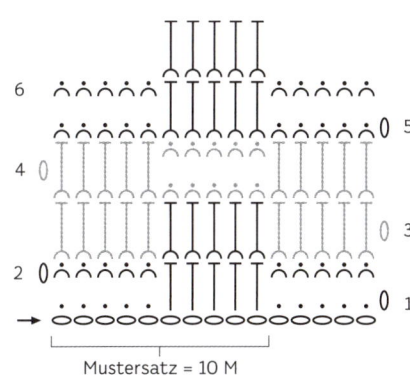

Mustersatz = 10 M

# Durchbrochene Zacken

**SCHWIERIGKEITSGRAD**
Mittel

**LÄNGE DER LUFTMASCHENKETTE**
Vielfaches von 18 (+4 Maschen zusätzlich). Mindestens 2 Mustersätze (2 × 18 + 4 = 40 M) sind erforderlich.

**AUSSEHEN**
Wendbar

**Basisreihe:** Mit der Hauptfarbe (HF) 1 Stb in die 3. LuftM ab Nadel und in jede folgende LuftM, wenden.

**1** **R 1:** 4 LuftM (zählen als 1 Stb + 1 LuftM), 1 Stb in dieselbe M, *[1 LuftM, 1 M überg, 1 Stb in die nächste Masche] 3×. 1 LuftM, 1 M überg, 2 Stb zus, dafür in die nächste M einstechen, die folgende M überg und wieder in die 3. M einstechen *(siehe unten)*, [1 LuftM, 1 M überg, 1 Stb in die nächste Masche] 3×. 1 LuftM, 1 M überg, [1 Stb, 3 LuftM, 1 Stb] in die nächste Masche. Ab * stets wdh. Der letzte Mustersatz endet mit [1 Stb, 1 LuftM, 1 Stb] in die letzte M. Wenden. **R 2:** 3 LuftM (zählen als 1 Stb), 1 Stb in dieselbe Masche, 7 Stb, *2 Stb zus, dafür in die nächste M einstechen, [1 LuftM-ZR, 2 Stb zus und 1 LuftM-ZR] überg und in die folgende M einstechen: *In die nächste Masche einstechen und 1 Stb bis zum vorletzten Schritt arbeiten. 2 Schlaufen liegen auf der Häkelnadel.*

**2** *[1 LuftM-ZR, 2 Stb zus und 1 LuftM-ZR] überg, dann 1 Stb in die folgende M bis zum vorletzten Schritt arbeiten. 3 Schlaufen liegen auf der Nadel.*

**3** *Den Faden erfassen und durch alle 3 Schlaufen ziehen, um die beiden Stb zusammenzuhäkeln.* 6 Stb,** (2 Stb, 3 LuftM, 2 Stb) in den LuftM-ZR, 6 Stb. Ab * stets wdh. Der letzte Mustersatz endet bei **, 1 Stb in den nächsten LuftM-ZR, 2 Stb in die letzte M, wenden. **R 3:** Mit KF 4 LuftM (zählen als 1 Stb + 1 LuftM), 1 Stb in dieselbe M, *[1 LuftM, 1 M überg, 1 Stb in die nächste M] 3×, 1 LuftM. 1 M überg, 2 Stb zus, dafür in die nächste M einstechen, die folgende M überg und in die 3. M einstechen, [1 LuftM, 1 M überg, 1 Stb in die nächste M] 3×, 1 LuftM, 1 M überg [1 Stb, 3 LuftM, 1 Stb] in den nächsten LuftM-ZR. Ab * stets wdh. Der letzte Mustersatz endet mit [1 Stb, 1 LuftM, 1 Stb] in die letzte M, wenden. R 2 und 3 stets wdh, dabei im Wechsel 3 Reihen mit HF und 1 Reihe mit KF häkeln.

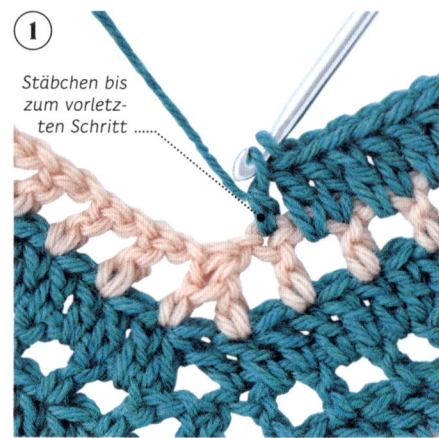

① *Stäbchen bis zum vorletzten Schritt ......*

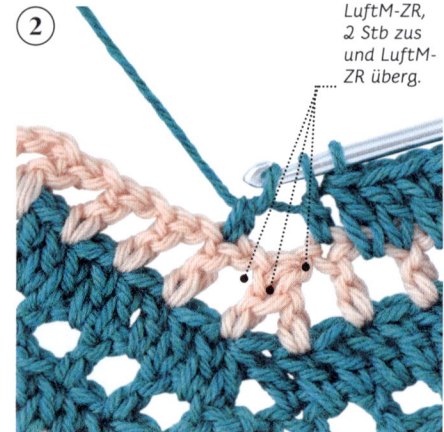

② *LuftM-ZR, 2 Stb zus und LuftM-ZR überg.*

③ *Faden durch alle 3 Schlaufen ziehen.*

# Gefiederte Wellen

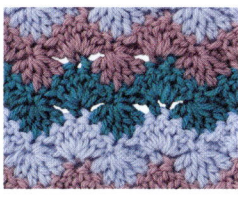

**SCHWIERIGKEITSGRAD**
Mittel

**LÄNGE DER LUFTMASCHENKETTE**
Vielfaches von 8
(+12 Maschen zusätzlich)

**AUSSEHEN**
Wendbar

**R 1:** Mit der Hauptfarbe (HF) 2 Stb in die 4. LuftM ab Nadel (die ersten 3 LuftM zählen als 1 Stb), 3 LuftM überg, 1 fM in die nächste LuftM, *3 LuftM überg, 5 Stb in die nächste LuftM, 3 LuftM überg, 1 fM. Ab * wdh bis zu den letzten 4 LuftM, 3 LuftM überg, 3 Stb in die letzte LuftM, wenden.
**R 2:** Mit KF1 1 LuftM, 1 fM in die 1. M, *3 LuftM, 5 Stb zus (siehe unten), 3 LuftM, 1 fM. Ab * stets wdh, wenden.
**R 3:** 3 LuftM (zählen als 1 Stb), 2 Stb in die 1. M, nächsten LuftM-ZR überg, 1 fM (in die zus-gehäkelten 5 Stb), *nächsten LuftM-ZR überg, 5 Stb in die nächste M (fM aus der Vorreihe), nächsten LuftM-ZR überg, 1 fM. Ab * wdh bis zum letzten LuftM-ZR, LuftM-ZR überg, 3 Stb in die letzte M, wenden.
R 2 und 3 stets wdh. In der nächsten Reihe mit KF2 häkeln, dann alle 2 Reihen die Farbe wechseln.

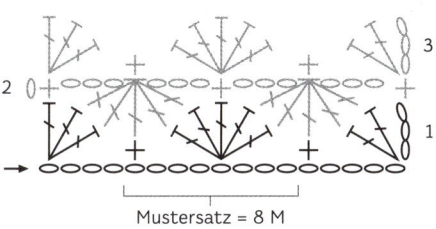

Mustersatz = 8 M

## 5 Stäbchen zusammenhäkeln (5 Stb zus)

**1** *1 Umschlag (U), in die nächste M einstechen und den Faden durchholen. Faden erfassen und durch 2 Schlaufen auf der Nadel ziehen. Ab * 5× wdh. 6 Schlaufen liegen auf der Häkelnadel.

**2** Den Faden erfassen und durch alle Schlaufen ziehen.

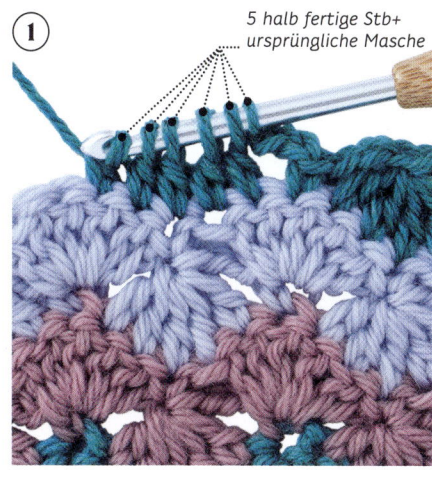

① 5 halb fertige Stb + ursprüngliche Masche

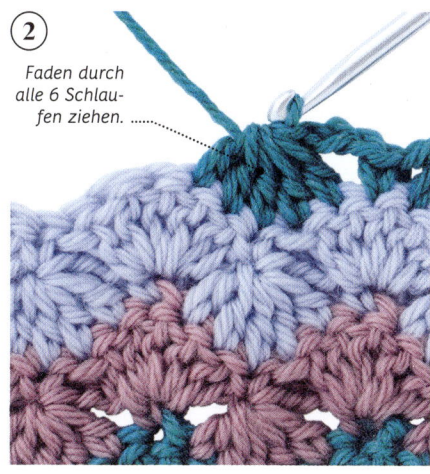

② Faden durch alle 6 Schlaufen ziehen.

# Gobelin-Dreiecke

**SCHWIERIGKEITSGRAD**
Anspruchsvoll

**LÄNGE DER LUFTMASCHENKETTE**
Vielfaches von 5
(+1 Wende-LuftM)

**AUSSEHEN**
Wendbar

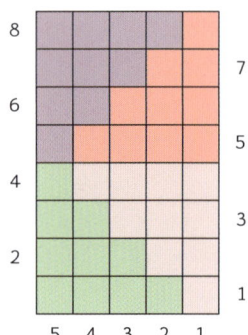

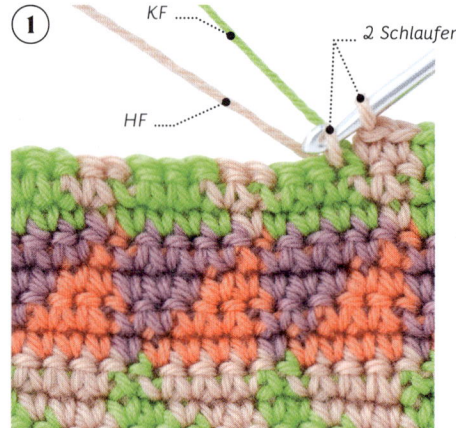

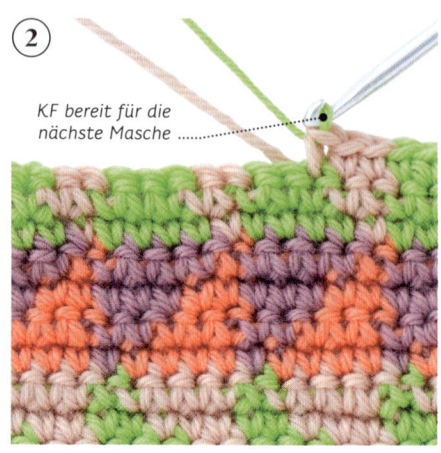

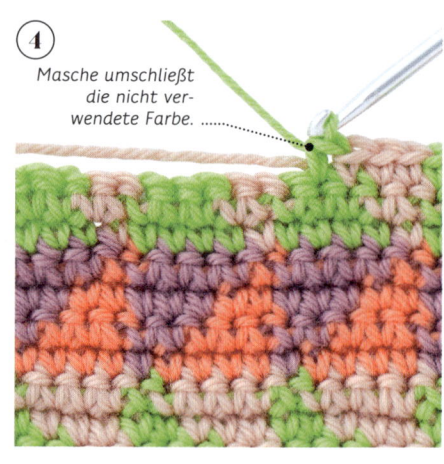

**Basisreihe:** Mit der Hauptfarbe (HF) 1 fM in die 2. LuftM ab Nadel und in jede folgende LuftM der R, wenden.

1. **R 1:** 1 Wende-LuftM, dann nach Zählmuster arbeiten. Beim Farbwechsel die letzte fM in HF nur bis zum vorletzten Schritt arbeiten. 2 Schlaufen liegen auf der Häkelnadel.

2. Jetzt die Kontrastfarbe (KF) erfassen und diese durch die 2 Schlaufen auf der Nadel ziehen.

3. Die im Zählmuster angegebene Maschenzahl mit KF häkeln. Dabei läuft die HF mit und kann später wieder aufgenommen werden: Die HF auf die Maschen der Vorreihe legen und in die nächste M einstechen – unter dem Faden in HF. Den Faden in KF erfassen.

4. Eine Schlaufe durchholen und die fM wie gewohnt beenden. Die HF liegt nun in der Masche und wird von dieser komplett verdeckt. Nach Zählmuster fortfahren und die jeweils nicht verwendete Farbe in dieser Weise versteckt mitführen. Farbwechsel wie zuvor beschrieben arbeiten.
**R 2–4:** Nach Zählmuster häkeln.
**R 5–8:** Neue Farben ansetzen und nach Zählmuster arbeiten.
**Hinweis:** Beim Farbwechsel wird die neue Farbe bereits zum Abmaschen der letzten Masche in der alten Farbe verwendet.

# Gobelin-Kreuze

**SCHWIERIGKEITSGRAD**
Anspruchsvoll

**LÄNGE DER LUFTMASCHENKETTE**
Vielfaches von 16
(+1 Wende-LuftM)

**AUSSEHEN**
Wendbar

**Basisreihe:** Mit HF 1 fM in die 2. LuftM ab Nadel und in jede folgende LuftM, wenden.
**R 1:** 1 Wende-LuftM, fM bis Ende der Reihe. KF beim Abmaschen der 4. M ansetzen und die Farben gemäß R 1 des Zählmusters wechseln. Den Mustersatz (Maschen 2–12) so oft wiederholen wie gewünscht.
**R 2–12:** Nach Zählmuster arbeiten, dabei die Farben wie angegeben wechseln. R 2–12 stets wdh.

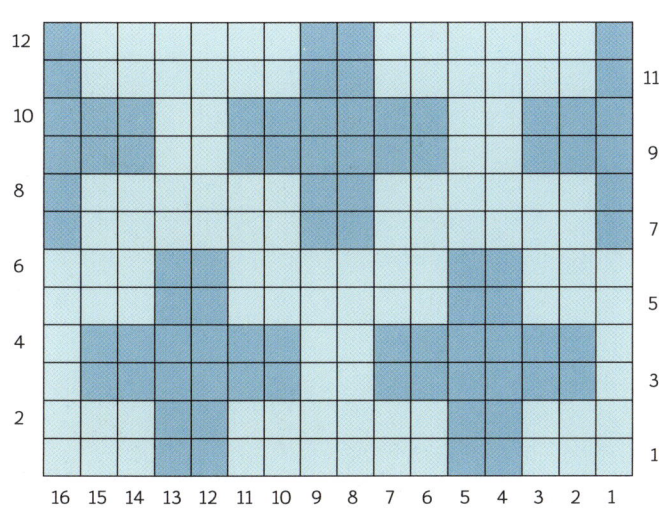

ZACKEN, WELLEN UND ANSPRUCHSVOLLE MEHRFARBIGE MUSTER

MEHRFARBIGE MUSTER

# Intarsien-Schachbrett

**SCHWIERIGKEITSGRAD**
Anspruchsvoll

**LÄNGE DER LUFTMASCHENKETTE**
Vielfaches von 10
(+1 Wende-LuftM)

**AUSSEHEN**
Einseitig

① *Mit der neuen Farbe abmaschen.*

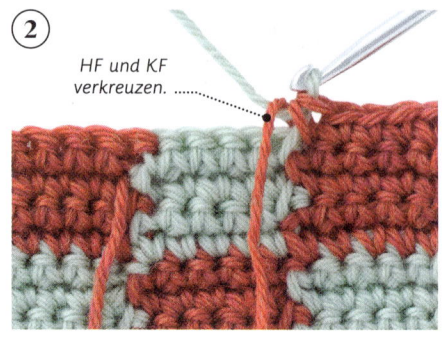

② *HF und KF verkreuzen.*

③ *Fäden hängen auf der linken Seite.*

**Basisreihe (LS):** Mit der Hauptfarbe (HF) 1 fM in die 2. LuftM ab Nadel und in jede folgende LuftM, wenden.

1 Nach Zählmuster arbeiten, dabei die letzte fM in der HF nur bis zum vorletzten Schritt häkeln. 2 Schlaufen liegen auf der Nadel. Die KF erfassen und durch die Schlaufen ziehen.

2 Die HF mit der KF verkreuzen und auf die linke Seite (LS) der Arbeit legen, um sie in der nächsten Reihe wieder aufzunehmen.

3 Immer darauf achten, dass die Fäden auf der Rückseite der Arbeit liegen. Nach Zählmuster fortfahren, Hinweis zum Farbwechsel beachten. Die 10 Reihen des Zählmusters stets wdh.
**Hinweis:** Beim Farbwechsel wird immer die letzte Masche in der alten Farbe bereits mit der neuen Farbe abgemascht.

4 Für jeden Farbbereich wird ein neues Knäuel benötigt; sie hängen immer auf der linken Seite (LS).

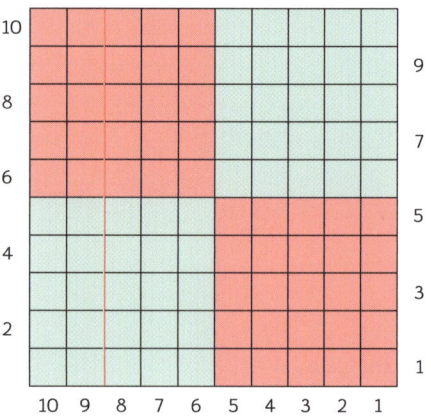

# Intarsien-Kreis

**SCHWIERIGKEITSGRAD**
Anspruchsvoll

**LÄNGE DER LUFTMASCHENKETTE**
Vielfaches von 22 (+1 Wende-LuftM)

**AUSSEHEN**
Einseitig

**R 1 (LS):** Mit HF 1 fM in die 2. LuftM ab Nadel und in jede folgende LuftM, wenden.
**R 2 (RS):** 1 LuftM, fM bis Ende der Reihe, dabei gemäß R 1 des Zählmusters bei jedem Farbwechsel ein neues Knäuel ansetzen.
**R 3–24:** Nach Zählmuster fortfahren.
R 2–24 stets wdh.

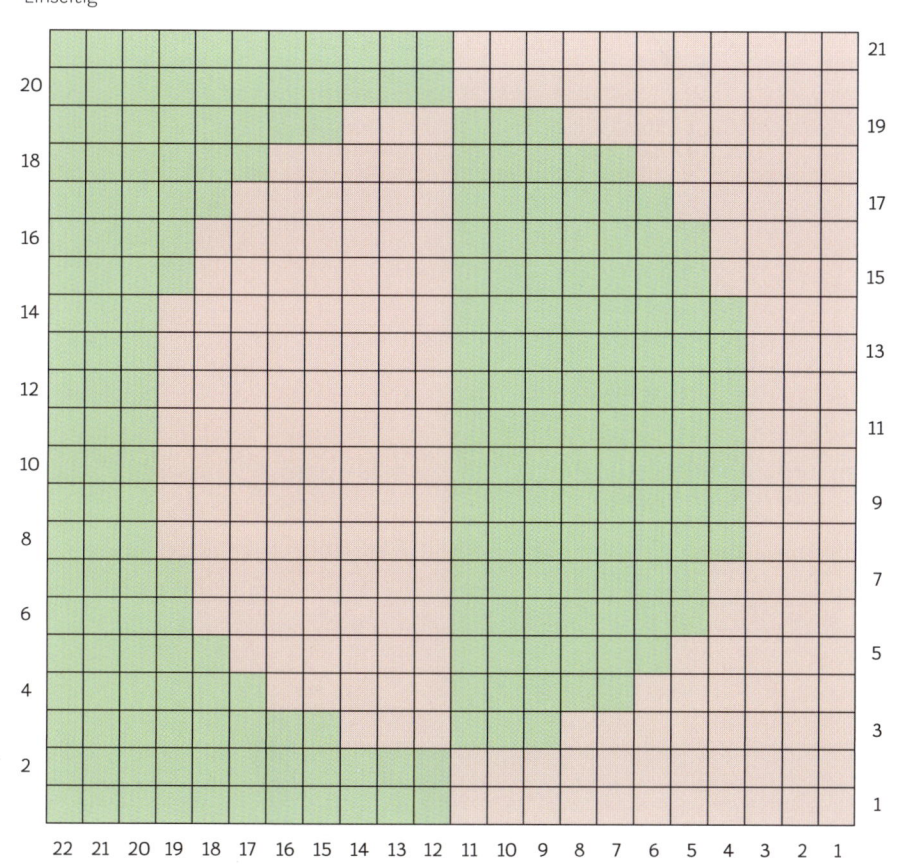

# Lochmuster und Spitze

# Lochmuster und Spitze

Lochmuster und Spitzen werden traditionell mit sehr feinem Baumwollgarn in einer neutralen Farbe gehäkelt. Natürlich kann man auch Garne in anderen Farben, Texturen und Stärken verwenden, um abwechslungsreiche und moderne Werkstücke zu gestalten. Viele dieser Muster sind recht einfach zu häkeln, denn sie bestehen größtenteils aus Luftmaschen, die mit einfachen Grundmaschen abwechseln.

Früher häkelte man Deckchen und Kanten an Haushaltstextilien aus Spitze, aber auch zarte Einfassungen oder Kragen für Blusen oder Pullover. Heute werden diese Muster zum Teil für ganz andere Zwecke verwendet, von durchbrochenen Kleidungsstücken bis zu Einkaufsnetzen. Weil diese Häkelarbeiten schön leicht sind und weich fallen, eignen sie sich gut für Schals und Stolen oder für Babykleidung und -accessoires.

# Luftmaschenbögen

**SCHWIERIGKEITSGRAD**
Einfach

**LÄNGE DER LUFTMASCHENKETTE**
Vielfaches von 4
(+2 Wende-LuftM)

**AUSSEHEN**
Wendbar

**ABKÜRZUNG**
LB

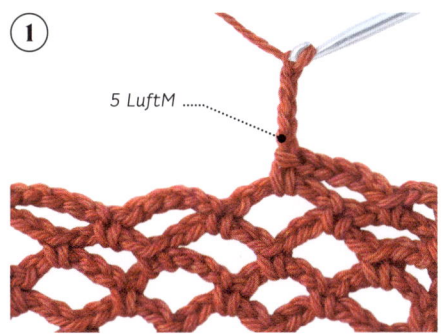

5 LuftM

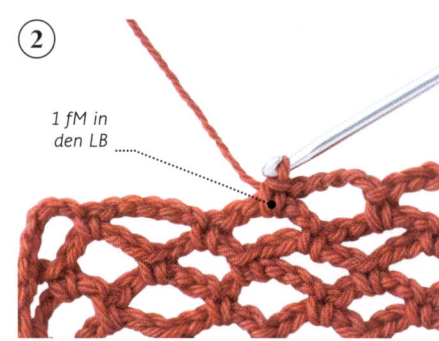

1 fM in den LB

**Basisreihe:** 1 fM in die 2. LuftM ab Nadel. *5 LuftM, 3 LuftM überg, 1 fM. Ab * stets wdh, wenden.

1. **R 1:** 5 LuftM (zählen als 1 Stb + 2 LuftM). *1 fM in den nächsten LB, 5 LuftM. Ab * wdh bis zum letzten LB. 1 fM in den letzten LB, 2 LuftM, dann 1 Stb in die letzte fM, wenden.
   **R 2:** 1 LuftM, 1 fM in die 1. M. *5 LuftM.

2. In den nächsten LB einstechen, 1 fM in den Bogen. Ab * wdh bis zu den Wende-LuftM. 1 fM in die 3. Wende-LuftM, wenden.
   R 2 und 3 stets wdh.

# Einfaches Gittermuster

**SCHWIERIGKEITSGRAD**
Einfach

**LÄNGE DER LUFTMASCHENKETTE**
Vielfaches von 4
(+2 Wende-LuftM)

**AUSSEHEN**
Wendbar

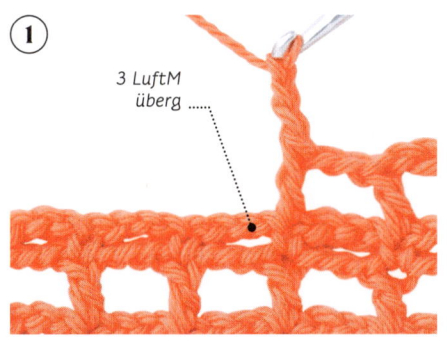

3 LuftM überg

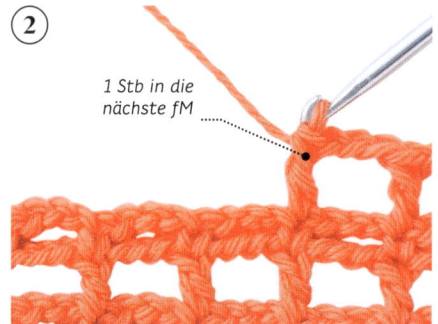

1 Stb in die nächste fM

1. **R 1:** 1 fM in die 2. LuftM ab Nadel, *3 LuftM, 3 LuftM überg, 1 fM. Ab * stets wdh, wenden.
   **R 2:** 6 LuftM, 3 LuftM überg, 1 Stb in die nächste fM. *3 LuftM, 3 LuftM überg.

2. 1 Stb in die nächste fM. Ab * stets wdh, wenden. **R 3:** 1 LuftM, 1 fM in die 1. M. *3 LuftM, 3 LuftM überg, 1 fM in das nächste Stb. Ab * stets wdh, dabei die letzte fM in die 3. Wende-LuftM arbeiten, wenden. R 2 und 3 stets wdh.

# Lochmuster mit Picots

**SCHWIERIGKEITSGRAD**
Einfach

**LÄNGE DER LUFTMASCHENKETTE**
Vielfaches von 4
(+2 Maschen zusätzlich)

**AUSSEHEN**
Wendbar

**R 1:** 1 fM in die 2. LuftM ab Nadel. *5 LuftM, nächste 3 LuftM über, 1 fM. Ab * stets wdh, wenden.
**R 2:** 5 LuftM (zählen als 1 Stb + 2 LuftM), *1 Picot (siehe unten) in die (mittlere) 3. LuftM des nächsten LuftM-Bogens, 5 LuftM. Ab * wdh bis zum letzten LuftM-Bogen, 1 Picot in den letzten LuftM-Bogen, 2 LuftM, 1 Stb in die letzte M, wenden.
**R 3:** 1 Wende-LuftM, 1 fM in die 1. M, *5 LuftM, Picot überg, Picot in die 3. LuftM des nächsten LuftM-Bogens. Ab * wdh bis zu den Wende-LuftM, 5 LuftM, 1 fM in die 3. Wende-LuftM, wenden.
R 2 und 3 stets wdh.

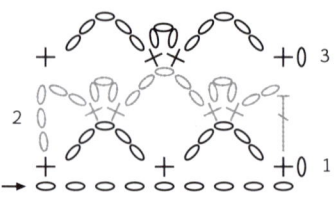

### Spezialmasche: Picot

1 fM in die (mittlere) 3. LuftM des nächsten LuftM-Bogens. 3 LuftM, dann 1 fM in dieselbe M wie die 1. fM.

Picot in der 3. LuftM des Bogens

# Gittermuster mit Picots

**SCHWIERIGKEITSGRAD**
Einfach

**LÄNGE DER LUFTMASCHENKETTE**
Vielfaches von 3
(+2 Wende-LuftM)

**AUSSEHEN**
Wendbar

**R 1:** 1 fM in die 2. LuftM ab Nadel, 1 fM in die nächste LuftM, *Picot (siehe unten), 3 fM. Ab * wdh bis zu den letzten 2 LuftM, Picot, fM in die letzten 2 LuftM, wenden.
**R 2:** 5 LuftM (zählen als 1 Stb + 2 LuftM), [1 fM, Picot, 1 fM] überg, 1 Stb, *2 LuftM, [1 fM, Picot, 1 fM] überg, 1 Stb. Ab * wdh bis Ende, wenden.
**R 3:** 1 LuftM, 1 fM in die 1. M, *[1 fM, Picot, 1 fM] in den nächsten LuftM-ZR, 1 fM in das nächste Stb. Ab * wdh bis zu den Wende-LuftM, 1 fM in die 3. Wende-LuftM, wenden.
R 2 und 3 stets wdh.

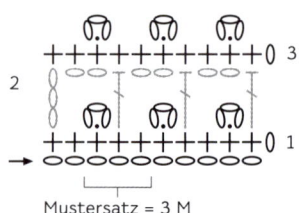

Mustersatz = 3 M

### Spezialmasche: kleiner Picot

3 LuftM, dann 1 KettM in die 1. dieser 3 LuftM

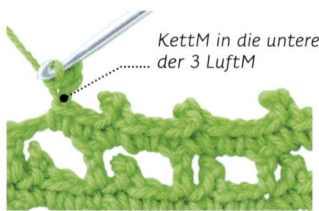

KettM in die untere der 3 LuftM

# Muschel-Lochmuster

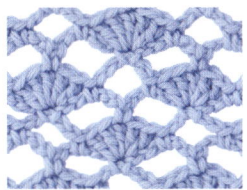

**SCHWIERIGKEITSGRAD**
Einfach

**LÄNGE DER LUFTMASCHENKETTE**
Vielfaches von 12
(+16 Maschen zusätzlich)

**AUSSEHEN**
Wendbar

**Basisreihe:** 2 Stb in die 4. LuftM ab Nadel. *2 LuftM überg, 1 fM, 5 LuftM, 5 LuftM überg, 1 fM, 2 LuftM überg, 5 Stb in die nächste LuftM (Muschel fertig). Ab * stets wdh. Der letzte Mustersatz endet mit nur 3 Stb in der letzten LuftM, wenden.

1   R 1: 1 LuftM, 1 fM in die 1. M. *5 LuftM, 1 fM in den nächsten LuftM-Bogen. 5 LuftM, 1 fM in das (mittlere) 3. Stb der nächsten Muschel. Ab * stets wdh, wenden.
R 2: 5 LuftM (zählen als 1 Stb + 2 LuftM), 1 fM in den nächsten LuftM-Bogen.

2   Muschel in die nächste fM, 1 fM in den nächsten LuftM-Bogen. *5 LuftM, 1 fM den nächsten LuftM-Bogen, Muschel in die nächste fM, 1 fM in den nächsten LuftM-Boden. Ab * wdh bis zum letzten LuftM-Bogen. 2 LuftM, dann 1 Stb in die letzte M, wenden. **R 3:** 1 LuftM, 1 fM in die 1. M, *5 LuftM, 1 fM in das 3. Stb der nächsten Muschel, 5 LuftM, 1 fM in den nächsten LuftM-Bogen. Ab * stets wdh, enden mit 1 fM in die 3. Wende-LuftM, wenden.
**R 4:** 3 LuftM (zählen als 1 Stb), 2 Stb in die 1. M. *1 fM in den nächsten LuftM-Bogen, 5 LuftM, 1 fM in den nächsten LuftM-Bogen, Muschel in die nächste fM. Ab * stets wdh, der letzte Mustersatz endet mit nur 3 Stb in die letzte M, wenden.
R 1–4 stets wdh.

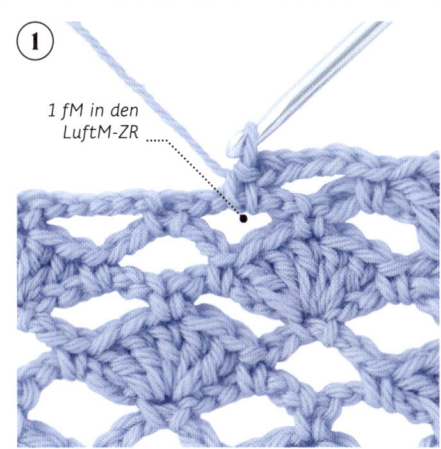

*1 fM in den LuftM-ZR*

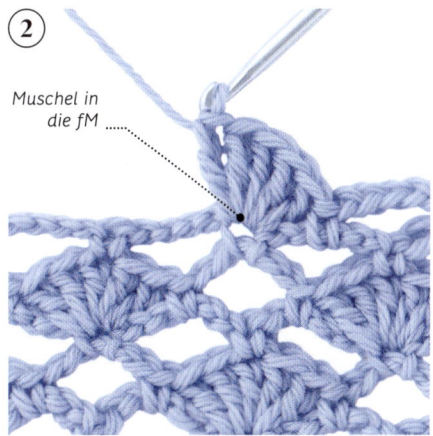

*Muschel in die fM*

# Fächer-Lochmuster

**SCHWIERIGKEITSGRAD**
Einfach

**LÄNGE DER LUFTMASCHENKETTE**
Vielfaches von 12
(+14 Maschen zusätzlich)

**AUSSEHEN**
Wendbar

**R 1:** 1 fM in die 2. LuftM ab Nadel, [5 LuftM, 3 LuftM überg, 1 fM] wdh bis Ende, wenden.
**R 2:** 5 LuftM, 1 fM in den LuftM-Bogen (LB), 7 Stb in den nächsten LB, 1 fM in den nächsten LB, [5 LuftM, 1 fM in den nächsten LB, 7 Stb in den nächsten LB, 1 fM in den nächsten LB] stets wdh. Enden mit 2 Luft-M, 1 DStb in die letzte M, wenden.

**R 3:** 1 LuftM, 1 fM in die 1. M, *5 LuftM, 1 fM ins 2. Stb, 5 LuftM, 1 fM in 6. Stb derselben Gruppe,** 5 LuftM, 1 fM in den nächsten LB. Ab * stets wdh. Der letzte MS endet bei **, 5 LuftM, 1 fM in die 3. Wende-LuftM, wenden.
R 2 und 3 stets wdh.

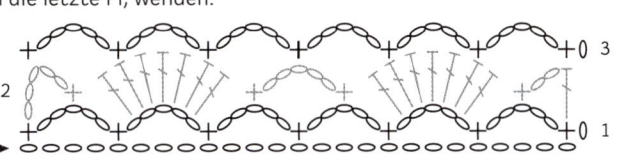

Mustersatz = 12 M

# Picot-Leitern

**SCHWIERIGKEITSGRAD**
Einfach

**LÄNGE DER LUFTMASCHENKETTE**
Vielfaches von 6
(+13 Maschen zusätzlich)

**AUSSEHEN**
Wendbar

**R 1:** 1 Picot (*siehe unten*) in die 13. LuftM ab Nadel, *5 LuftM, 5 LuftM überg, Picot in die nächste LuftM. Ab * wdh bis zu den letzten 6 LuftM, 5 LuftM, 5 LuftM überg, 1 hStb in die letzte LuftM, wenden.
**R 2:** 7 LuftM, *5 LuftM überg, Picot in den LuftM-Bogen des nächsten Picots, 5 LuftM. Ab * stets wdh. Enden mit 5 LuftM überg, 1 hStb, wenden.
**R 3:** 7 LuftM, *5 LuftM überg, Picot in den LuftM-Bogen des nächsten Picots, 5 LuftM. Ab * wdh, enden mit 1 hStb in die 2. Wende-LuftM, wenden.
R 3 stets wdh.

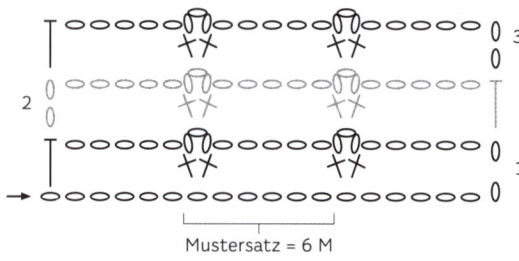

### Spezialmasche: Picot

1  1 fM in die angegebene LuftM oder den angegebenen LuftM-Bogen

2  3 LuftM

3  1 fM in denselben Einstich der 1. fM

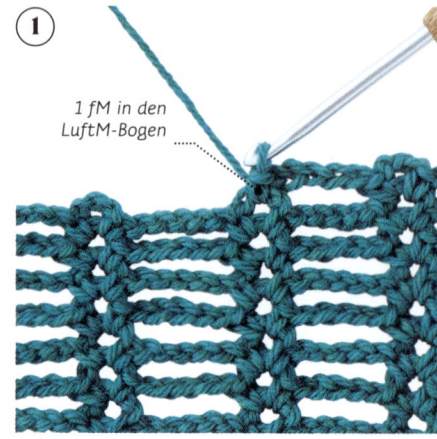

1 fM in den LuftM-Bogen

3 LuftM

1 fM in denselben Einstich

## Doppeltes Gitter

**SCHWIERIGKEITSGRAD**
Einfach

**LÄNGE DER LUFTMASCHENKETTE**
Vielfaches von 4
(+3 Maschen zusätzlich)

**AUSSEHEN**
Wendbar

**R 1:** 1 fM in die 2. LuftM ab Nadel, 1 fM, *2 LuftM, 2 LuftM überg, 2 fM. Ab * stets wdh, wenden.
**R 2:** 3 LuftM, 1 Stb in die nächste fM, [2 LuftM, 2 Stb in die 2 fM] bis Ende der Reihe, wenden.
**R 3:** 1 LuftM, 2 fM, [2 LuftM, 2 fM in die 2 Stb] stets wdh, wenden. R 2 und 3 stets wdh.

Mustersatz = 4 M

## Leitermuster

**SCHWIERIGKEITSGRAD**
Einfach

**LÄNGE DER LUFTMASCHENKETTE**
Vielfaches von 5

**AUSSEHEN**
Wendbar

**R 1:** 1 Stb in 4. LuftM ab Nadel (überg LuftM zählen als 1 Stb), 2 Stb, *2 LuftM, 2 LuftM überg, 3 Stb. Ab * stets wdh, wenden.
**R 2:** 3 LuftM (zählen als 1 Stb), 2 Stb, [2 LuftM, 3 Stb] stets wdh, wenden.
R 2 stets wdh.

Mustersatz = 5 M

## Fächer und Sterne

**SCHWIERIGKEITSGRAD**
Einfach

**LÄNGE DER LUFTMASCHENKETTE**
Vielfaches von 6
(+5 Maschen zusätzlich)

**AUSSEHEN** Wendbar

**R 1:** 1 Stb in die 5. LuftM ab Nadel, *2 LuftM, 2 LuftM überg, 1 fM, 2 LuftM, 2 LuftM überg, [1 Stb, 1 LuftM, 1 Stb] in die nächste LuftM (= V-Masche). Ab * stets wdh, wenden.
**R 2:** 1 LuftM, 1 fM in die 1. Masche, *2 LuftM, Doppel-VM *(siehe rechts)* in die nächste fM, 2 LuftM, 1 fM in die nächste VM. Ab * stets wdh. Letzte fM ins letzte Stb. Wenden.
**R 3:** 4 LuftM (zählen als 1 Stb + 1 LuftM), 1 Stb in die 1. fM, *2 LuftM, 1 fM in die nächste Doppel-VM, 2 LuftM, 1 VM in die nächste fM. Ab * stets wdh.
R 2–3 stets wdh.

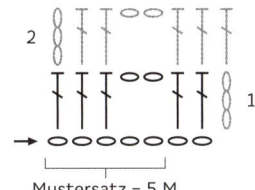

### Spezialmasche: Doppel-V-Masche

[2 Stb, 1 LuftM, 2 Stb] in die nächste M. In der folgenden R in den LuftM-ZR der Doppel-VM einstechen.

## Tulpen-Lochmuster

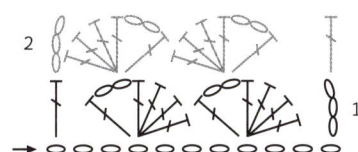

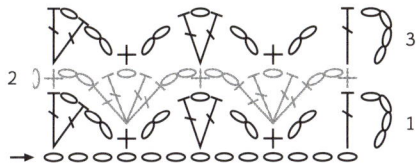

**SCHWIERIGKEITSGRAD**
Einfach

**LÄNGE DER LUFTMASCHENKETTE**
Vielfaches von 4
(+6 Maschen zusätzlich)

**AUSSEHEN**
Wendbar

**R 1:** [4 Stb, 2 LuftM, 1 Stb] in die 7. LuftM ab Nadel (überg LuftM zählen als 3 LuftM + 1 Stb), *3 LuftM überg, [4 Stb, 2 LuftM, 1 Stb] in die nächste LuftM. Ab * wdh bis zu den letzten 3 LuftM, 2 LuftM überg, 1 Stb in die letzte LuftM, wenden.
**R 2:** 3 LuftM (zählen als 1 Stb), [4 Stb, 2 LuftM, 1 Stb] in jeden 2 LuftM-ZR stets wdh. Enden mit 1 Stb in die oberste Wende-LuftM, wenden.
R 2 stets wdh.

# Spitze mit Fächern

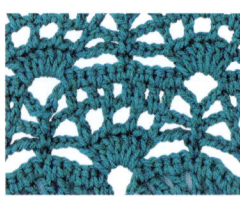

**SCHWIERIGKEITSGRAD**
Mittel

**LÄNGE DER LUFTMASCHENKETTE**
Vielfaches von 12
(+4 Maschen zusätzlich)

**AUSSEHEN**
Wendbar

**R 1:** 3 Stb in 4. LuftM ab Nadel (überg LuftM zählen als 1 Stb), *5 LuftM, 5 LuftM überg, 1 fM, 5 LuftM, 5 LuftM überg, 7 Stb in die nächste M. Ab * stets wdh, enden mit 4 Stb in die letzte M, wenden.

**R 2:** 3 LuftM (zählen als 1 Stb), 1 Stb, 1 LuftM, 1 Stb überg, 1 Stb, *3 LuftM, 1 fM in die nächste fM, 3 LuftM, ** 1 Stb ins 1. der 7 Stb, [1 LuftM, 1 Stb überg, 1 Stb] 3×. Ab * stets wdh, der letzte MS endet bei **, 1 Stb ins 1. der 4 Stb, 1 LuftM, 1 Stb überg, 1 Stb ins nächste Stb, 1 Stb in oberste Wende-LuftM, wenden.

**R 3:** 3 LuftM (zählen als 1 Stb), 1 Stb, 1 Stb in den LuftM-ZR, 1 Stb, *3 LuftM, 1 fM in die fM, 3 LuftM, 1 Stb ins nächste Stb, ** [1 Stb in LuftM-ZR, 1 Stb ins nächste Stb] 3×. Ab * stets wdh, der letzte MS endet bei **, 1 Stb in den LuftM-ZR, 2 Stb, wenden.

**R 4:** 1 LuftM, 4 fM, 5 LuftM. *[LuftM-ZR, fM, LuftM-ZR] überg, 7 fM, 5 LuftM. Ab * wdh, enden mit 4 fM, wenden.

**R 5:** 1 LuftM, 1 fM in die 1. M, 5 LuftM, 7 Stb in den nächsten LB, 5 LuftM, * 1 fM in die mittlere der nächsten 7 fM, 5 LuftM, 7 Stb in den nächsten LB, 5 LuftM. Ab * wdh, enden mit 1 fM in die letzte M, wenden.

**R 6:** 1 LuftM, 1 fM in die 1. M, 3 LuftM, 1 Stb ins 1. der 7 Stb, [1 LuftM, 1 Stb überg, 1 Stb] 3×. *3 LuftM, 1 fM in die nächste fM, 3 LuftM, 1 Stb ins 1. der 7 Stb, [1 LuftM, 1 Stb überg, 1 Stb] 3×. Ab * wdh bis zum letzten LB, 3 LuftM, 1 fM in die letzte M, wenden.

**R 7:** 1 LuftM, 1 fM in die 1. M, *3 LuftM, 1 Stb, [1 Stb in LuftM-ZR, 1 Stb ins nächste Stb] 3×, 3 LuftM**, 1 fM in die nächste fM. Ab * stets wdh, der letzte Mustersatz endet bei **, 1 fM in die letzte fM, wenden.

**R 8:** 5 LuftM (zählen als 1 Stb + 2 LuftM), 7 fM in die 7 Stb, *5 LuftM, 7 fM in die 7 Stb. Ab * stets wdh. Enden mit 2 LuftM, 1 Stb in die letzte fM, wenden.

**R 9:** 3 LuftM (zählen als 1 Stb), 3 Stb in den nächsten LB, 5 LuftM, 1 fM in die mittlere der 7 fM, 5 LuftM, *7 Stb in den nächsten LB, 5 LuftM, 1 fM in die mittlere der 7 fM, 5 LuftM. Ab * stets wdh. Enden mit 4 Stb in den letzten LB, wenden.

R 2–9 stets wdh.

# Spinnenmuster

**SCHWIERIGKEITSGRAD**
Mittel

**LÄNGE DER LUFTMASCHENKETTE**
Vielfaches von 10
(+5 Maschen zusätzlich)

**AUSSEHEN**
Wendbar

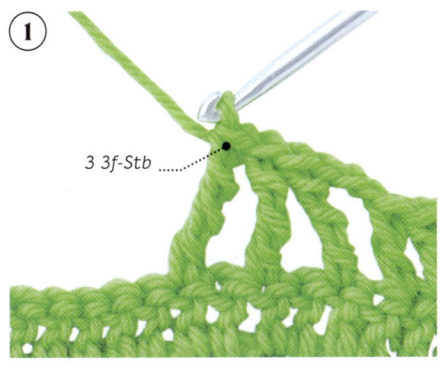

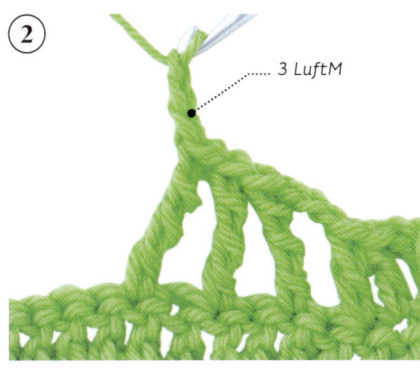

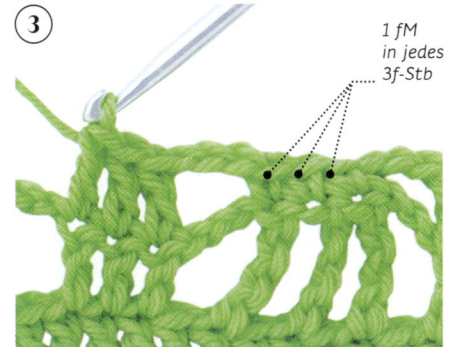

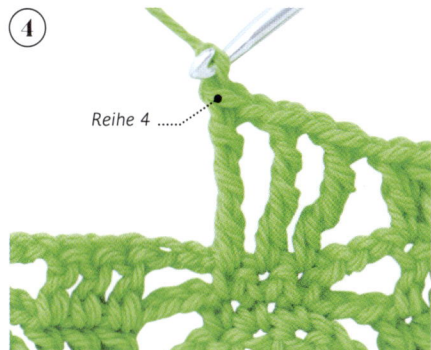

**Basisreihe:** 1 Stb in die 4. LuftM ab Nadel (überg LuftM zählen als 1 Stb) und in jede folgende LuftM, wenden.

1  **R 1:** 3 LuftM (zählen hier und in den folgenden Reihen als 1 Stb), 2 Stb. *3 LuftM, [1 Stb überg, 1 Dreifachstäbchen (3f-Stb)] 3×.

2  3 LuftM, 1 Stb überg, 3 Stb. Ab * stets wdh.

3  **R 2:** 3 LuftM, 2 Stb, *1 LuftM, LuftM-ZR überg, 3 fM, 1 LuftM, LuftM-ZR überg, 3 Stb. Ab * stets wdh, wenden.

4  **R 3:** 3 LuftM, 2 Stb. *3 LuftM, LuftM-ZR überg, 3 fM, 3 LuftM, LuftM-ZR überg, 3 Stb. Ab * stets wdh, wenden.
**R 4:** 3 LuftM, 2 Stb. *1 LuftM, LuftM-ZR überg, [1 3f-Stb, 1 LuftM] 3×, LuftM-ZR überg, 3 Stb. Ab * stets wdh, wenden.
**R 5:** 3 LuftM, 1 Stb in jede M und in jeden LuftM-ZR, wenden.
R 1–5 stets wdh.

# Blattmuster

**SCHWIERIGKEITSGRAD**
Mittel

**LÄNGE DER LUFTMASCHENKETTE**
Vielfaches von 10
(+14 Maschen zusätzlich)

**AUSSEHEN**
Wendbar

**R 1:** 2 Stb in 4. LuftM ab Nadel, 3 LuftM, 4 LuftM überg, 1 Stb, 3 LuftM, 4 LuftM überg, *5 Stb in die nächste LuftM, 3 LuftM, 4 LuftM überg, 1 Stb, 3 LuftM, 4 LuftM überg. Ab * stets wdh, 3 Stb in die letzte LuftM, wenden.
**R 2:** 3 LuftM (zählen als 1 Stb), 1 Stb, 2 Stb ins nächste Stb, 2 LuftM, 1 Stb ins nächste Stb, 2 LuftM, *2 Stb ins nächste Stb, 3 Stb, 2 Stb ins nächste Stb, 2 LuftM, 1 Stb ins nächste Stb, 2 LuftM. Ab * wdh bis zu den letzten 3 Stb, 2 Stb ins nächste Stb, 2 Stb, wenden.
**R 3:** 3 LuftM (zählen als 1 Stb), 2 Stb, 3 LuftM, 1 Stb überg, 1 Stb ins nächste Stb, 3 LuftM, 1 Stb überg, *5 Stb, 3 LuftM, 1 Stb überg, 1 Stb ins nächste Stb, 3 LuftM, 1 Stb überg. Ab * wdh. Enden mit 3 Stb, wenden.
**R 4:** 3 LuftM (zählen als 1 Stb), 1 Stb, 4 LuftM, 1 Stb überg, 1 Stb ins nächste Stb, 4 LuftM, 1 Stb überg, * 3 Stb, 4 LuftM, 1 Stb überg, 1 Stb ins nächste Stb, 4 LuftM, 1 Stb überg. Ab * wdh, enden mit 2 Stb, wenden.
**R 5:** 6 LuftM, 1 Stb überg, 5 Stb ins nächste Stb, 3 LuftM, *1 Stb überg, 1 Stb, 3 LuftM, 1 Stb überg, 5 Stb ins nächste Stb, 3 LuftM. Ab * wdh bis zu den letzten 2 M, 1 Stb überg, 1 Stb, wenden.

**R 6:** 5 LuftM (zählen als 1 Stb + 2 LuftM), 2 Stb ins nächste Stb, 3 Stb, 2 Stb ins nächste Stb, 2 LuftM, *1 Stb ins nächste Stb, 2 LuftM, 2 Stb ins nächste Stb, 3 Stb, 2 Stb ins nächste Stb, 2 LuftM. Ab * wdh. Enden mit 1 Stb in 3. Wende-LuftM, wenden.
**R 7:** 6 LuftM, LuftM-ZR und 1 Stb überg, 5 Stb, 3 LuftM, 1 Stb überg, *1 Stb ins nächste Stb, 3 LuftM, 1 Stb überg, 5 Stb, 3 LuftM. Ab * wdh. Enden mit 1 Stb in 3. Wende-LuftM, wenden.
**R 8:** 7 LuftM, LuftM-ZR und 1 Stb überg, 3 Stb, 4 LuftM, *1 Stb überg, 1 Stb ins nächste Stb, 4 LuftM, 1 Stb überg, 3 Stb, 4 LuftM, 1 Stb überg. Ab * wdh. Enden mit 1 Stb in 3. Wende-LuftM, wenden.
**R 9:** 3 LuftM (zählen als 1 Stb), 2 Stb in dieselbe M, 3 LuftM, 1 Stb überg, 1 Stb ins nächste Stb, 3 LuftM, 1 Stb überg, *5 Stb ins nächste Stb, 3 LuftM, 1 Stb überg, 1 Stb ins nächste Stb, 3 LuftM, 1 Stb überg. Ab * wdh. Enden mit 3 Stb in 3. Wende-LuftM, wenden.
R 2–9 stets wdh. Das Muster mit R 8 beenden.

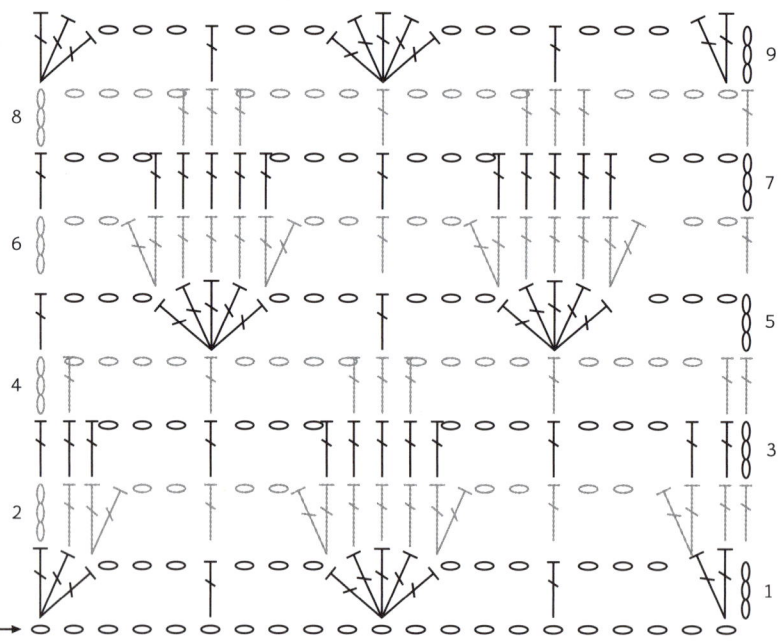

# Knötchen-Lochmuster

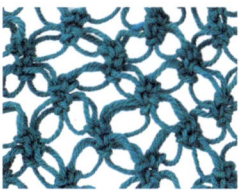

**SCHWIERIGKEITSGRAD**
Einfach

**LÄNGE DER LUFTMASCHENKETTE**
2 KMR +1 KM

**AUSSEHEN**
Wendbar

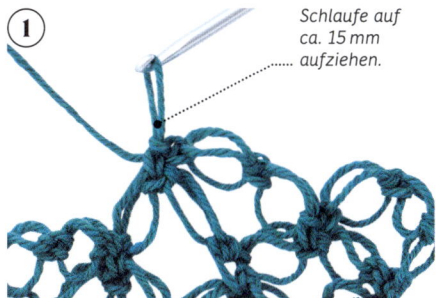

Schlaufe auf ca. 15 mm aufziehen.

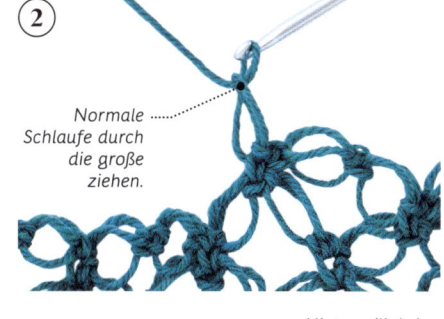

Normale Schlaufe durch die große ziehen.

**R 1:** 2 LuftM, 1 fM in die 2. LuftM ab Nadel, gerade Zahl von Knötchenmaschen am Rand (KMR, *siehe ganz unten*) bis zur gewünschten Länge arbeiten, mit einer Knötchenmasche (KM, *siehe unten*) enden.
**R 2:** 1 fM in die fM zwischen der 3. und 4. KMR-Schlaufe ab Nadel, *2 KM, 2 KMR-Schlaufen überg, 1 fM in die nächste fM. Ab * stets wdh, wenden.
**R 3:** 2 KMR, 1 KM, 1 fM in die fM zwischen der 4. und 5. KM-Schlaufe ab Nadel, *2 KM, 2 KM-Schlaufen überg, 1 fM in die nächste fM. Ab * stets wdh, wenden.
R 3 stets wdh.

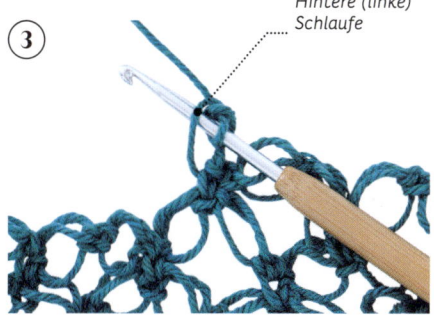

Hintere (linke) Schlaufe

## Knötchenmasche (KM)

1  1 LuftM, die Schlaufe auf ca. 15 mm aufziehen.

2  Den Faden erfassen und eine normal große Schlaufe durch die große Schlaufe ziehen.

3  Unter der hinteren (linken) Schlaufe der 3 Fäden unter der Nadel einstechen.

4  1 fM in diese hintere Schlaufe häkeln, um die Knötchenmasche zu beenden.

5  In den folgenden Reihen jeweils in die festen Maschen der Vorreihe einstechen.

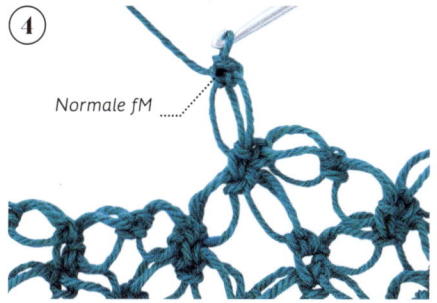

Normale fM

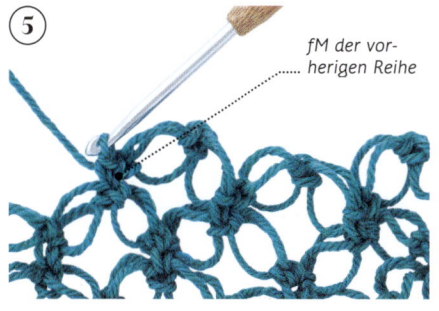

fM der vorherigen Reihe

## Knötchenmasche am Rand (KMR)

Sie wird wie die normale Knötchenmasche gearbeitet, aber nur auf ca. 10 mm aufgezogen. Sie kommt nur am Rand der Arbeit zum Einsatz.

# Filethäkelei

Diese traditionelle Häkeltechnik lässt sich gut modern interpretieren. Die Filethäkelei ist einfach und hat einen übersichtlichen, rasterartigen Aufbau. Muster entstehen durch offene und gefüllte Rasterfelder, für die nur Luftmaschen und Stäbchen gehäkelt werden müssen. Wer das Prinzip einmal verstanden hat, kann die verschiedensten Muster, Motive und Ornamente häkeln – einfach nach Zählmuster.

Die Grundlage jeder Filethäkelei bildet das Filet-Gitter (siehe gegenüber). Wer es beherrscht, kann einzelne Felder ausfüllen, sodass Muster entstehen (siehe S. 130). Sie können die Muster auf den folgenden Seiten nacharbeiten oder eigene entwerfen, vielleicht Buchstaben, Formen oder Motive. Traditionell werden Caféhausgardinen in der Filettechnik gehäkelt, sie eignet sich aber auch für viele andere Projekte, beispielsweise Banner oder Wimpel oder Tischdecken.

# Filet-Gitter

**SCHWIERIGKEITSGRAD**
Einfach

**LÄNGE DER LUFTMASCHENKETTE**
Vielfaches von 3
(+5 Maschen zusätzlich)

**AUSSEHEN**
Wendbar

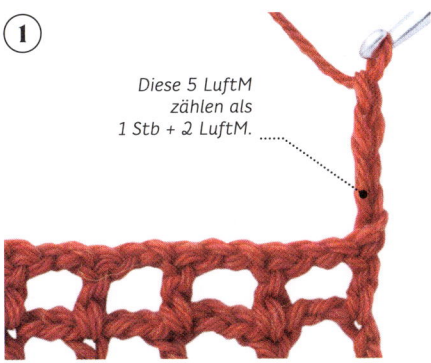

*Diese 5 LuftM zählen als 1 Stb + 2 LuftM.*

**R 1:** 1 Stb in die 8. LuftM ab Nadel (überg LuftM zählen als 2 LuftM + 1 Stb + 2 LuftM), [2 LuftM, 2 LuftM überg, 1 Stb] stets wdh, wenden.
**R 2:** 5 LuftM (zählen als 1 Stb + 2 LuftM), LuftM-ZR überg, [1 Stb ins nächste Stb, 2 LuftM, LuftM-ZR überg] stets wdh bis zu den Wende-LuftM, 1 Stb in die 3. Wende-LuftM, wenden. R 2 stets wdh.

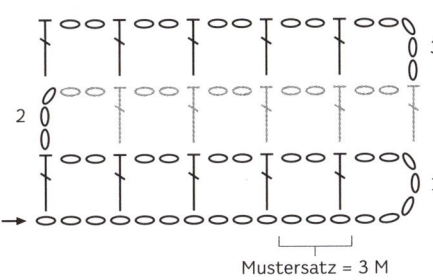

Mustersatz = 3 M

## Spezialmasche: Filet-Gitter

Jedes offene Gitterfeld besteht aus 3 Maschen: 1 Stb und 2 LuftM.

1 Für ein offenes Gitterfeld am Anfang der Reihe mit 5 LuftM beginnen (zählen als 1. Stb + 2 LuftM).

2 Den nächsten LuftM-ZR überg, 1 Stb ins nächste Stb. Damit ist ein Gitterfeld fertig.

3 Für ein weiteres Gitterfeld 2 LuftM häkeln.

4 Nächsten LuftM-ZR überg, 1 Stb in das nächste Stb.

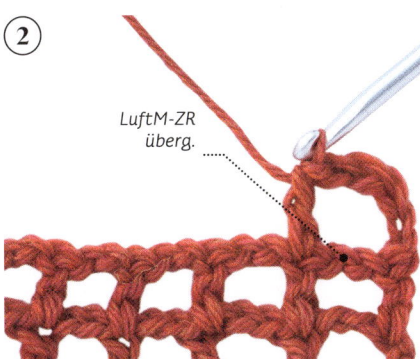

*LuftM-ZR überg.*

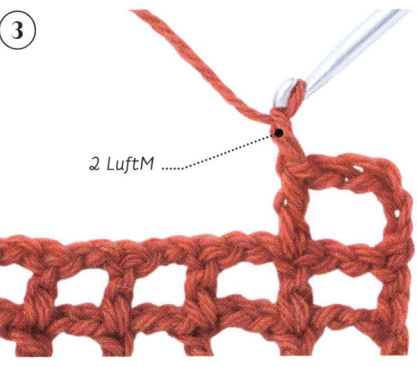

*2 LuftM*

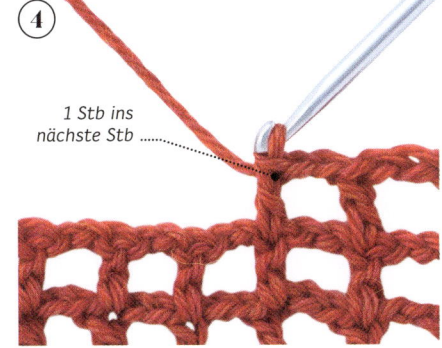

*1 Stb ins nächste Stb*

# Filet-Blümchen

**SCHWIERIGKEITSGRAD**
Mittel

**LÄNGE DER LUFTMASCHENKETTE**
Vielfaches von 18
(+8 Maschen zusätzlich)

**AUSSEHEN**
Wendbar

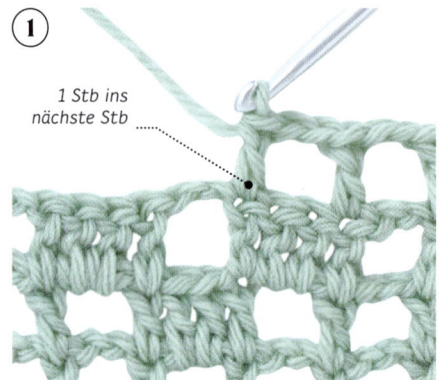

① 1 Stb ins nächste Stb

② Nächstes Stb in den LuftM-ZR

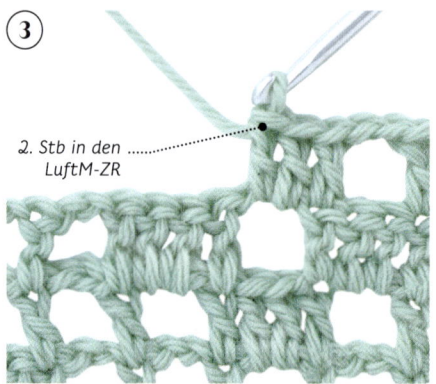

③ 2. Stb in den LuftM-ZR

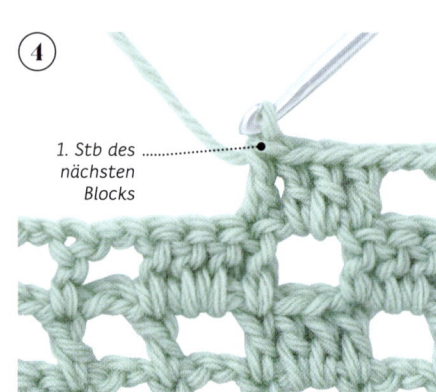

④ 1. Stb des nächsten Blocks

### Spezialmasche: Gefüllte Blöcke

1 Wie ein offenes Gitterfeld (siehe S. 129) besteht auch ein gefüllter Block aus 3 Maschen, in diesem Fall aber 3 Stäbchen, um das Feld auszufüllen. Liegt der gefüllte Block über einem offenen Feld, kann man in den LuftM-ZR einstechen: 1 Stb ins nächste Stb.

2 1 Stb in den nächsten LuftM-ZR.

3 Noch 1 Stb in denselben LuftM-ZR. Damit ist der gefüllte Block fertig.

4 Das 1. Stäbchen des folgenden Blocks schließt direkt an diesen Block an.

Die Anschlagkette häkeln (Vielfaches von 18 + 8 LuftM). Das 1. Stb in die 8. LuftM ab Nadel häkeln, um ein offenes Feld zu erhalten. Dann offene Felder (siehe S. 129) und gefüllte Blöcke *(siehe links)* gemäß Zählmuster arbeiten.

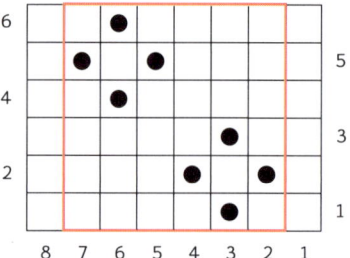

# Filet-Dreiecke

**SCHWIERIGKEITSGRAD**
Mittel

**LÄNGE DER LUFTMASCHENKETTE**
Vielfaches von 18
(+5 Wende-LuftM)

**AUSSEHEN**
Wendbar

Die Anschlagkette häkeln (Vielfaches von 18 + 8 LuftM). Das 1. Stb in die 8. LuftM ab Nadel häkeln, um ein offenes Feld zu erhalten. Dann offene Felder (siehe S. 129) und gefüllte Blöcke nach Zählmuster arbeiten. Gefüllte Blöcke über offenen Feldern sind auf S. 130 erklärt, gefüllte Blöcke über gefüllten Blöcken unten.

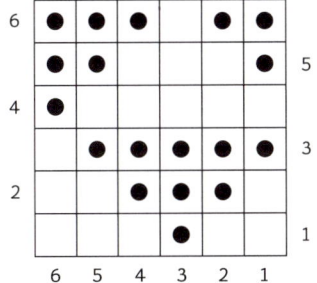

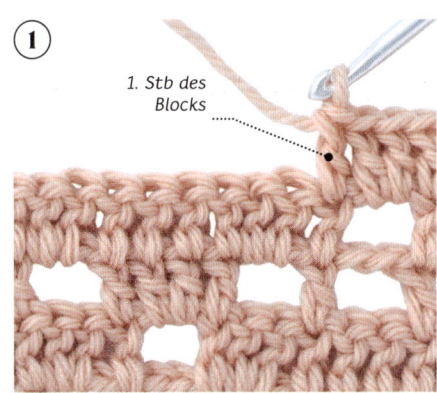

1. Stb des Blocks

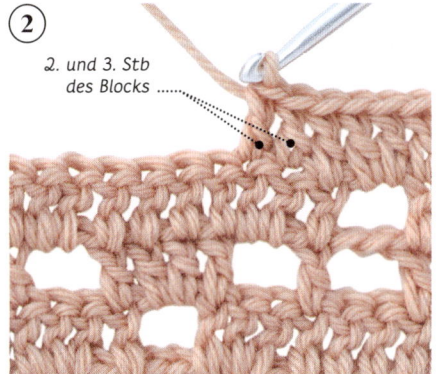

2. und 3. Stb des Blocks

### Gefüllte Blöcke übereinander

1 Das 1. Stb wie üblich ins 1. Stb des Blocks häkeln.

2 Nun 1 Stb in jedes der nächsten 2 Stb arbeiten, um den Block zu beenden.

# Viaduktmuster

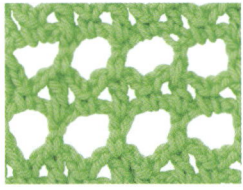

**SCHWIERIGKEITSGRAD**
Einfach

**LÄNGE DER LUFTMASCHENKETTE**
Vielfaches von 4
(+6 Maschen zusätzlich)

**AUSSEHEN**
Wendbar

**R 1:** 1 Stb in die 10. LuftM ab Nadel, *3 LuftM, 3 LuftM übg, 1 Stb. Ab * stets wdh, wenden.
**R 2:** 5 LuftM (zählen als 1 Stb + 2 LuftM), 1 fM in den LuftM-ZR, 2 LuftM, *1 Stb ins nächste Stb, 2 LuftM, 1 fM in den LuftM-ZR, 2 LuftM. Ab * wdh bis Ende, 1 Stb in die 3. Wende-LuftM, wenden.
**R 3:** 6 LuftM (zählen als 1 Stb + 3 LuftM), [2 LuftM, 1 fM, 2 LuftM] übg, *1 Stb ins nächste Stb, 3 LuftM, [2 LuftM, 1 fM, 2 LuftM] übg. Ab * wdh. Enden mit 1 Stb in die 3. Wende-LuftM, wenden.
R 2 und 3 stets wdh.

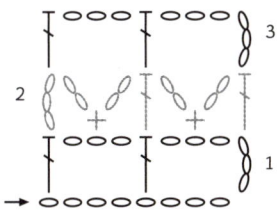

### Dekorative Blöcke

Diese Technik wird in der Filethäkelei manchmal verwendet, um Blöcke mit einem dekorativeren Muster zu füllen. Das Filet-Gitter bildet wieder die Grundlage, aber statt einen Block mit Stäbchen zu füllen, werden Luftmaschen und feste Maschen gehäkelt. So entsteht ein hübsches Spitzenmuster.

# Broomstick-Häkelei

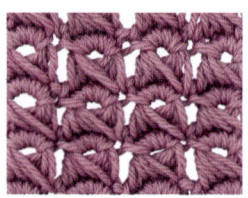

**SCHWIERIGKEITSGRAD**
Anspruchsvoll

**LÄNGE DER LUFTMASCHENKETTE**
5

**AUSSEHEN**
Wendbar, die Seiten sehen aber unterschiedlich aus.

**ZUSÄTZLICHES WERKZEUG**
1 Stricknadel Stärke 20–25 mm

① Aufgezogene Schlaufe

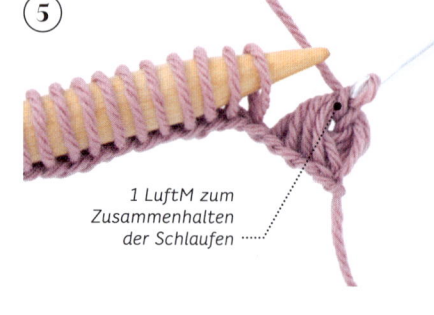

⑤ 1 LuftM zum Zusammenhalten der Schlaufen

② Schlaufe muss auf die Stricknadel passen.

⑥ 5 fM – 1 pro Schlaufe

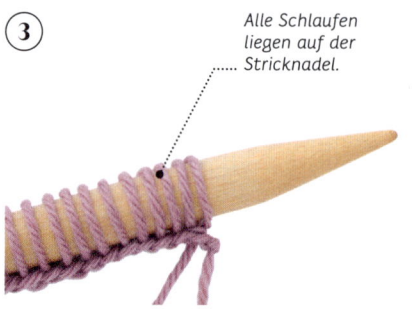

③ Alle Schlaufen liegen auf der Stricknadel.

⑦ Alle Schlaufen sind gehäkelt.

④ In 5 Schlaufen gleichzeitig einstechen.

⑧ Schlaufe durch die nächste Masche holen.

1. Die Anschlagkette wie gewohnt häkeln. Die Anzahl der LuftM entspricht der gewünschten Maschenzahl. Die letzte LuftM mit der Häkelnadel größer ziehen und auf die Stricknadel (den Broomstick oder Besenstiel) legen.

2. Mit der Häkelnadel in die nächste LuftM einstechen, Faden durchholen, größer aufziehen und auf die Stricknadel legen.

3. Schritt 2 wdh bis Ende der Reihe.

4. Die Häkelnadel von rechts nach links unter die ersten 5 Schlaufen auf der Stricknadel schieben. Die Schlaufen von der Stricknadel nehmen.

5. Den Faden erfassen und durch die Schlaufen auf der Häkelnadel ziehen. Mit 1 LuftM sichern.

6. 5 feste Maschen (fM) in das Loch in der Gruppe der großen Schlaufen häkeln.

7. Schritt 4 und 5 wdh, bis alle Schlaufen von der Stricknadel gehäkelt sind. Damit ist die 1. Reihe des Broomstick-Musters fertig.

8. Soll Broomstick-Häkelei innerhalb einer Arbeit (d. h. nicht aus der Anschlagkette) gehäkelt werden, die 1. Schlaufe der neuen Reihe, die bereits auf der Häkelnadel liegt, aufziehen und auf die Stricknadel legen. * Mit der Häkelnadel unter beiden Maschengliedern der nächsten Masche einstechen, Faden durchholen und auf die Stricknadel legen. Ab * wdh, bis aus jeder Masche eine Schlaufe auf die Stricknadel gelegt wurde. Mit Schritt 4–7 fortfahren.

**Hinweis:** Die Anzahl der Schlaufen pro Maschengruppe kann variiert werden. Die Anzahl der festen Maschen entspricht aber immer der Anzahl der Schlaufen.

## Haltung der Stricknadel

Ursprünglich wurde für diese Technik ein Besenstiel verwendet, um sehr große Schlaufen zu erhalten. Heute wird meist mit einer dicken Stricknadel gearbeitet. Es gibt verschiedene Methoden, sie zu halten. Manche Menschen klemmen sie unter den Arm, andere halten sie mit den Knien. Probieren Sie einfach aus, womit Sie am besten zurechtkommen.

## Broomstick-Streifen

Wenn man Broomstick-Häkelei mit einfacheren Maschen kombiniert, entstehen ausgesprochen interessante Streifenmuster, vor allem, wenn sie in verschiedenen Farben gearbeitet werden. Bei diesem Beispiel wechseln Broomstick-Reihen mit halben Stäbchen ab. Für die Anschlagkette ein Vielfaches von 5 + 2 Wende-LuftM arbeiten. Die gewünschte Anzahl Reihen in halben Stäbchen häkeln, dann einen Streifen Broomstick-Häkelei (Schritt 8, oben) anschließen. Abwechselnd Streifen aus halben Stäbchen und Broomstick-Häkelei arbeiten.

# Reliefmuster und Motive

# Reliefmuster und Motive

Um die Reliefmuster in diesem Kapitel zu häkeln, sticht man nicht unter den Maschengliedern ein, sondern um den Schaft der Masche – meist eines Stäbchens. Dabei entsteht ein geripptes, dehnbares Maschenwerk, das sich gut für Bündchen eignet. Auch andere interessante reliefartige Muster lassen sich auf diese Weise gestalten, die recht dick und kompakt sind und sich darum für winterliche Kleidungsstücke oder Accessoires anbieten. Wenn man die Reliefmaschen verkreuzt, entstehen Zopfmuster, die an traditionelle Arans erinnern.

Außerdem werden im folgenden Kapitel Motive vorgestellt, die nicht in Hin- und Rückreihen, sondern in Runden gearbeitet werden. Das Häkeln macht viel Spaß und ist einfach, und weil die Motive schnell fertig sind, eignen sie sich prima zum Üben. Üblicherweise sind solche Motive quadratisch, also gut für Patchwork geeignet, wir zeigen aber auch einige andere Formen. Regelmäßige Zunahmen sorgen dafür, dass die Motive schön flach liegen.

# Schmale Rippen

**SCHWIERIGKEITSGRAD**
Anspruchsvoll

**LÄNGE DER LUFTMASCHENKETTE**
Gerade Maschenzahl (+3 Wende-LuftM)

**AUSSEHEN**
Wendbar

**R 1:** 1 Stb in die 4. LuftM ab Nadel, 1 Stb in jede folgende LuftM, wenden.
**R 2:** 3 LuftM, 1 RStb-v (*siehe unten*) um das nächste Stb, *1 RStb-h (*siehe unten*) um das nächste Stb, 1 RStb-v um das nächste Stb. Ab * wdh bis zu den Wende-LuftM, 1 Stb in die 3. Wende-LuftM, wenden.
**R 3:** 3 LuftM, 1 RStb-h um das nächste Stb, *1 RStb-v um das nächste Stb, 1 RStb-h um das nächste Stb. Ab * wdh bis zu den Wende-LuftM, 1 Stb in die 3. Wende-LuftM, wenden.

## Spezialmasche: Reliefstäbchen vorn (RStb-v)

**1** 1 Umschlag (U), dann mit der Häkelnadel von vorn nach hinten rechts vom Schaft des nächsten Stb einstechen und links vom Schaft nach vorn ausstechen.

**2** Den Faden erfassen und durchholen. Die Schlaufe verläuft um den Schaft des Stb. 3 Schlaufen liegen auf der Nadel. Wie ein normales Stb beenden.

## Spezialmasche: Reliefstäbchen hinten (RStb-h)

**1** 1 Umschlag (U), dann mit der Häkelnadel von hinten nach vorn rechts vom Schaft des nächsten Stb einstechen und links vom Schaft nach hinten ausstechen.

**2** Den Faden erfassen und durchholen. Die Schlaufe verläuft um den Schaft des Stb. 3 Schlaufen liegen auf der Häkelnadel. Wie ein normales Stb beenden.

① Von vorn um den Schaft einstechen.

② Stäbchen wie üblich beenden.

③ Von hinten um den Schaft einstechen.

④ Stäbchen wie üblich beenden.

RELIEFMUSTER UND MOTIVE

# Himbeermuster

**SCHWIERIGKEITSGRAD**
Anspruchsvoll

**LÄNGE DER LUFTMASCHENKETTE**
Gerade Maschenzahl
(+ 1 Wende-LuftM)

**AUSSEHEN**
Wendbar

**R 1:** 1 fM in die 2. LuftM ab Nadel und in jede folgende LuftM, wenden.
**R 2:** 1 LuftM, 1 fM in die 1. M, *1RfM-v (*siehe unten*) um die nächste fM, 1 fM. Ab * stets wdh, wenden.
**R 3:** 1 LuftM, fM bis Ende der Reihe, wenden.
R 2 und 3 stets wdh.

### Spezialmasche: Relief-feste Masche vorn (RfM-v)

1. Von vorn nach hinten in den Zwischenraum rechts von der nächsten festen Masche (fM) einstechen und links von derselben Masche wieder nach vorn kommen.

2. Den Faden erfassen und durchholen. Die Schlaufe verläuft um den Schaft der festen Masche. 2 Schlaufen liegen auf der Häkelnadel. Die feste Masche wie gewohnt beenden.

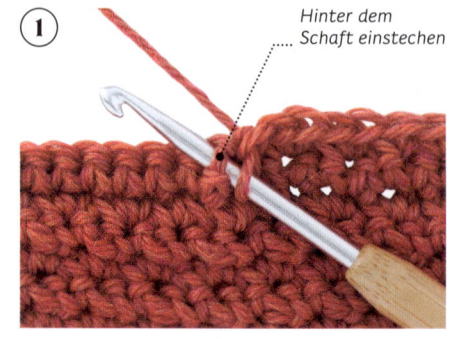

*Hinter dem Schaft einstechen*

*fM normal beenden.*

# Korbgeflecht

**SCHWIERIGKEITSGRAD**
Anspruchsvoll

**LÄNGE DER LUFTMASCHENKETTE**
Vielfaches von 6
(+ 7 Maschen zusätzlich)

**AUSSEHEN**
Wendbar

**Basisreihe:** 1 Stb in die 4. LuftM ab Nadel und in jede folgende LuftM, wenden.

1. **R 1:** 3 Wende-LuftM, 1 Reliefstäbchen vorn (RStb-v; siehe S. 137) um jedes der nächsten 3 Stb. *1 Reliefstäbchen hinten (RStb-h; siehe S. 137) um jedes der nächsten 3 Stb.

2. 1 RStb-v um jedes der nächsten 3 Stb. Ab * wdh bis zu den letzten 4 M, 3 RStb-v, 1 Stb in die 3. Wende-LuftM, wenden.
**R 2:** 3 Wende-LuftM. *3 RStb-h, 3 RStb-v. Ab * wdh bis zu den letzten 4 M, 3 RStb-h, 1 Stb in die 3. Wende-LuftM, wenden.
**R 3:** R 2 wdh.
**R 4:** R 1 wdh.
R 1–4 stets wdh.

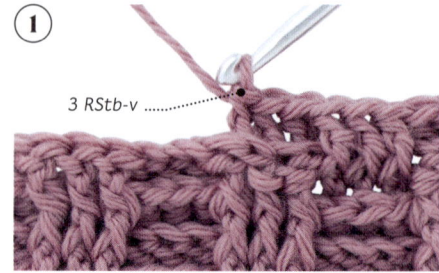

*3 RStb-v*

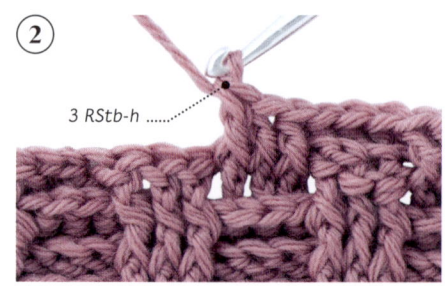

*3 RStb-h*

# Kleines Korbgeflecht

**SCHWIERIGKEITSGRAD**
Anspruchsvoll
**LÄNGE DER LUFTMASCHENKETTE**
Gerade Maschenzahl (+3 Wende-LuftM)
**AUSSEHEN** Wendbar

**R 1:** 1 Stb in die 4. LuftM ab Nadel und in jede folgende LuftM, wenden.
**R 2:** 3 Wende-LuftM, 1 RStb-v (siehe S. 137) , *1 RStb-h (siehe S. 137), 1 RStb-v. Ab * stets wdh, enden mit 1 Stb in die 3. Wende-LuftM, wenden.
R 2 stets wdh.

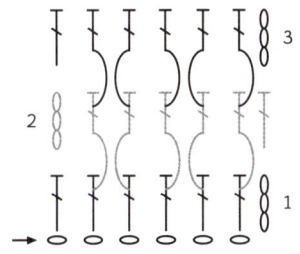

# Waffelmuster

**SCHWIERIGKEITSGRAD**
Anspruchsvoll
**LÄNGE DER LUFTMASCHENKETTE**
Vielfaches von 3 (+2 Maschen zusätzlich)
**AUSSEHEN**
Einseitig

① 2 normale Stäbchen

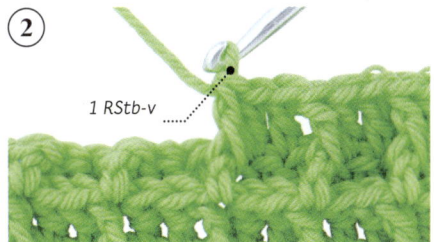

② 1 RStb-v

③ 2 RStb-v

④ 1 normales Stäbchen

**Basisreihe:** 1 Stb in die 4. LuftM ab Nadel und in jede folgende LuftM, wenden.

1  **R 1 (RS):** 3 LuftM, 1 RStb-v (siehe S.137) um die nächste M. *2 Stb.

2  1 RStb-v um die nächste M. Ab * wdh bis zu den Wende-LuftM, 1 Stb in die 3. Wende-LuftM, wenden.

3  **R 2:** 3 LuftM, 1 Stb in die nächste Masche. *2 RStb-v.

4  1 Stb. Ab * wdh bis zu den Wende-LuftM, 1 Stb in die 3. Wende-LuftM, wenden.
R 1 und 2 stets wdh.

# Z-Zopfmuster

**SCHWIERIGKEITSGRAD**
Anspruchsvoll

**LÄNGE DER LUFTMASCHENKETTE**
Vielfaches von 6
(+7 Maschen zusätzlich)

**AUSSEHEN**
Einseitig

**Basisreihe (RS):** 1 Stb in 4. LuftM ab Nadel und in jede folgende LuftM, wenden.
**R 1:** 3 LuftM, 2 RStb-h (siehe S. 137), *4 RStb-v (siehe S. 137), 2 RStb-h. Ab * wdh bis zu den Wende-LuftM, 1 Stb in die 3. Wende-LuftM, wenden.
**R 2:** 3 LuftM, 2 RStb-v, *4 RStb-h, 2 RStb-v. Ab * wdh bis zu den Wende-LuftM, 1 Stb in die 3. Wende-LuftM, wenden.
**R 3 (ZopfR):** 3 LuftM, 2 RStb-h, *Z4R (*siehe unten*), 2 RStb-h. Ab * wdh bis zu den Wende-LuftM, 1 Stb in die 3. Wende-LuftM, wenden.
**R 4:** Wie R 2.
R 1–4 stets wdh.

### Spezialmasche: Zopf über 4 Maschen nach rechts (Z4R)

1. Im Muster bis zu den 4 M arbeiten, die verkreuzt werden sollen. Die nächsten 2 M überg, 2 Reliefstäbchen hinten (RStb-h) arbeiten.

2. Die Häkelnadel hinter die Arbeit führen. Jetzt werden die beiden übergangenen Maschen hinter der Arbeit gehäkelt.

3. 1 Reliefstäbchen vorn (RStb-v) um die 1. übergangene M arbeiten. Das ist etwas knifflig, weil die beiden zuvor gearbeiteten Stb im Weg sind.

4. Ebenso 1 RStb-v um die 2. übergangene M häkeln. Die beiden zuletzt gehäkelten RSt-v liegen hinter den beiden zuerst gehäkelten RSt-v.

*2 M überg*

*Zwischen den M einstechen.*

*Um die 1. übergangene M häkeln.*

*2. M fertig*

# S-Zopfmuster

**SCHWIERIGKEITSGRAD**
Anspruchsvoll

**LÄNGE DER LUFTMASCHENKETTE**
Vielfaches von 6

**AUSSEHEN**
Einseitig

**Basisreihe (RS):** 1 Stb in die 4. LuftM ab Nadel und in jede folgende LuftM, wenden.
**R 1:** 3 LuftM, 2 RStb-h (siehe S. 137), *4 RStb-v, 2 RStb-h. Ab * wdh bis zu den Wende-LuftM, 1 Stb in die 3. Wende-LuftM, wenden.
**R 2:** 3 LuftM, 2 RStb-v (siehe S. 137), *4 RStb-h, 2 RStb-v. Ab * wdh bis zu den Wende-LuftM, 1 Stb in die 3. Wende-LuftM, wenden.
**R 3 (Zopf-R):** 3 LuftM, 2 RStb-h, *Z4L (siehe unten), 2 RStb-h. Ab * wdh bis zu den Wende-LuftM, 1 Stb in die 3. Wende-LuftM, wenden.
**R 4:** Wie R 2.
R 1–4 stets wdh.

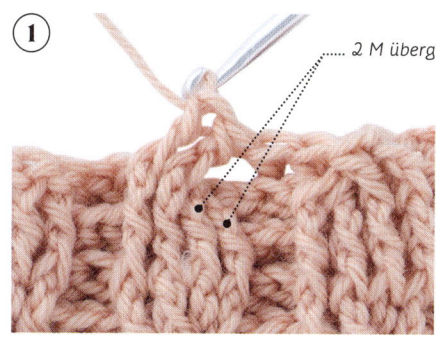

① 2 M überg

### Spezialmasche: Zopf über 4 Maschen nach links (Z4L)

1 Im Muster bis zu den 4 M häkeln, die verkreuzt werden sollen. Die nächsten 2 M überg und 2 RStb-v (siehe S. 137) häkeln.

2 Nun die beiden übergangenen Maschen vor der Arbeit häkeln. Mit der Häkelnadel von rechts nach links um den Schaft des 1. übergangenen Stb stechen und ein RStb-v arbeiten.

3 Ebenso von rechts nach links um den Schaft des 2. übergangenen Stb stechen.

4 Ein RStb-v um dieses Stb häkeln, um die Verkreuzung zu beenden.

② Stb um die 1. übergangene M

③ Stb um die zweite übergangene M

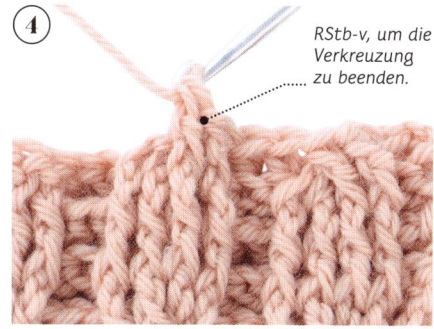

④ RStb-v, um die Verkreuzung zu beenden.

# Tropfenmuster

**SCHWIERIGKEITSGRAD**
Anspruchsvoll

**LÄNGE DER LUFTMASCHENKETTE**
Gerade Maschenzahl
(+3 Maschen zusätzlich)

**AUSSEHEN**
Einseitig

**Basisreihe (RS):** 1 Stb in die 4. LuftM ab Nadel und in jede folgende LuftM, wenden.
**R 1:** 1 LuftM, 1 fM in jede M, wenden.
**R 2 (RS):** 3 LuftM (zählen als 1 Stb). *1 t-RStb-v um das nächste Stb 2 Reihen tiefer (siehe unten), 1 Stb. Ab * stets wdh, wenden.
**R 3:** 1 LuftM, 1 fM in jede M, wenden.
**R 4:** 3 LuftM (zählen als 1 Stb), 1 Stb. *1 t-RStb-v um das nächste Stb 2 Reihen tiefer, 1 Stb. Ab * wdh, enden mit 1 Stb in die letzte M, wenden.
R 1–4 stets wdh.

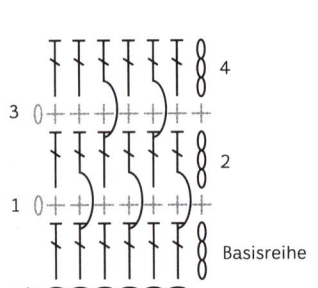

## Spezialmasche: Tief gestochenes Reliefstäbchen vorn (t-RStb-v)

**1** 1 Umschlag (U), dann rechts vom nächsten Stb 2 Reihen tiefer von vorn nach hinten einstechen und links vom Schaft wieder nach vorn kommen.

**2** Den Faden erfassen und den Faden durchholen. Die Schlaufe verläuft um den Schaft des Stäbchens 2 Reihen tiefer. 3 Schlaufen liegen auf der Häkelnadel. Wie ein normales Stb beenden.

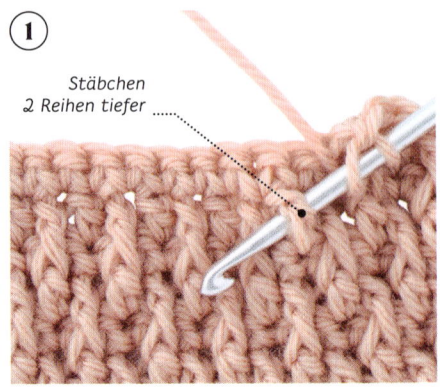

*Stäbchen 2 Reihen tiefer*

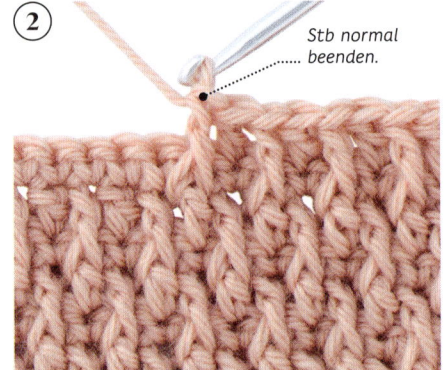

*Stb normal beenden.*

# Hufeisenzopf

**SCHWIERIGKEITSGRAD**
Anspruchsvoll

**LÄNGE DER LUFTMASCHENKETTE**
Vielfaches von 14
(+6 Maschen zusätzlich)

**AUSSEHEN**
Einseitig

**R 1 (LS):** 1 Stb in die 4. LuftM ab Nadel und in jede folgende LuftM, wenden.
**R 2 (RS):** 3 LuftM, 2 RStb-h (siehe S. 137), *1 RStb-v (siehe S. 137), 1 RStb-h, 8 RStb-v, 1 RStb-h, 1 RStb-v, 2 RStb-h. Ab * wdh bis zu den Wende-LuftM, 1 Stb in die 3. Wende-LuftM, wenden.
**R 3:** 3 LuftM, 2 RStb-v, *1 RStb-h, 1 RStb-v, 8 RStb-h, 1 RStb-v, 1 RStb-h, 2 RStb-v. Ab * wdh bis zu den Wende-LuftM, 1 Stb in die 3. Wende-LuftM, wenden.
**R 4 (Zopf-R):** 3 LuftM, 2 RStb-h, *1 RStb-v, 1 RStb-h, Z4R (siehe S.140), Z4L (siehe S.141), 1 RStb-h, 1 RStb-v, 2 RStb-h. Ab * wdh bis zu den Wende-LuftM, 1 Stb in die 3. Wende-LuftM, wenden.
**R 5:** Wie R 3.
R 2–5 stets wdh.

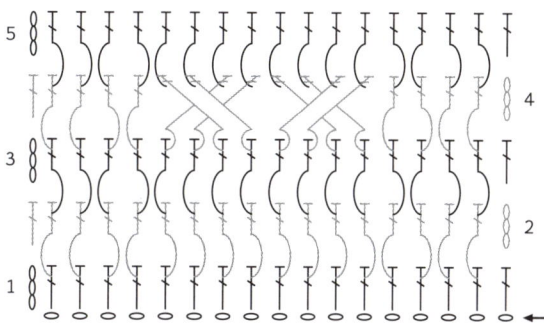

# Ziegelmuster

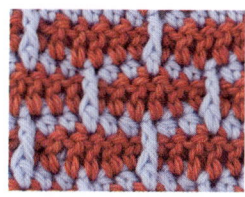

**SCHWIERIGKEITSGRAD**
Anspruchsvoll

**LÄNGE DER LUFTMASCHENKETTE**
Vielfaches von 6
(+7 Maschen zusätzlich)

**AUSSEHEN**
Einseitig

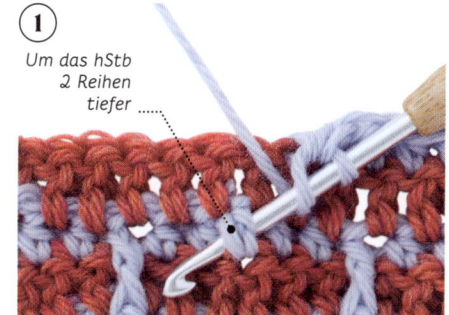

① *Um das hStb 2 Reihen tiefer*

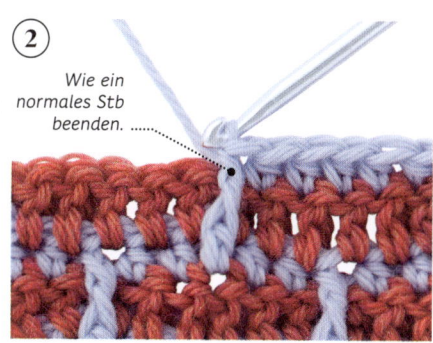

② *Wie ein normales Stb beenden.*

**Basisreihe (RS):** Mit der Hauptfarbe (HF), 1 hStb in die 3. LuftM ab Nadel und in jede folgende LuftM, wenden.

1. **R 1:** Mit KF 3 LuftM (zählen als 1 Stb). 1 Stb in jede M, wenden.
   **R 2:** Mit HF 2 LuftM (zählen als 1 hStb). 1 hStb in die nächste Masche, dann von vorn um den Schaft des nächsten hStb 2 Reihen tiefer einstechen.

2. 1 RStb-v (siehe S.137). *5 hStb, dann 1 RStb-v um das nächste hStb 2 Reihen tiefer. Ab * wdh. Enden mit 2 hStb, wenden.
   **R 3:** Wie R 1.
   **R 4:** Mit HF 2 LuftM, 4 hStb, *1 RStb-v um das nächste hStb 2 Reihen tiefer, 5 hStb. Ab * stets wdh wenden.
   R 1–4 stets wdh.

# Keltisches Geflecht

**SCHWIERIGKEITSGRAD**
Anspruchsvoll

**LÄNGE DER LUFTMASCHENKETTE**
Vielfaches von 14
(+6 Maschen zusätzlich)

**AUSSEHEN**
Einseitig

**Basisreihe (LS):** 1 Stb in die 4. LuftM ab Nadel und in jede folgende LuftM, wenden.

1. **R 1 (RS):** 3 LuftM. *Nächste 2 M überg, 2 RDStb-v (siehe unten).

2. 2 RDStb-v um die 2 überg M (dabei vor den zuletzt gehäkelten M arbeiten). Ab * wdh bis zu den Wende-LuftM, 1 Stb in die 3. Wende-LuftM, wenden.

3. **R 2 (LS):** 3 LuftM, 2 RDStb-h (siehe unten). *2 M überg, 2 RDStb-h.

4. 2 RStb-h um die 2 überg M (dabei hinter den zuletzt gehäkelten M arbeiten). Ab * wdh bis zu den letzten 3 M. 2 RDStb-h, dann 1 Stb in die 3. Wende-LuftM, wenden.
R 1–2 stets wdh, mit einer R 1 enden.

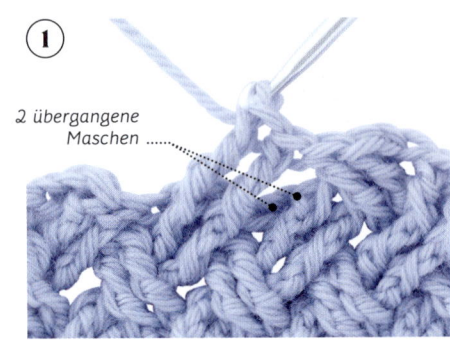

*2 übergangene Maschen*

*Zuletzt gehäkelte Maschen*

### Spezialmasche: Relief-Doppelstäbchen vorn (RDStb-v)

2 Umschläge (U), dann von vorn nach hinten in den Zwischenraum rechts von der nächsten M einstechen, im Zwischenraum links davon wieder nach vorn kommen. Wie ein normales Doppelstäbchen beenden.

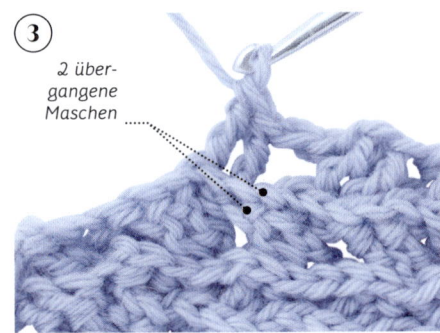

*2 übergangene Maschen*

### Spezialmasche: Relief-Doppelstäbchen hinten (RDStb-h)

2 Umschläge (U), dann von hinten nach vorn in den Zwischenraum rechts von der nächsten M einstechen, im Zwischenraum links davon wieder nach hinten kommen. Wie ein normales Doppelstäbchen beenden.

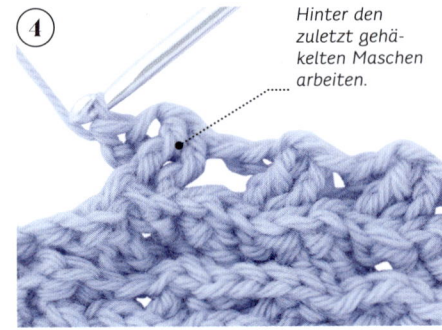

*Hinter den zuletzt gehäkelten Maschen arbeiten.*

# Kreis mit festen Maschen

**SCHWIERIGKEITSGRAD**
Einfach

**LÄNGE DER LUFTMASCHENKETTE**
2

**AUSSEHEN**
Wendbar

**ZUSÄTZLICHE WERKZEUGE**
Maschenmarkierer

1 **Rd 1:** 2 LuftM, dann 6 feste Maschen (fM) in die 2. LuftM ab Nadel. Diese 6 M bilden die 1. Rd.

2 **Rd 2: Nicht** wenden oder zur Runde schließen, sondern schneckenförmig fortfahren. Die 1. fM in die 1. M der Runde häkeln, dann in diese 1. M einen Maschenmarkierer (MM) setzen, um den Rd-Anfang zu kennzeichnen.

3 Noch 1 fM in dieselbe M, dann 2 fM in jede M der Rd (= 12 M nach der Rd). Die 1. Rd ist fertig und der MM ist erreicht. In jeder weiteren Rd werden nun 6 M zugenommen, bis der Kreis die gewünschte Größe hat.
**Rd 3:** [2 fM in die nächste M, 1 fM] stets wdh (= 18 M).
**Rd 4:** [2 fM in die nächste M, 2 fM] stets wdh (= 24 M).
**Rd 5:** (2 fM in die nächste M, 3 fM) stets wdh (= 30 fM).
**Rd 6:** (2 fM in die nächste M, 4 fM) stets wdh (= 36 fM).
**Rd 7:** (2 fM in die nächste M, 5 fM) stets wdh (= 42 fM).

**Hinweis:** Soll der Kreis größer werden, einfach nach diesem Prinzip fortfahren: In jeder Rd 6 M zunehmen. Die Anzahl der M zwischen den Zunahmen erhöht sich in jeder Rd um 1 M. Wenn der Kreis fertig ist, die letzte Rd mit einer KettM schließen.

## In Runden häkeln

Es gibt verschiedene Methoden, rund gehäkelte Werkstücke zu beginnen. Bei den Motiven auf den folgenden Seiten ist jeweils eine Methode vorgeschlagen, meist können Sie aber Ihre bevorzugte Methode wählen.

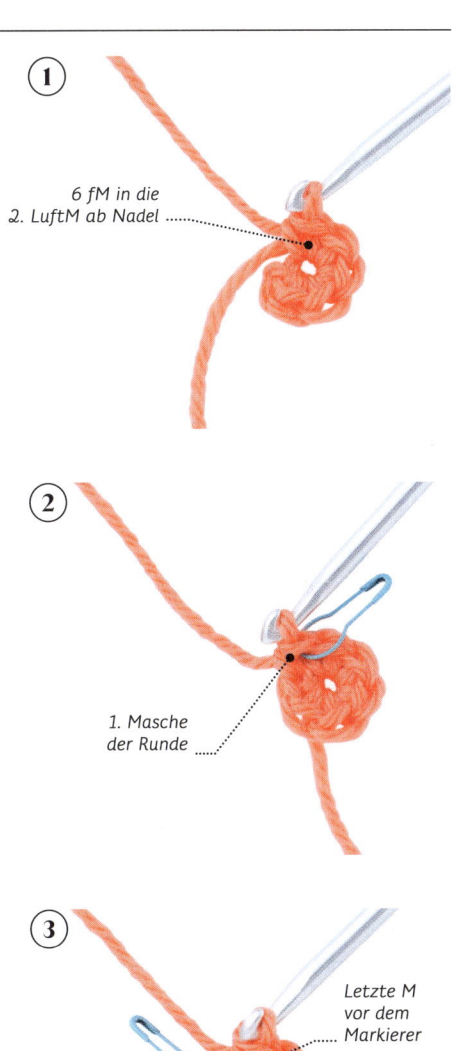

① 6 fM in die 2. LuftM ab Nadel

② 1. Masche der Runde

③ Letzte M vor dem Markierer

# Kreis mit halben Stäbchen

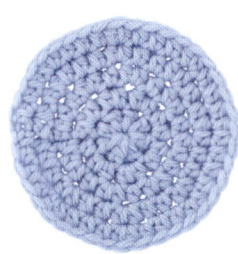

**SCHWIERIGKEITSGRAD**
Einfach

**LÄNGE DER LUFTMASCHENKETTE**
3

**AUSSEHEN**
Einseitig

*7 hStb in die 3. LuftM ab Nadel*

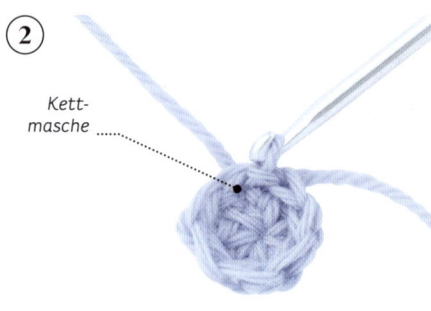

*Kettmasche*

*Rd 2 mit 1 KettM schließen.*

**1** Rd 1: 3 LuftM, dann 7 hStb in die 3. LuftM ab Nadel (überg LuftM zählen als 1 hStb).

**2** 1 KettM in die obere der ersten 3 LuftM, um die Rd zu schließen. Die Rd besteht aus insgesamt 8 hStb. **Nicht** wenden.

**3** Rd 2: 2 LuftM, um auf die richtige Arbeitshöhe zu kommen (zählen hier und in den folgenden Rd als 1 hStb). 1 hStb in die untere LuftM (1. Zunahme), dann 2 hStb in jede M der Rd. Die Rd mit einer KettM schließen (= 16 hStb). In jeder weiteren Rd 8 M zunehmen, bis der Kreis die gewünschte Größe hat.
Rd 3: 2 LuftM, 2 hStb in die nächste M, [1 hStb, 2 hStb in die nächste M] stets wdh, die Rd mit 1 KettM schließen (= 24 hStb).
Rd 4: 2 LuftM, 1 hStb, 2 hStb in die nächste M, [2 hStb, 2 hStb in die nächste M) stets wdh, die Rd mit 1 KettM schließen (= 32 hStb).

Hinweis: Wenn der Kreis größer werden soll, nach diesem Prinzip fortfahren: In jeder Rd werden 8 M zugenommen, dadurch erhöht sich die Zahl der M zwischen den Zunahmen in jeder Rd um 1 M.

## Kreis mit Stäbchen

Für einen Kreis mit Stäbchen mit 4 LuftM beginnen und 11 Stb in die 4. LuftM ab Nadel häkeln (= 12 M). Die Häkelschrift zeigt das weitere Vorgehen. In jeder Rd erhöht sich die Anzahl der Maschen zwischen den Zunahmen um 1 M, bis die gewünschte Größe erreicht ist.

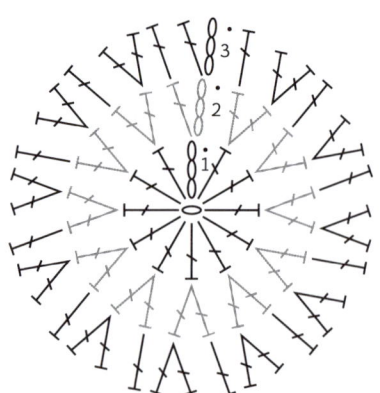

# Granny Square

**SCHWIERIGKEITSGRAD**
Einfach

**LÄNGE DER LUFTMASCHENKETTE**
4

**AUSSEHEN**
Einseitig

1. **Rd 1:** Mit der Hauptfarbe (HF) 4 LuftM, dann 2 Stb in die 4. LuftM ab Nadel (überg LuftM zählen als 1 Stb). 3 LuftM, [3 Stb, 3 LuftM] 3× in dieselbe LuftM wie die ersten 2 Stb. Die Rd mit 1 KettM in die obere der ersten LuftM schließen. HF abschneiden und durchziehen.
   **Rd 2:** KF1 in einem Eck-Zwischenraum von Rd 1 ansetzen. 3 LuftM (zählen als 1 Stb), dann [2 Stb, 3 LuftM, 3 Stb] in denselben LuftM-ZR. Damit ist die 1. Ecke von Rd 2 fertig.

2. 1 LuftM zum Überbrücken der Lücke zum nächsten Eck-ZR. *[3 Stb, 3 LuftM, 3 Stb] in den nächsten Eck-ZR, 1 LuftM. Ab * noch 2× wdh. Die Rd mit 1 KettM in die obere der LuftM am Anfang schließen. KF1 abschneiden und durchziehen.

3. **Rd 3:** KF2 in einem Eck-ZR von Rd 2 ansetzen. 3 LuftM (zählen als 1 Stb), dann [2 Stb, 3 LuftM, 3 Stb] in denselben Eck-ZR. 1 LuftM, 3 Stb in den nächsten LuftM-ZR, 1 LuftM, *[3 Stb, 3 LuftM, 3 Stb] in den nächsten Eck-ZR, 1 LuftM, 3 Stb in den nächsten LuftM-ZR, 1 LuftM. Ab * stets wdh, dann die Rd mit 1 KettM schließen. KF2 abschneiden.
   **Rd 4:** KF3 in einem Eck-ZR von Rd 3 ansetzen. 3 LuftM, [2 Stb, 3 LuftM, 3 Stb] in denselben Eck-ZR, 1 LuftM, [3 Stb in den nächsten LuftM-ZR, 1 LuftM] wdh bis zur nächsten Ecke. *[3 Stb, 3 LuftM, 3 Stb] in den Eck-ZR. 1 LuftM, [3 Stb in den nächsten LuftM-ZR, 1 LuftM] wdh bis zur nächsten Ecke. Ab * stets wdh, dann die Rd mit 1 KettM schließen.
   Rd 4 wdh, bis das Motiv die gewünschte Größe hat, dabei für jede Rd die Farbe wechseln.

Nächster LuftM-ZR · 1. Ecke von Rd 2

2. Ecke fertig · 1 LuftM

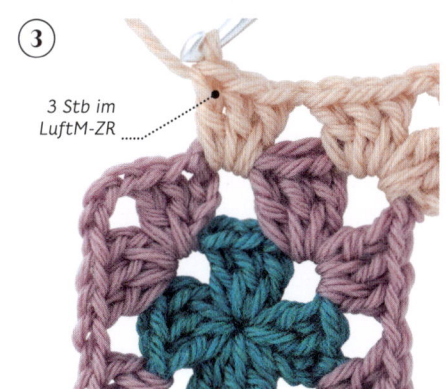

3 Stb im LuftM-ZR

RELIEFMUSTER UND MOTIVE

# Granny-Dreieck

**SCHWIERIGKEITSGRAD**
Einfach

**LÄNGE DER LUFTMASCHENKETTE**
4

**AUSSEHEN**
Einseitig

**Rd 1:** Mit der Hauptfarbe (HF) 4 LuftM, 2 Stb in die 4. LuftM ab Nadel (überg LuftM zählen als 1 Stb), 3 LuftM, [3 Stb, 3 LuftM] 2× in dieselbe LuftM wie die ersten 2 Stb, die Rd mit 1 KettM in die obere der Anfangs-LuftM schließen. Faden nach jeder Rund abschneiden und durchziehen.
**Rd 2:** KF1 in einem Eck-Zwischenraum von Rd 1 ansetzen. 3 LuftM (zählen als 1 Stb) [2 Stb, 3 LuftM, 3 Stb] in denselben Eck-ZR, 1 LuftM *[3 Stb, 3 LuftM, 3 Stb] in den nächsten Eck-ZR, 1 LuftM. Ab * noch 1× wdh, die Rd mit 1 KettM schließen.
**Rd 3:** KF2 in einem Eck-ZR von Rd 2 ansetzen. 3 LuftM (zählen als 1 Stb), [2 Stb, 3 LuftM, 3 Stb] in denselben Eck-ZR, 1 LuftM, 3 Stb in den nächsten LuftM-ZR, 1 LuftM, *[3 Stb, 3 LuftM, 3 Stb] in den nächsten Eck-ZR, 1 LuftM, 3 Stb in den nächsten LuftM-ZR, 1 LuftM. Ab * stets wdh, Rd mit 1 KettM schließen.
**Rd 4:** KF3 in einem Eck-ZR von Rd 3 ansetzen. 3 LuftM, [2 Stb, 3 LuftM, 3 Stb] in denselben Eck-ZR, 1 LuftM, [3 Stb in den nächsten LuftM-ZR, 1 LuftM] wdh bis zur nächsten Ecke, *[3 Stb, 3 LuftM, 3 Stb] in den Eck-ZR, 1 LuftM, [3 Stb in den nächsten LuftM-ZR, 1 LuftM] wdh bis zur nächsten Ecke. Ab * stets wdh, Rd mit 1 KettM schließen.
Rd 4 wdh, bis das Motiv die gewünschte Größe hat. Vor jeder Rd die Farbe wechseln.

# Granny-Sechseck

**SCHWIERIGKEITSGRAD**
Einfach

**LÄNGE DER LUFTMASCHENKETTE**
4

**AUSSEHEN**
Einseitig

**Rd 1:** Mit der Hauptfarbe (HF) 4 LuftM, [1 U, in die 4. LuftM ab Nadel einstechen, Faden durchholen, Faden erfassen und durch 2 Schlaufen ziehen] 2× in dieselbe LuftM. 3 Schlaufen liegen auf der Häkelnadel. Faden erfassen und durch alle 3 Schlaufen ziehen. 2 LuftM, [1 BM-3Stb (siehe unten), 2 LuftM] 5× in dieselbe LuftM, in die schon die 1. BM gehäkelt wurde. Die Rd mit 1 KettM in die obere der Anfangs-LuftM schließen. Faden nach jeder Runde abschneiden und durchziehen.
**Rd 2:** KF1 in einem Eck-ZR von Rd 1 ansetzen. 3 LuftM (zählen als 1 Stb) [1 Stb, 3 LuftM, 2 Stb] in denselben Eck-ZR, 1 LuftM *[2 Stb, 3 LuftM, 2 Stb] in den nächsten LuftM-ZR, 1 LuftM. Ab * stets wdh. Rd mit 1 KettM schließen.
**Rd 3:** KF2 in einem Eck-ZR von Rd 2 ansetzen. 3 LuftM (zählen als 1 Stb), [1 Stb, 3 LuftM, 2 Stb] in denselben Eck-ZR, 2 Stb, 1 Stb in den LuftM-ZR, 2 Stb, *[2 Stb, 3 LuftM, 2 Stb] in den nächsten Eck-ZR, 2 Stb, 1 Stb in den LuftM-ZR, 2 Stb. Ab * stets wdh. Rd mit 1 KettM schließen.

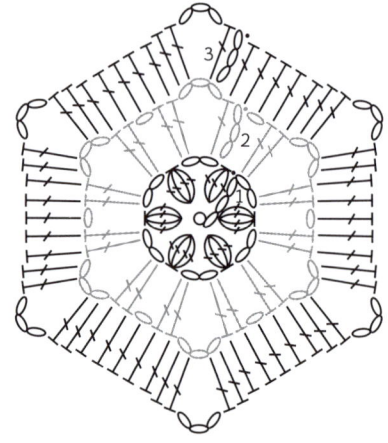

### Spezialmasche: Büschelmasche aus drei Stäbchen (BM-3Stb)

[1 Umschlag, in die nächste M einstechen, Faden durchholen, Faden erfassen und durch 2 Schlaufen ziehen] 3× in dieselbe M. 4 Schlaufen liegen auf der Häkelnadel. Faden erfassen und durch alle 4 Schlaufen ziehen.

# Granny-Kreis

**SCHWIERIGKEITSGRAD**
Einfach

**LÄNGE DER LUFTMASCHENKETTE**
4

**AUSSEHEN**
Einseitig

**Rd 1:** Mit der Hauptfarbe (HF) 4 LuftM, 11 Stb in 4. LuftM ab Nadel (überg LuftM zählen als 1 Stb), die Rd mit 1 KettM in die obere der Anfangs-LuftM schließen (= 12 Stb). Faden am Ende jeder Runde abschneiden und durchziehen.
**Rd 2:** KF1 an einer beliebigen M von Rd 1 ansetzen. 3 LuftM (zählen als 1 Stb), 1 Stb in dieselbe M, 1 LuftM, [BM-2Stb (*siehe unten*) in die nächste M, 1 LuftM] stets wdh. Rd mit 1 KettM schließen (= 12 BM).
**Rd 3:** KF2 in einem beliebigen LuftM-ZR von Rd 2 ansetzen. 3 LuftM (zählen als 1 Stb), 2 Stb in denselben LuftM-ZR, 1 LuftM, [3 Stb in den nächsten LuftM-ZR, 1 LuftM] stets wdh. Rd mit 1 KettM schließen.
**Rd 4:** KF3 in einem beliebigen LuftM-ZR von Rd 3 ansetzen. 3 LuftM (zählen als 1 Stb), 2 Stb in denselben LuftM-ZR, 2 LuftM, [3 Stb in den nächsten LuftM-ZR, 2 LuftM] stets wdh. Rd mit 1 KettM schließen.

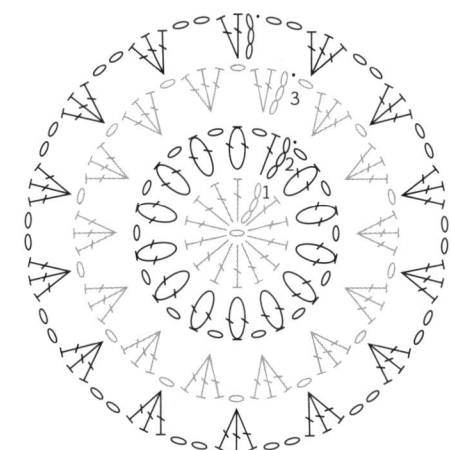

### Spezialmasche: Büschelmasche aus 2 Stäbchen (BM-2Stb)

[1 Umschlag, in die nächste M einstechen, Faden durchholen. Faden erfassen und durch 2 Schlaufen ziehen] 2× in dieselbe M. 3 Schlaufen liegen auf der Häkelnadel. Faden erfassen und durch alle 3 Schlaufen ziehen.

# Quadrat im Leinenmuster

**SCHWIERIGKEITSGRAD**
Einfach

**LÄNGE DER LUFTMASCHENKETTE**
2

**AUSSEHEN**
Einseitig

**Rd 1:** Mit der Hauptfarbe (HF) 2 LuftM, [1 fM, 1 LuftM] 8× in die 2. LuftM ab Nadel, Rd mit 1 KettM in die obere der Anfangs-LuftM schließen. Faden am Ende jeder Runde abschneiden und durchziehen.
**Rd 2:** KF1 in einem beliebigen LuftM-ZR der Rd 1 ansetzen. 1 LuftM, *[1 fM, 2 LuftM, 1 fM] in 1 LuftM-ZR, 1 LuftM, 1 fM in den nächsten LuftM-ZR, 1 LuftM. Ab * stets wdh, Rd mit 1 KettM schließen.
**Rd 3:** HF in einem Eck-ZR von Rd 2 ansetzen. 1 LuftM, *[1 fM, 2 LuftM, 1 fM] in den Eck-ZR, 1 LuftM, [1 fM, 1 LuftM] in jeden LuftM-ZR bis zur nächsten Ecke. Ab * stets wdh. Rd mit 1 KettM schließen.
Rd 3 wdh, bis die gewünschte Größe erreicht ist. Nach jeder Rd die Farbe wechseln.

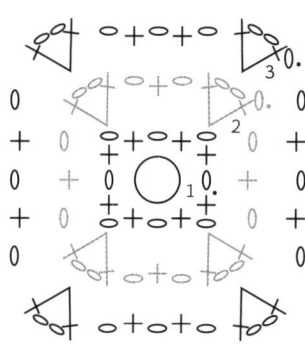

# Geschlossenes Granny Square

**SCHWIERIGKEITSGRAD**
Einfach

**LÄNGE DER LUFTMASCHENKETTE**
4

**AUSSEHEN**
Einseitig

1. **Rd 1:** Mit der Hauptfarbe (HF) 4 LuftM. 2 Stb in die 4. LuftM ab Nadel (überg LuftM zählen als 1 Stb), 3 LuftM, [3 Stb, 3 LuftM] 3×in dieselbe LuftM wie die ersten 2 Stb. Die Rd mit 1 KettM in die obere der Anfangs-LuftM schließen. Den Faden am Ende jeder Rd abschneiden und durchziehen.
   **Rd 2:** KF1 in einem Eck-ZR von Rd 1 ansetzen. 3 LuftM (zählen als 1 Stb), dann [1 Stb, 3 LuftM, 2 Stb] in denselben Eck-ZR. Damit ist die 1. Ecke der Rd fertig.

2. 3 Stb bis zum nächsten Eck-ZR. *[2 Stb, 3 LuftM, 2 Stb] in den nächsten Eck-ZR (= 2. Ecke), 3 Stb. Ab * noch 2× wdh. Rd mit 1 KettM schließen.

3. **Rd 3:** KF2 in einem Eck-ZR von Rd 2 ansetzen. 3 LuftM (zählen als 1 Stb), dann [1 Stb, 3 LuftM, 2 Stb] in denselben Eck-ZR, Stb bis zum nächsten Eck-ZR. *[2 Stb, 3 LuftM, 2 Stb] in den Eck-ZR, Stb bis zum nächsten Eck-ZR. Ab * stets wdh. Rd mit 1 KettM schließen.
   Rd 3 wdh, bis die gewünschte Größe erreicht ist. Nach jeder Rd die Farbe wechseln.

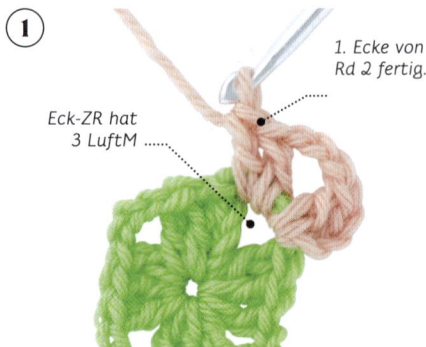

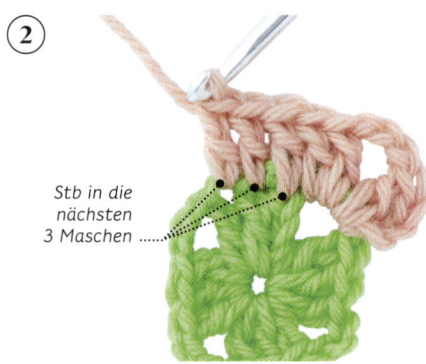

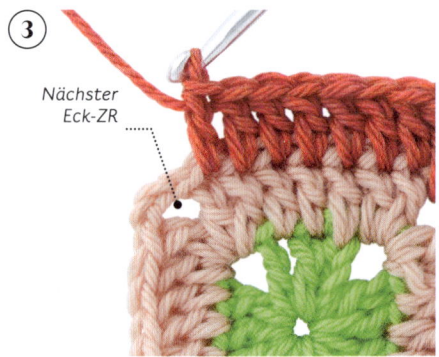

# Afrikanische Blüte

**SCHWIERIGKEITSGRAD**
Mittel

**LÄNGE DER LUFTMASCHENKETTE**
4

**AUSSEHEN**
Einseitig

1. **Rd 1:** Mit der Hauptfarbe (HF) 4 LuftM, dann 1 Stb in die 4. LuftM ab Nadel (überg LuftM + Stb zählen als 1 Büschelmasche). 2 LuftM, [BM-2Stb (siehe S. 149), 2 LuftM] 5× in dieselbe LuftM, in die das 1. Stb gehäkelt wurde. Rd mit 1 KettM in die obere der Anfangs-LuftM schließen. Den Faden abschneiden und durchziehen.
   **Rd 2:** KF1 in einem beliebigen LuftM-ZR von Rd 1 ansetzen. 3 LuftM (zählen als 1 Stb), [1 Stb, 3 LuftM, 2 Stb] in denselben 2-LuftM-ZR, 1 LuftM. *[2 Stb, 3 LuftM, 2 Stb] in den nächsten 2-LuftM-ZR, 1 LuftM. Ab * in allen ZR wdh. Rd mit 1 KettM schließen. Faden nicht abschneiden.
   **Rd 3:** 1 LuftM. [7 Stb in den nächsten 3-LuftM-ZR, 1 fM in den nächsten 1 LuftM-ZR] stets wdh, die Rd mit 1 KettM in die oberste Wende-LuftM schließen. Den Faden abschneiden und durchziehen.
   **Rd 4:** KF2 ans 1. Stb einer 7er-Gruppe aus Rd 3 ansetzen. 1 LuftM, um auf Arbeitshöhe zu kommen. *1 fM hMg in jedes der 7 Stb.

2. 1 tiefgestochene fM, dafür in den LuftM-ZR aus Rd 2 einstechen. Ab * stets wdh. Rd mit 1 KettM schließen. Den Faden abschneiden und durchziehen.
   **Rd 5:** KF3 an die 1. fM einer 7er-Gruppe aus Rd 4 ansetzen. 3 LuftM (zählen als 1 Stb), *3 Stb, [1 Stb, 1 LuftM, 1 Stb] in die nächste M, 3 Stb, tiefgestochene M überg. Ab * stets wdh. Rd mit 1 KettM schließen. Den Faden abschneiden und durchziehen.

Ins hintere Maschenglied einstechen.

LuftM-ZR aus Rd 2

# 3D-Blüte

**SCHWIERIGKEITSGRAD**
Mittel

**LÄNGE DER LUFTMASCHENKETTE**
2

**AUSSEHEN**
Einseitig

**1** **Rd 1:** Mit der Hauptfarbe (HF) 2 LuftM, dann 8 fM in die 2. LuftM ab Nadel. Rd mit 1 KettM in die obere Anfangs-LuftM schließen. HF abschneiden und durchziehen.
**Rd 2:** KF1 an eine beliebige fM aus Rd 1 ansetzen. 1 LuftM, dann 1 fM in die 1. M. 1 LuftM, [1 fM in die nächste M, 1 LuftM] stets wdh, Rd mit 1 KettM schließen (= 8 fM und 8 LuftM-ZR). KF1 abschneiden und durchziehen.
**Rd 3:** KF2 an eine beliebige fM aus Rd 2 ansetzen. 1 LuftM, [1 fM in die nächste fM, 3 LuftM] stets wdh, Rd mit 1 KettM schließen (= 8 fM und 8 LuftM-ZR).
**Rd 4:** 1 LuftM, *[1 fM, 3 hStb, 1 fM] in den nächsten LuftM-ZR, um ein Blütenblatt zu erhalten. 1 fM in die nächste fM. Ab * stets wdh. Rd mit 1 KettM schließen (= 48 fM). KF2 abschneiden und durchziehen.

**2** **Rd 5:** KF3 hinter einem Blütenblatt an einem beliebigen LuftM-ZR aus Rd 2 ansetzen. 3 LuftM (zählen als 1 fM + 2 LuftM). *Vorn in den nächsten freien LuftM-ZR aus Rd 2 einstechen, also hinter den Blütenblättern aus Rd 3 und 4 arbeiten. 1 fM in den ZR, dann 2 LuftM. [1 fM in den nächsten freien LuftM-ZR aus Rd 2, 2 LuftM] stets wdh. Rd mit 1 KettM schließen (= 8 fM und 8 LuftM-ZR).
**Rd 6:** 1 KettM in den nächsten LuftM-ZR, 3 LuftM (zählen als 1 Stb). 2 Stb in denselben LuftM-ZR, 1 LuftM, [3 Stb in den nächsten LuftM-ZR, 1 LuftM] stets wdh. Rd mit 1 KettM schließen. KF3 abschneiden und durchziehen.
**Rd 7:** KF4 an einem beliebigen LuftM-ZR ansetzen. 1 LuftM, 1 fM in denselben LuftM-ZR. *3 fM hMg, [1 Stb, 3 LuftM, 1 Stb] in den nächsten LuftM-ZR, 3 fM hMg,** 1 fM in den nächsten LuftM-ZR. Ab * stets wdh, der letzte Mustersatz endet bei **. Rd mit 1 KettM schließen.
**Rd 8:** 3 LuftM (zählen als 1 Stb). *1 Stb in jede M bis zum nächsten LuftM-ZR, [2 Stb, 3 LuftM, 2 Stb] in den LuftM-ZR. Ab * noch 3× wdh. 1 Stb in jede M bis Ende, dann die Rd mit 1 KettM schließen. KF4 abschneiden und durchziehen.

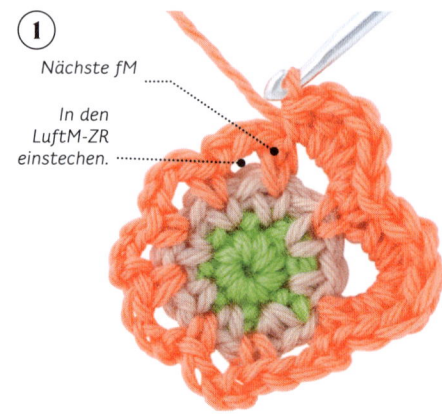

*Nächste fM*

*In den LuftM-ZR einstechen.*

*Hinter den Blütenblättern aus Rd 4 arbeiten.*

# Quadrat mit Flachnoppen

**SCHWIERIGKEITSGRAD**
Mittel

**LÄNGE DER LUFTMASCHENKETTE**
3

**AUSSEHEN**
Einseitig

**Rd 1:** Mit der Hauptfarbe (HF) 3 LuftM, dann 11 hStb in die 3. LuftM ab Nadel. Die Rd mit 1 KettM in die obere Anfangs-LuftM schließen (= 12 hStb). HF abschneiden und durchziehen.
**Rd 2:** KF1 an ein beliebiges hStb aus Rd 1 ansetzen. 2 LuftM, 1 Flachnoppe (siehe S. 72) ins 1. hStb, 1 LuftM, [1 Flachnoppe, 1 LuftM] stets wdh, Rd mit 1 KettM schließen (= 12 Flachnoppen + 12 ZR). KF1 abschneiden und durchziehen.
**Rd 3:** KF2 an einen beliebigen LuftM-ZR aus Rd 2 ansetzen. 3 LuftM, 1 Popcornmasche (PM, siehe S. 71) in den 1 LuftM-ZR, 3 LuftM, [1 PM in den nächsten LuftM-ZR, 3 LuftM] stets wdh, Rd mit 1 KettM schließen (= 12 PM). KF2 abschneiden und durchziehen.
**Rd 4:** KF3 in einem beliebigen LuftM-ZR aus Rd 3 ansetzen. 3 LuftM, [2 Stb, 3 LuftM, 3 Stb] in denselben LuftM-ZR, 1 LuftM, [3 Stb in den nächsten LuftM-ZR, 1 LuftM] 2×, *[3 Stb, 3 LuftM, 3 Stb] in den nächsten LuftM-ZR, 1 LuftM, [2 Stb in den nächsten LuftM-ZR, 1 LuftM] 2×. Ab * stets wdh. Rd mit 1 KettM schließen. KF3 abschneiden und durchziehen.

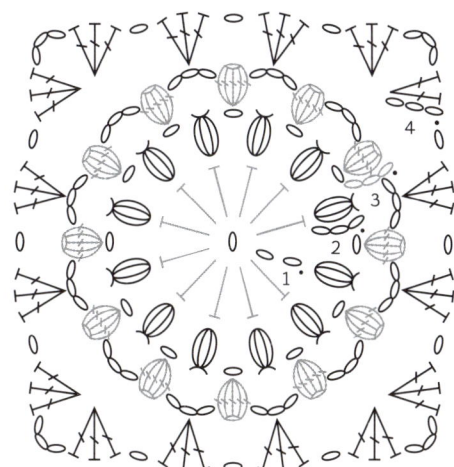

RELIEFMUSTER UND MOTIVE

# Quadrat mit Gehrungsecken

**SCHWIERIGKEITSGRAD**
Einfach

**LÄNGE DER LUFTMASCHENKETTE**
4

**AUSSEHEN**
Wendbar

**R 1:** Mit der Hauptfarbe (HF) 4 LuftM, [1 Stb, 3 LuftM, 2 Stb] in die 4. LuftM ab Nadel (überg LuftM zählen als 1 Stb), wenden (= 4 Stb).
**R 2:** 3 LuftM (zählen als 1 Stb), 1 Stb in die nächste Masche, [2 Stb, 3 LuftM, 2 Stb] in den LuftM-ZR, 2 Stb, wenden (= 8 Stb). HF abschneiden und durchziehen.
**R 3:** Mit KF1 3 LuftM (zählen als 1 Stb), 1 Stb in jedes Stb bis zum LuftM-ZR, [2 Stb, 3 LuftM, 2 Stb] in den LuftM-ZR, 1 Stb in jedes Stb, wenden (= 12 Stb).
R 3 stets wdh, nach jeder Reihe die Farbe wechseln.

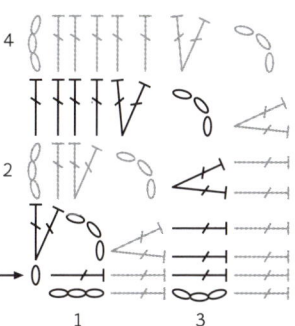

## Granny Square mit Gehrungsecken

**SCHWIERIGKEITSGRAD**
Einfach

**LÄNGE DER LUFTMASCHENKETTE**
4

**AUSSEHEN**
Einseitig

**Rd 1 (RS):** Mit der Hauptfarbe (HF) 4 LuftM, 2 Stb in 4. LuftM ab Nadel (überg LuftM zählen als 1 Stb), 3 LuftM, [3 Stb, 3 LuftM] 3× in dieselbe LuftM wie die ersten 2 Stb. Rd mit 1 KettM in die obere Anfangs-LuftM schließen. Nicht wenden. HF abschneiden und durchziehen. KF1 in einem Eck-ZR der Rd 1 ansetzen.
**Gehrung R 1 (RS):** 3 Wende-LuftM (zählen als 1 Stb), 2 Stb in denselben 3-LuftM-ZR, 1 LuftM, [3 Stb, 3 LuftM, 3 Stb] in den nächsten 3-LuftM-ZR, 1 LuftM, 3 Stb in den nächsten 3LuftM-ZR, wenden.
**Gehrung R 2 (LS):** 4 LuftM (zählen als 1 Stb + 1 LuftM), 3 Stb in den nächsten 1-LuftM-ZR, 1 LuftM, [3 Stb, 3 LuftM, 3 Stb] in den nächsten 3-LuftM-ZR, 1 LuftM, 3 Stb in den nächsten 1-LuftM-ZR, 1 LuftM, 1 Stb in die 3. Wende-LuftM, wenden. KF1 abschneiden und durchziehen.
**Gehrung R 3:** Mit KF2 3 Wende-LuftM, [3 Stb, 1 LuftM] in jeden 1-LuftM-ZR bis zum nächsten 3-LuftM-ZR, [3 Stb, 3 LuftM,

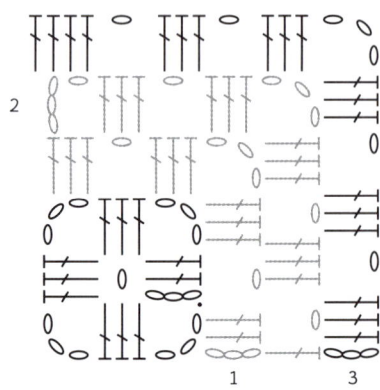

3 Stb] in den nächsten 3-LuftM-ZR, [1 LuftM, 3 Stb] in jeden 1- LuftM-ZR bis zum Ende der R, wenden.
R 3 wdh, bis die gewünschte Größe erreicht ist. Nach jeder zweiten R die Farbe wechseln.

## Motiv mit Büschelmaschen

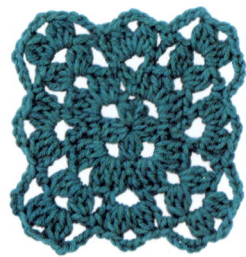

**SCHWIERIGKEITSGRAD**
Mittel

**LÄNGE DER LUFTMASCHENKETTE**
4

**AUSSEHEN**
Anspruchsvoll

**Rd 1:** 4 LuftM, 2 Stb in 4. LuftM ab Nadel (überg LuftM zählen als 1 Stb), 3 LuftM, [3 Stb, 3 LuftM] 3× in dieselbe LuftM wie die ersten 2 Stb, Rd mit 1 KettM in die obere Anfangs-LuftM schließen.
**Rd 2:** KettM bis zum 2. Stb, 4 LuftM (zählen als 1 fM, 3 LuftM), *[3 Stb, 3 LuftM, 3 Stb] in den nächsten 3-LuftM-ZR, 3 LuftM, 1 Stb überg,** 1 fM, 3 LuftM. Ab * stets wdh, der letzte Mustersatz endet bei **, die Rd mit 1 KettM schließen.
**Rd 3:** KettM bis zum 1. Stb, 4 LuftM (zählen als 1 fM, 3 LuftM), *[1 BM (siehe S.148), 3 LuftM, 1 BM] in den nächsten 3-LuftM-ZR, 3 LuftM, 2 Stb überg, 1 fM, 5 LuftM,** 1 fM ins nächste Stb, 3 LuftM. Ab * stets wdh, der letzte Mustersatz endet bei **, die Rd mit 1 KettM schließen.
**Rd 4:** *1 fM in den nächsten LuftM-ZR, 3 LuftM, [1 BM, 3 LuftM, 1 BM] in den 3-LuftM-ZR, 3 LuftM, 1 fM in den nächsten LuftM-ZR, 1 LuftM, [1 BM, 3 LuftM, 1 BM] in den 5-LuftM-ZR, 1 LuftM. Ab * stets wdh, die Rd mit 1 KettM schließen.

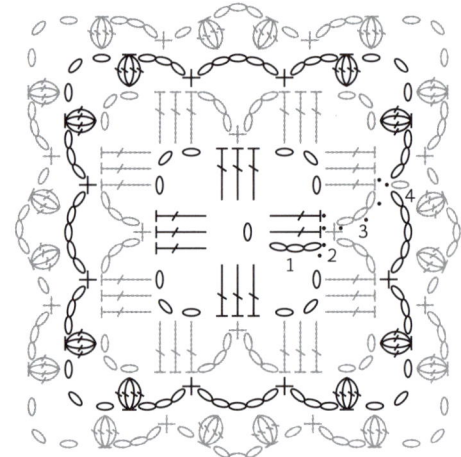

# Motiv mit Lochmuster und Noppen

**SCHWIERIGKEITSGRAD**
Mittel

**LÄNGE DER LUFTMASCHENKETTE**
4

**AUSSEHEN**
Einseitig

**Rd 1:** 4 LuftM, 2 Stb in 4. LuftM ab Nadel, 3 LuftM, [3 Stb, 3 LuftM] 3× in dieselbe LuftM wie die ersten 2 Stb. Rd mit 1 KettM in die obere Anfangs-LuftM schließen.

**Rd 2:** KettM bis zum nächsten Eck-ZR, 3 LuftM, [1 Stb, 3 LuftM, 2 Stb] in denselben Eck-ZR, 1 LuftM, *[2 Stb, 3 LuftM, 2 Stb] in den nächsten Eck-ZR, 1 LuftM. Ab * stets wdh. Rd mit 1 KettM schließen.

**Rd 3:** KettM bis zum nächsten Eck-ZR, 3 LuftM, [1 Stb, 3 LuftM, 2 Stb] in denselben Eck-ZR, 1 LuftM, 3 Stb in den nächsten 1-LuftM-ZR, 1 LuftM, *[2 Stb, 3 LuftM, 2 Stb] in den nächsten Eck-ZR, 1 LuftM, 3 Stb in den nächsten 1-LuftM-ZR, 1 LuftM. Ab * stets wdh. Rd mit 1 KettM schließen.

**Rd 4:** KettM bis zum nächsten Eck-ZR, 3 LuftM, [1 Stb, 3 LuftM, 2 Stb] in denselben Eck-ZR, 1 LuftM, 2 Stb in den LuftM-ZR, 3 Stb, 2 Stb in den LuftM-ZR, 1 LuftM, *[2 Stb, 3 LuftM, 2 Stb] in den Eck-ZR, 1 LuftM, 2 Stb in den LuftM-ZR, 3 Stb, 2 Stb in den LuftM-ZR, 1 LuftM. Ab * stets wdh. Rd mit 1 KettM schließen.

**Rd 5:** KettM bis zum nächsten Eck-ZR, 3 LuftM, [1 Stb, 3 LuftM, 2 Stb] in denselben Eck-ZR, 1 LuftM, 2 Stb in den nächsten LuftM-ZR, 3 Stb, 1 Popcornmasche (PM, siehe S. 71), 3 Stb, 2 Stb in den nächsten LuftM-ZR, 1 LuftM, *[2 Stb, 3 LuftM, 2 Stb] in den Eck-ZR, 1 LuftM, 2 Stb in den nächsten LuftM-ZR, 3 Stb, 1 PM, 3 Stb, 2 Stb in den nächsten LuftM-ZR, 1 LuftM. Ab * stets wdh. Rd mit 1 KettM schließen.

**Rd 6:** KettM bis zum nächsten Eck-ZR, 3 LuftM, [1 Stb, 3 LuftM, 2 Stb] in denselben Eck-ZR, 1 LuftM, 2 Stb in den nächsten LuftM-ZR, 3 Stb, 1 PM, 3 Stb, 1 PM, 3 Stb, 2 Stb in den nächsten LuftM-ZR, 1 LuftM, *[2 Stb, 3 LuftM, 2 Stb] in den Eck-ZR, 1 LuftM, 2 Stb in den nächsten LuftM-ZR, 3 Stb, 1 PM, 3 Stb, 1 PM, 3 Stb, 2 Stb in den nächsten LuftM-ZR, 1 LuftM. Ab * stets wdh. Rd mit 1 KettM schließen. Faden abschneiden und durchziehen.

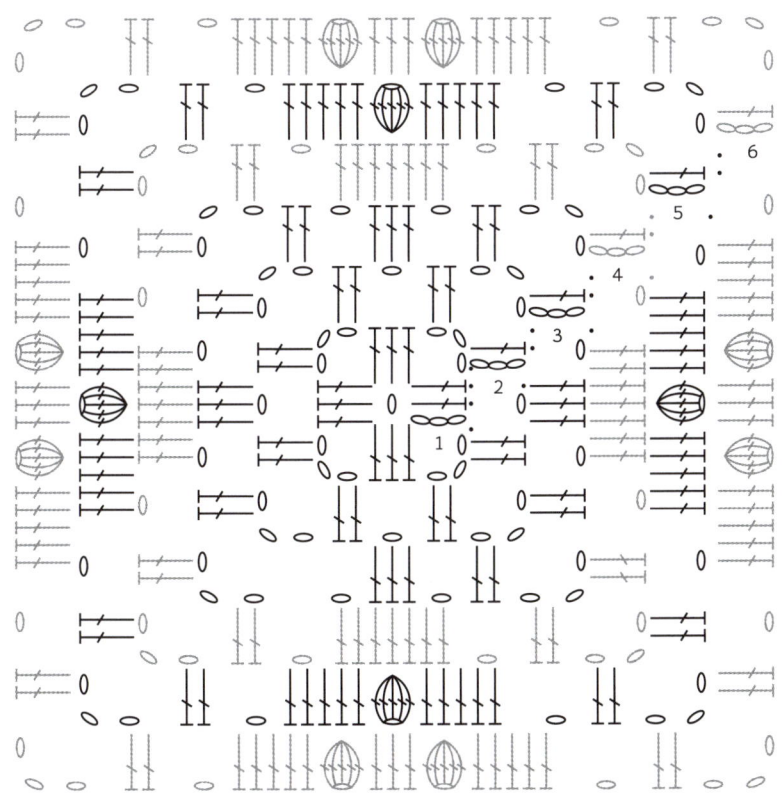

# Register

## A

Abkürzungen 16, 17
Acryl 13
Akazienmuster 63
Anfangsschlinge 17
Anschlagkette 14, 17
Aran-Muster 124
Aufrechte Fächer 77

## B

Backsteinmuster 64
    Backsteinmuster zweifarbig 64
    Ziegelmuster 143
Bambusfasern 12
Bambus-Häkelnadeln 9
Bargellomuster 95
Bäumchenmuster 101
Baumwolle 12
Beerenmuster 73
Blattmuster 126
Blümchenmuster 83
Blüten
    Afrikanische Blüte 151
    3D-Blüte 152
    Filet-Blümchen 130
Blütenblatt 86
Broomstick-Häkelei 10, 132–133
    Broomstick-Streifen 133
Büschelmasche aus halben Stäbchen 67
Büschelmasche aus 2 Stäbchen 68, 149
Büschelmasche aus 3 Stäbchen 68, 148
Gerade Büschelmaschen aus Stäbchen 68
Lockere Büschelmaschen aus Stäbchen 68
Büschelmaschen und Noppen 66–75
    Blütenblatt-Büschel 86
    Büschelmasche aus 2 Stäbchen 68, 149
    Hanfmuster 99
    Motiv mit Büschelmaschen 154

## D

Doppelstäbchen 35
    Relief-Doppelstäbchen vorn 144
Doppeltes Gitter 123
3D-Blüte 152
Dreiecke
    Filet-Dreiecke 131
    Gobelin-Dreiecke 112
    Granny-Dreieck 148
Dreieinigkeitsmuster 80
Dreifarbiges Karo 94
Durchbruchmuster 118–127
    Blattmuster 126
    Doppel-V-Masche 123
    Einfaches Gittermuster 119
    Fächer und Sterne 123
    Fächer-Lochmuster 121
    Gittermuster mit Picots 120
    Knötchen-Lochmuster 127
    Leitermuster 123
    Lochmuster mit Picots 120
    Luftmaschenbögen 119
    Muschel-Lochmuster 121
    Picot 120, 122
    Picot-Leitern 122
    Spinnenmuster 125
    Spitze mit Fächern 124
    Tulpen-Lochmuster 123

## E

Erdbeermuster 79
ergonomische Häkelnadeln 8
Erhöhte feste Masche 46
Erhöhtes halbes Stäbchen 47
Erhöhtes Stäbchen 47

## F

Fachausdrücke 14
Fächer und Muscheln 76–89
    Aufrechte Fächer 77
    Blümchenmuster 83
    Blütenblatt 86
    Blütenblatt-Büschel 86
    Dreieinigkeitsmuster 80
    Erdbeermuster 79
    Fächer und Sterne 123
    Fächer und V-Stäbchen 77
    Fächer-Lochmuster 121
    Fünf halbe Stäbchen zusammenhäkeln 79
    Geschlossenes Muschelmuster 78
    Irismuster 88
    Jasminmuster 86
    Margeritenmuster 81
    Offenes Muschelmuster 78
    Primelmuster 89
    Schuppenmuster 87
    Sieben Stäbchen zusammenhäkeln 85
    Spitze mit Fächern 124
    Sternenmuster 82
    Strahlenmuster 85
    Versetzte Fächer 84
    Versetzte Muscheln 88
    Wellen und Muscheln 89
Faden durchziehen 17
Fasern 12
Federn und Fächer 108
Feste Masche 32
    Erhöhte feste Masche 46
    Feste Masche ins hintere Maschenglied 38
    Feste Maschen ins vordere Maschenglied 39
    Feste Maschen hinten/vorn 40
    Feste Maschen hinten/vorn in Reihen 41
    Feste V-Maschen 61, 123
    Gekreuzte Feste Maschen 53
    Kreis mit festen Maschen 145
    Verzahnte Feste Maschen 44
    Zacken aus festen Maschen 103
Filethäkelei 128–133
    Broomstick-Häkelei 132–133
    Broomstick-Streifen 133
    Filet-Blümchen 130
    Filet-Dreiecke 131
    Filet-Gitter 129
    Gefüllte Blöcke 130
    Viaduktmuster 131
    Zählmuster 15
Fischgrätmuster
    Fischgrätmuster mit halben Stäbchen 54
    Fischgrätmuster mit Stäbchen 55
Flachnoppen 72
    Quadrat mit Flachnoppen 153
Flechtmuster 57, 74

## G

Galerie der Muster 18–29
Garne 12
    Fasern 12
    Haltung 16
    Stärken 12
Garnkonstruktion 12
Garnschneider 11
Garnstärken 12
Garnwickler 11
Gefiederte Wellen 111
Gefüllte Blöcke 130
Gehrungsecken 153
    Granny Square mit Gehrungsecken 154
Gekreuzte feste Maschen 53
Gekreuzte halbe Stäbchen 53
Gekreuzte Stäbchen 53
Gemischte Maschen 50–57
    Fischgrätmuster mit halben Stäbchen 54
    Fischgrätmuster mit Stäbchen 55
    Flechtmuster 57
    Gekreuzte feste Maschen 53
    Gekreuzte halbe Stäbchen 53
    Gekreuzte Stäbchen 53
    Gestreiftes Leinenmuster 51
    Großes Knittermuster 56
    Kleines Knittermuster 56
    Knospenmuster 57

Kopfsteinpflaster 56
Leinenmuster 51
Leinenmuster/Variante 51
Perlmuster 55
Siebmuster 52
Steppdeckenmuster 52
Zitronenschale 57
Gerippte Muster
   Gerippte lange Wellen 109
   Gerippte Wellen 109
   Gerippte Zacken 103
Geschlossenes Granny Square 150
Geschlossenes Muschelmuster 78
Gitter
   Einfaches Gittermuster 119
   Filet-Gitter 129
   Gittermuster mit Picots 120
Gobelin-Dreiecke 112
Gobelin-Kreuze 113
Granny-Muster 63
   Geschlossenes Granny Square 150
   Granny Square 6, 147
   Granny Square mit Gehrungsecken 154
   Granny-Dreieck 148
   Granny-Kreis 149
   Granny-Muster mehrfarbig 63
   Granny-Sechseck 148
   Granny-Zacken 106
   Granny-Zickzack 100
Großes Knittermuster 56
Grundmaschen 30–47
   Doppelstäbchen 35
   Erhöhte feste Masche 46
   Erhöhtes halbes Stäbchen 47
   Erhöhtes Stäbchen 47
   Feste Masche 32
   Feste Masche ins hintere Maschenglied 38
   Feste Masche ins vordere Maschenglied 39
   Feste Maschen hinten/vorn 40
   Feste Maschen hinten/vorn in Reihen 41
   Halbes Stäbchen 33
   Halbes Stäbchen abwechselnd ins vordere/hintere Maschenglied 41
   Halbes Stäbchen ins vordere Maschenglied 40 hinten/vorn in Reihen 41
   Kettmasche ins hintere Maschenglied 37
   Kettmasche mit Umschlag 39
   Kordelrippen 42
   Rippen aus festen Maschen 43
   Rippen aus halben Stäbchen 43
   Stäbchen hinten/vorn in Reihen 41
   Stäbchen ins hintere Maschenglied 38
   Stäbchen ins vordere Maschenglied 40
   Tief gestochene feste Maschen 42
   Versetzte halbe Stäbchen 36
   Verzahnte feste Maschen 44
   Verzahntes halbes Stäbchen 45
   Verzahntes Stäbchen 44
   vorderes/hinteres Maschenglied 37
Grundtechniken 16–17

## H

Häkelnadeln 8–9
   Größen 9
   Haltung 16
   Typen 8–9
Halbes Stäbchen 33
   5 halbe Stäbchen zusammenhäkeln 79
   Büschelmaschen aus halben Stäbchen 67
   Erhöhtes halbes Stäbchen 47
   Fischgrätmuster mit halben Stäbchen 54
   Gekreuzte halbe Stäbchen 53
   Halbes Stäbchen hinten/vorn in Reihen 41
   Halbe Stäbchen in Paaren 60
   Halbes Stäbchen ins vordere Maschenglied 40
   Halbe V-Stäbchen 61
   Kreis mit halben Stäbchen 146
   Verzahntes halbes Stäbchen 45
Hanfmuster 99
Himbeermuster 138
hinteres Maschenglied, halbes Stäbchen 38
höhere Maschen 35
Holzgriffe, Häkelnadeln 8, 9
Hufeisenzopf 143

## I

Intarsien
   Kreise 115
   Schachbrett 114
Irismuster 88

## J

Jasminmuster 86
Jumbohäkelnadeln 9

## K

Keltisches Geflecht 144
Kettmaschen ins hintere Maschenglied 37
Kettmasche mit Umschlag 39
Kleines Knittermuster 56
   Großes Knittermuster 56
Kleines Korbgeflecht 139
Knospenmuster 57
Knötchen-Lochmuster 127
Knötchenmuster 75
Kopfsteinpflaster 56
Korbgeflecht 138
   Kleines Korbgeflecht 139
Kordelrippen 42
Körnermuster 62
Kreise
Granny-Kreis 149
Intarsien-Kreis 115
Kreis mit Stäbchen 146
Kreis mit festen Maschen 145
Kreis mit halben Stäbchen 146
Kreuze, Gobelin- 113
Kurzwaren 10–11

## L

Lange Wellen 105
Leinen (Faser) 12
Leinenmuster 51
   Gestreiftes Leinenmuster 51
   Leinenmuster/Variante 51
   Quadrat im Leinenmuster 149
Leitermuster 123
Lochmuster
   Broomstick-Häkelei 132–133
   Broomstick-Streifen 133
   Durchbrochene Zacken 110
   Filet-Blümchen 130
   Filet-Dreiecke 131
   Filet-Gitter 129
   Filethäkelei 128–131
   Gefüllte Blöcke 130
   Motiv mit Lochmuster und Noppen 155
   Spitze mit Fächern 124
   Tulpen-Lochmuster 123
   Versetzte Muscheln 88
   Viaduktmuster 131
Lockere Büschelmaschen aus Stäbchen 68
Luftmaschen (LuftM) 17
   Anschlagkette 14
   Wendeluftmaschen 14
   zählen 17
Luftmaschenbögen 119
Luftmaschenkette am Anfang 17

## M

Margeritenmuster 81
Maschen
   Büschelmaschen und Noppen 66–75

Fächer und Muscheln 76–89
Filethäkelei 128–131
Galerie 18–29
Gemischte Maschen 50–57
Grundmaschen, Abkürzungen 13
Grundmaschen 30–47
Lochmuster 118–127
Maschengruppen 58–65
Mehrfarbige Muster 90–115
Reliefmuster und Motive 134–155
Strukturmuster 48–89
Zacken, Wellen und anspruchsvolle mehrfarbige Muster 102–115
Maschengruppen 58–65
  Akazienmuster 63
  Backsteinmuster 64
  Backsteinmuster mehrfarbig 64
  Feste V-Maschen 61, 123
  Granny-Muster 63
  Granny-Muster zweifarbig 63
  Halbe Stäbchen in Paaren 60
  Halbe V-Stäbchen 61
  Körnermuster 62
  Riedgrasmuster 59
  Schraffurmuster 65
  Schraffurmuster zweifarbig 65
  Stäbchen in Paaren 60
  Suzette-Muster 59
  V-Stäbchen 62
Maschenmarkierer 10
Maßband 11
Mehrfarbige Muster 7, 90–115
  Einfache mehrfarbige Muster 92–101
  Zacken, Wellen und anspruchsvolle mehrfarbige Muster 102–115
  Zählmuster 15
Merinowolle 12
Messerhaltung 16
Metall, Häkelnadeln 9
Mittelfingermethode 16

Mohair 12
Motive 14
  Motiv mit Büschelmaschen 154
  Motiv mit Lochmuster und Noppen 155
Muscheln
  Geschlossenes Muschelmuster 78
  Muschel-Lochmuster 121
  Offenes Muschelmuster 78
  Versetzte Muscheln 88
  Wellen und Muscheln 89
Muster
  Abkürzungen 13
  Häkelanleitungen lesen 14
  Häkelanleitungen verstehen 13–15
Mustersatz 15

## N

Nadeln 10
Noppen und Büschelmaschen 66–75
  Motiv mit Lochmuster und Noppen 155

## O

Offenes Muschelmuster 78

## P

Perlmuster 55
Pflanzenfasern 12
Picots 120, 122
  Gittermuster mit Picots 120
  Lochmuster mit Picots 120
  Picot-Leitern 122
Popcornmasche 71, 97
Primelmuster 89

## Q

Quadrate
  Geschlossenes Granny Square 150

  Granny Square mit Gehrungsecken 154
  Granny-Square 6, 147
  Intarsien-Schachbrett 114
  Quadrat im Leinenmuster 149
  Quadrat mit Flachnoppen 153
  Quadrat mit Gehrungsecken 153

## R

Reihen häkeln 14
Reihen und Runden 14
Reliefmuster und Motive 134–155
Riedgrasmuster 59
Rippen aus festen Maschen 43
Rippen aus halben Stäbchen 43
Rippen, schmale 137
Runden häkeln 14, 145

## S

Schere 11
Schraffurmuster 65
  Schraffurmuster zweifarbig 65
Schuppenmuster 87
Sechsecke, Granny 148
Senkrechte Streifen 94
Siebmuster 52
Silikongriff, Häkelnadel 8
Spaliermuster
  Fächer-Lochmuster 121
  Lochmuster mit Picots 120
  Luftmaschenbögen 119
  Muschel-Lochmuster 121
Spinnenmuster 125
Stäbchen 34
  Doppelstäbchen 35
  erhöhte Stäbchen 47
  Fischgrätmuster mit Stäbchen 55
  Gekreuzte Stäbchen 53
  halbe Stäbchen 33
  halbe Stäbchen ins vordere Maschenglied 40
  Kreis aus Stäbchen 146

  Sieben Stäbchen zusammenhäkeln 85
  Stäbchen hinten/vorn in Reihen 41
  Stäbchen in Paaren 60
  Stäbchen ins vordere Maschenglied 40
  tief gestochene Stäbchen 101
  Versetzte halbe Stäbchen 36
  Vier Stäbchen zusammenhäkeln 74
  V-Stäbchen 62
  Zacken aus Stäbchen 104
  Zwei Stäbchen zusammenhäkeln 108
Stachelmuster 98
  Granny-Zickzack 100
  Hanfmuster 99
  Tief gestochene Stäbchen 101
  Tropfenmuster 142
Standardnadeln aus Metall 8
Stecknadeln 11
Steppdeckenmuster 52
Sternenmuster 82
Stifthaltung 16
Strahlenmuster 85
Streifen
  Broomstick-Streifen 133
  Gestreiftes Leinenmuster 51
  Granny-Zacken 106
  Senkrechte Streifen 94
  Versetzte Streifen 93
Strukturmuster 48–89
  Büschelmaschen und Noppen 66–75
  Fächer und Muscheln 76–89
  Gemischte Maschen 50–57
  Maschengruppen 58–65
  Garnstärken 12
Stufenmuster 96
Suzette-Muster 59
Symbole, Legende 15
Synthetikfasern 12

## T

Tief gestochene feste Maschen 42
tierische Fasern 13
Tropfenmuster 142
Tulpen-Lochmuster 123
Tulpenmuster 97

## U

Umrechnungstabelle 9

## V

Versetzte halbe Stäbchen 36
Versetzte Streifen 93
Verzahnte feste Maschen 44
Verzahntes halbes Stäbchen 45
Verzahnte Stäbchen 44
V-Maschen 97
   Fächer und V-Stäbchen 77
   Feste V-Maschen 61, 123
   Halbe V-Stäbchen 61
   V-Stäbchen 62
   Zacken mit V-Maschen 107
Viaduktmuster 131
vorderes/hinteres Maschenglied 37

## W

Waffelmuster 139
Wellen
   Federn und Fächer 108
   Gefiederte Wellen 111
   Gerippte lange Wellen 109
   Gerippte Wellen 109
   Kräuselwellen 108
   Lange Wellen 105
   Wellen und Muscheln 89
Wendeluftmaschen 14
Werkzeuge 8–11
Wickelmaschen 74
Wolle (Fasern) 12

## Z

Zacken
   Durchbrochene Zacken 110
   Gerippte Zacken 103
   Granny-Zacken 106
   Zacken aus festen Maschen 103
   Zacken aus Stäbchen 104
   Zacken mit V-Maschen 107
Zählmuster lesen 15
Zeigefingermethode 16
Ziegelmuster 143
Zitronenschale 57
Zopfmuster
   Hufeisenzopf 143
   S-Zopfmuster 141
   Zopf über 4 Maschen nach links 141
   Zopf über 4 Maschen nach rechts 140
   Z-Zopfmuster 140
Zwillings-Büschelmaschen 69
Z-Zopfmuster 140

## Dank der Autorin

Dieses Buch konnte nur durch die gemeinsame Leistung eines tollen Teams entstehen, darum möchte ich mich bei allen Mitarbeitern bei DK für die Gestaltung eines schönen, übersichtlichen Layouts und für die Unterstützung bei der Entwicklung so vieler Maschen und Muster bedanken – insbesondere bei Amy und Emma, die mir geholfen haben, die Garnknäuel in meinem Kopf zu entwirren, um klare und präzise Muster zu erstellen und so eine Mustersammlung zusammenzustellen, die ganz meinen Vorstellungen entspricht.

Vielen Dank auch an Nigel und Ruth, mit denen das Fotografieren der Schritt-für-Schritt-Anleitungen so unterhaltsam war. Wer hätte gedacht, dass Häkeln so viel Heiterkeit hervorrufen kann? Ein besonderer Dank geht an Tina Egleton für die fantastische technische Unterstützung, als ich nicht da sein konnte.

Danken möchte ich auch Sean, Millie und Florence, die während der Arbeit an diesem Buch ertragen haben, dass überall in unserem Haus Berge von Garn und Mustern herumlagen. Danke an meine Freundinnen Rachel und Joanna, die mich angefeuert haben, mich aber auch von meinen Häkelnadeln oder dem Bildschirm weggezerrt haben, wenn es am nötigsten war.

Danke an alle, die im Laufe der Jahre meine Kurse besucht haben. Ihr habt mich inspiriert, hilfreiche und informative Bücher zu schreiben.

## Dank des Herausgebers

DK UK dankt Tina Egleton für die häkeltechnische Assistenz beim Fotoshooting, Dan Crisp für die Illustrationen, Francesco Piscitelli für das Korrektorat und Vanessa Bird für das Register.

## Die Autorin

Claire Montgomerie hat sich als Textildesignerin auf Häkeln und Stricken spezialisiert. Sie entwirft moderne, fröhliche und originelle Kleidungsstücke und Accessoires. Ihr besonderes Anliegen ist, alte und traditionelle Handarbeiten im Sinne unserer Zeit neu zu interpretieren, ohne dabei ihre Feinheiten und ihren behaglichen Charme aus den Augen zu verlieren. Claire gibt Strickkurse für Erwachsene und Kinder aller Fähigkeitsstufen und arbeitet als Stylistin für Garnhersteller sowie für die britische Zeitschrift *Inside Crochet*. Sie hat mehrere Strick- und Häkelbücher geschrieben, darunter *Die Neue Häkelschule*, ebenfalls bei DK erschienen.

Mehr über Claire auf Instagram @clairemontyknits.

DK London / Delhi

**Lektorat**
Katie Cowan, Emma Hill, Amy Slack, Zara Anvari, Becky Alexander, Ankita Gupta, Saloni Singh

**Gestaltung und Bildredaktion**
Maxine Pedliham, Glenda Fisher, Tessa Bindloss, Devika Awasthi, Roshni Kapoor, Devina Pagay, Rajoshi Chakraborty, Neha Ahuja Chowdhry, Pushpak Tyagi, Anurag Trivedi, Vijay Kandwal, Malavika Talukder

**Herstellung**
Tony Phipps, Luca Bazzoli, Balwant Singh, Pankaj Sharma

**Fotos** Ruth Jenkinsons, Nigel Wright

Für die deutsche Ausgabe:
**Verlagsleitung** Monika Schlitzer
**Programmleitung** Heike Faßbender
**Projektbetreuung** Doreen Wolff
**Herstellungsleitung** Dorothee Whittaker
**Herstellungskoordination** Bianca Isack
**Herstellung** Evely Xie
**Covergestaltung** Jürgen Katzenberger

Titel der englischen Originalausgabe:
Crochet stitches step by step.

© Dorling Kindersley Limited, London, 2023
Ein Unternehmen der Penguin Random House Group
Alle Rechte vorbehalten
Text © by Claire Montgomerie

© der deutschsprachigen Ausgabe by
Dorling Kindersley Verlag GmbH, München, 2024
Ein Unternehmen der Penguin Random House Group
Alle deutschsprachigen Rechte vorbehalten

Jegliche – auch auszugsweise – Verwertung, Wiedergabe, Vervielfältigung oder Speicherung, ob elektronisch, mechanisch, durch Fotokopie oder Aufzeichnung, bedarf der vorherigen schriftlichen Genehmigung durch den Verlag.

**Übersetzung** Wiebke Krabbe, Damlos
**Lektorat** Lesezeichen Verlagsdienste, Köln

ISBN 978-3-8310-4837-3

**Druck und Bindung** Foshan Nanhai Xingfa Printing Co. Ltd, China

www.dk-verlag.de

**Hinweis**
Die Informationen und Ratschläge in diesem Buch sind von der Autorin und vom Verlag sorgfältig erwogen und geprüft, dennoch kann eine Garantie nicht übernommen werden. Eine Haftung der Autorin bzw. des Verlags und seiner Beauftragten für Personen-, Sach- und Vermögensschäden ist ausgeschlossen.

# Masche für Masche zu wolligen Highlights

ISBN 978-3-8310-4960-8

ISBN 978-3-8310-4875-5

www.dk-verlag.de